供电营销常见法律纠纷
案例评析

刘慧　郭磊　徐梦佳　胡誂楠　编

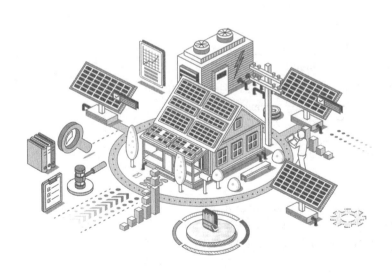

中国电力出版社

CHINA ELECTRIC POWER PRESS

图书在版编目（CIP）数据

供电营销常见法律纠纷案例评析/刘慧等编. -- 北京：中国电力出版社，2024. 10. -- ISBN 978-7-5198-9023-0

Ⅰ.D922.292.5

中国国家版本馆 CIP 数据核字第 2024HD2772 号

出版发行：中国电力出版社
地　　址：北京市东城区北京站西街 19 号（邮政编码 100005）
网　　址：http://www.cepp.sgcc.com.cn
责任编辑：王　欢　董洋辰
责任校对：黄　蓓　马　宁
装帧设计：赵丽媛
责任印制：钱兴根

印　　刷：廊坊市文峰档案印务有限公司
版　　次：2024 年 10 月第一版
印　　次：2024 年 10 月北京第一次印刷
开　　本：710 毫米×1000 毫米　16 开本
印　　张：16
字　　数：221 千字
定　　价：65.00 元

前　言

营销是商品或服务从生产者手中移交到消费者手中的过程，是企业或其他组织洞悉并满足客户需求，建立客户关系，创造客户价值的一系列活动。与一般的商品营销无异，供电营销即电网企业在不断变化的市场环境中，以满足人们电力消费需求为目的，通过开展一系列经营活动，提供满足消费需要的电力产品和服务，实现企业经营发展目标。随着我国电力市场的不断开放，电网企业作为单一的售电主体地位被打破，售电侧出现越来越多的竞争者。电力的商品属性正在被逐渐还原，"供需影响价格，价格引导供需"，面对越来越多的电力销售者，电力用户拥有了更多的选择空间。

在售电侧全面放开竞争与电力营商环境不断提升的环境下，电力用户日益增长的电能需求与电网企业服务质量提升速度不匹配的矛盾日益凸显，矛盾纠纷时有发生。本书以近年来供电营销领域发生的实践案例为切入点，针对停电、触电、计量、电费等类型纠纷，结合具体法律法规进行案情分析，并对电网企业与电力用户提出管理建议，以期为营造公平正义的电力市场环境、依法合规开展电能交易、电能使用提供帮助与借鉴。

本书所选取的案例来自"裁判文书网"与"人民法院案例库"，可根据案号查询完整案件信息。需要特别说明的是，本书选取的案例部分发生于《中华人民共和国民法典》施行前，适用当时的法律、司法解释规定，但

《中华人民共和国民法典》施行后相关法律法规已废止，无法作为后来案件的参考，故本书将相关法条统一更新至《中华人民共和国民法典》，以期对后来相关案件有所指导。本书中重复引用了部分有代表性的案例，并进行了不同角度的解析，均具有借鉴意义。

限于编者水平，疏漏之处在所难免，恳请各位专家、读者提出宝贵意见。

编者

2024 年 5 月

目　录

第一章 停 电 纠 纷

第一节 不可抗力导致停电
供电公司不承担损失

一、案例简介

案例1：雷雨断电属不可抗力，停电损失供电公司不赔

案号：（2020）粤 0606 民初 29309 号、（2021）粤 06 民终 6907 号

2020 年 9 月 1 日 19 时许，案涉公用线路因雷击发生故障，对原告鱼塘造成经营损失。原告没有在用电地址自备发电机，但安装了 5 台增氧机。本案停电事故发生后，原告开动了一台增氧机并使用了增氧剂。原告主张损失135457.2 元。法院认为，本案为供用电合同纠纷。涉案的停电事故系由于雷击造成的线路故障所导致，属于因不可抗力导致被告不能履行合同。被告在事发后已及时通知原告，并在合理的时间内维修后恢复供电。本案没有证据反映被告对发生故障的起因及发生故障后的处理过程存在违约情形。另外，原告没有根据实际用电需求预先自备发电设备，在停电持续期间也未合理采取措施防止和减少损失发生，其要求被告赔偿损失，缺乏事实及法律依据，法院不予支持。

二审维持原判。

案例2：台风属于不可抗力，供电公司无法事先通知

案号：（2018）粤 2071 民初 3419 号、（2018）粤 20 民终 7826 号、（2019）

粤民申 7319 号

2017 年 8 月 23 日中午，台风"天鸽"袭击某市。供电公司向王某发送短信："尊敬的客户，由于受台风天气影响，个别供电设施已经出现故障，如你所在线路已停电，我局已组织全力抢修，预计在 2017 年 8 月 24 日 18:00 前能恢复正常供电。"24 日下午 4 点，王某投放约 3 万条小鱼进涉案鱼塘。24 日晚上，王某自备发电机无法发电，多次致电供电公司，要求派发电机无果。25 日凌晨鱼陆续死亡。25 日晚上，涉案线路恢复供电。王某诉至法院要求赔偿损失。

一审法院认为，台风停电后，供电局能够预见何时恢复供电，故供电局辩称以不可抗力免责，不予采信，酌情认定供电局承担 50% 的责任 24.6953 万元。

二审法院认为，短信是供电公司对用户的一种提醒，具有服务性质，并非对用户的一种承诺，更不能由此推定，若没有按照短信内容的时间通电，供电公司就要承担相应责任。王某作为专业养殖户，在出现自然灾害天气以及停电较长时间的情况下，在未实际通电时便投放大量小鱼，导致鱼缺氧死亡，其主张供电公司承担赔偿责任，缺乏事实和法律依据。改判供电公司不承担责任。

王某不服，申请再审，被驳回。

案例 3：大雨大风不属于不可抗力，停电损失供电公司担 30%

案号：（2016）鲁 11 民终 1915 号

2014 年 9 月 28 日，某供电公司高压电不稳缺相，烧坏某冷藏厂的电机 2 台、水泵 2 台、冷却塔电机 1 台。供电公司抢修后当晚 23 点恢复正常供电。冷藏厂诉至法院请求供电公司赔偿损失。

供电公司辩称，在接到通知后及时维修，不存在任何过失。依据该市气象监测数据，彼时该区域降雨量达大雨，极大风力达到五级。

法院认为，供电公司在合同约定供电期间内电能出现缺相，与当时的天气有一定关联性，但并不能证实符合合同约定的不可抗力情形，属于违约行为，应承担 30% 的赔偿责任。

案例 4：即使认定不可抗力，未尽到维护责任还是要担责

案号：（2014）酉法民初字第 03786 号、渝四中法民终字第 00980 号、（2016）渝民申 00042 号

2014 年 9 月 18 日，龙某将新收割的烟叶置入电烤棚中进行烤制。当天 18 时 30 分许，天降暴雨并刮起大风，案涉某支线 1 号电杆处的高压线被大风刮倒的树木损坏，导致高压线短路，无法正常供电。次日 7 时 53 分，故障修复，恢复了龙某所在地的供电。从 9 月 18 日 18 时 30 分，至第二天 7 时 53 分，龙某所在地一直处于停电状态。龙某在停电后，曾向当地供电所的工作人员询问情况，该所所长告知龙某，因自然原因造成线路故障，一时难以修复，可能要到第二天才能恢复正常供电，应当准备好备用电源。龙某系种烟大户，家中有发电机，可作备用电源使用。在停电后，龙某使用了备用电源至 9 月 18 日 24 时左右，最终因油料用尽而停止了使用。至供电恢复时，龙某烤棚中已经在烤制的烟叶全部损坏。事后，龙某邀请了某县供电公司、该村村委会和烟叶收购站的工作人员到烤棚处查看了损失情况。之后，龙某将损坏烟叶的残留物全部焚烧。龙某与某县供电公司双方就龙某要求的损害赔偿问题协商未果。2014 年 11 月，龙某起诉至法院，请求判令某县供电公司赔偿龙某烤烟损失 23738.4 元，9 月 19 日至 11 月 25 日的误工费 19040 元，共计 42778.4 元。

一审法院认为，某县供电公司未及时履行对电力设施的管理义务，是导致龙某烟叶损失的次要原因，应当承担次要责任，以 10%为宜。龙某不服上诉。二审维持原判，再审驳回申请。

📋 二、关键法条

1.《中华人民共和国民法典》（自 2021 年 1 月 1 日起施行）

第一百八十条 因不可抗力不能履行民事义务的，不承担民事责任。法律另有规定的，依照其规定。

不可抗力是不能预见、不能避免且不能克服的客观情况。

第五百九十条 当事人一方因不可抗力不能履行合同的，根据不可抗力的影响，部分或者全部免除责任，但是法律另有规定的除外。因不可抗力不能履行合同的，应当及时通知对方，以减轻可能给对方造成的损失，并应当在合理期限内提供证明。

当事人迟延履行后发生不可抗力的，不免除其违约责任。

2.《中华人民共和国电力法》（自 1996 年 4 月 1 日起施行，2018 年 12 月 29 日第三次修正）

第六十条 因电力运行事故给用户或者第三人造成损害的，电力企业应当依法承担赔偿责任。

电力运行事故由下列原因之一造成的，电力企业不承担赔偿责任：

（一）不可抗力；

（二）用户自身的过错。

因用户或者第三人的过错给电力企业或者其他用户造成损害的，该用户或者第三人应当依法承担赔偿责任。

三、要点简析

1. 不可抗力的概况

《中华人民共和国民法典》第一百八十条规定，因不可抗力不能履行民事义务的，不承担民事责任。法律另有规定的，依照其规定。不可抗力是不能预见、不能避免且不能克服的客观情况。不可抗力可以是自然原因酿成的，也可以是人为的、社会因素引起的。前者如地震、水灾、旱灾等，后者如战争、政府禁令、罢工等。不可抗力所造成的是一种法律事实。当不可抗力事故发生后，可能会导致原有经济法律关系的变更、消灭，如必须变更或解除经济合同；也可能导致新的经济法律关系的产生，如财产投保人在遇到因不可抗力所受到的在保险范围内的财产损失时，与保险公司之间产生出赔偿关系。当发生不可抗力，遭遇事故一方应采取一切措施，使损失减少到最低限度。当事人已尽其应尽责任仍未能避免债务不履行或财物毁损时，可不负赔偿责任。

（1）某一情况是否属不可抗力，应从以下几个方面综合加以认定。

1）不可预见性。法律要求构成不可抗力的事件必须是有关当事人在订立合同时，对这个事件是否会发生是不可能预见到的。在正常情况下，对于一般合同当事人来说，判断其能否预见到某一事件的发生有两个不同的标准：一是客观标准，即在某种具体情况下，一般理智正常的人能够预见到的，合同当事人就应预见到；如果对该种事件的预见需要有一定专业知识，那么只要具有这种专业知识的一般正常水平的人所能预见到的，则该合同的当事人就应该预见到。另一个标准是主观标准，即在某种具体情况下，根据行为人的主观条件如年龄、智力发育状况、知识水平、教育和技术能力等来判断合同的当事人是否应该预见到。这两种标准，可以单独运用，但在多种情况下应结合使用。

2）不可避免性。合同生效后，当事人对可能出现的意外情况尽管采取了及时合理的措施，但客观上并不能阻止这一意外情况的发生，这就是不可避免性。如果一个事件的发生完全可以通过当事人及时合理的作为而避免，则该事件不能认为是不可抗力。

3）不可克服性。不可克服性是指合同的当事人对于意外发生的某一个事件所造成的损失不能克服。如果某一事件造成的后果可以通过当事人的努力得到克服，那么这个事件不属于不可抗力事件。

4）履行期间性。对某一个具体合同而言，构成不可抗力的事件必须是在合同签订之后、终止以前，即合同的履行期间内发生的。如果一项事件发生在合同订立之前或履行之后，或在一方履行迟延而又经对方当事人同意时，则不能构成这个合同的不可抗力事件。

构成一项合同的不可抗力事件，必须同时具备上述四个要件，缺一不可。

（2）在不可抗力的适用上，有以下问题值得注意。

1）合同中是否约定了不可抗力条款，不影响直接援用法律规定。

2）不可抗力条款是法定免责条款，约定不可抗力条款如小于法定范围，当事人仍可援用法律规定主张免责；如大于法定范围，超出部分应视为另外成立了免责条款。

3）不可抗力作为免责条款具有强制性，当事人不得约定将不可抗力排除在免责事由之外。

（4）不可抗力的免责效力。因不可抗力不能履行合同的，根据不可抗力的影响，部分或全部免除责任。但是，金钱债务的迟延责任不得因不可抗力而免除；迟延履行期间发生的不可抗力不具有免责效力。

2. 停电纠纷供电方不可抗力抗辩适用范围有限

鉴于不可抗力的不能预见、不能克服即"想不到、躲不过、搞不定"的属性，对于雷电、大风、雨雪这种直观感受较强的恶劣天气，认定具有不可抗力的可能性较大，但是供电方以不可抗力抗辩时负有相关举证责任，需证明相关恶劣天气属于不可抗力，并非所有恶劣天气均属于不可抗力。法院对不可抗力的认定也存在差异。

如本节案例3中，供电公司举证依据区域站监测数据，2014年9月28日凌晨至29日凌晨，该区域出现降水天气，雨量达大雨，极大风力达到五级。但法院认定虽然事故发生时出现降水天气，供电公司并不能证实属于合同约定的不可抗力之情形，属于违约行为。缺相本身并不意味着必然会造成冷藏厂所主张的损失，即双方之间尤其是对损失的范围并不存在必然的因果关系；冷藏厂在电能出现问题时，并没有按合同约定及时通知供电公司，且持续使用一个小时，也没有按照合同约定自备电源等履行自己的义务，亦属违约。冷藏厂在使用电能过程中出现明显过错，导致设备被烧毁，由此产生损失，其主张的损失有扩大损失之嫌，鉴于冷藏厂主张的损失依据已经灭失，无鉴定可能及本案双方在因雨天导致供电缺相后合同义务的履行情况及避免损失扩大的注意情况等，对冷藏厂主张的、原审能够确认的损失，酌定由冷藏厂负担 70%，供电公司负担 30%为宜。

本节案例 2 中，法院认定根据现有技术手段，人类能在一定程度上提前预知台风；且本案中台风"天鸽"造成涉案鱼塘线路停电后，供电局对于何时恢复供电是能够预见的，故供电局辩称以不可抗力免责，理据不足，不予采信。但供电局及时通知用户并尽到及时抢修义务，故无须对用户损失承担赔偿责任。

本节案例 4 中，法院认为大风刮倒树木损坏高压线是导致停电故障的直接原因，也是根本原因，属于自然因素，具有不可抗力；在履行抢修义务方面，故障地点位于极为偏僻的山区，且事故发生时，是暴雨大风的夜晚，其自然条件属于不可抗力，供电公司的工作人员在这样的自然条件下，无法及时确定故障位置进行修复，符合常理。在天气情况好转后，供电公司及时进行了修复并恢复供电，在履行抢修义务时并无明显过错。龙某的烟叶造成损失，根本原因是自然因素，系不可抗力造成。主观过错方面，龙某在供电公司处获知预计第二天才能恢复供电，应当使用备用电源后，未准备充足油料，导致备用电源无法持续使用，是造成其烟叶损失的主要原因，龙某应当自负主要责任；供电公司未及时履行对电力设施的管理义务，是导致龙某烟叶损失的次要原因，应当承担次要责任。

3. 供电企业有电力设施维护管理义务

如本节案例 4，法院虽然认可大风刮倒树木损坏高压线是导致停电故障的直接原因，属于不可抗力。但法院查明，供电公司在履行供电设施管理义务方面存在瑕疵：一是故障地点周边树草丛生，一旦出现暴雨大风天气，很可能出现故障，损坏供电设施，供电公司一直疏于对故障处供电设施及周边的管理，未予排除安全隐患。二是案涉线路有多处分闸，故障发生处有分闸，本可以关掉该分闸，不至于影响龙某所在地的供电，但在本案故障发生前，该分闸开关已发生故障，供电公司只进行了临时维修，将该处分闸的线路直接连线，导致出现故障时不能断开。法院认为，供电公司对供电设施管理不到位的过错，虽然并不必然导致龙某产生损失，但如果供电公司线路巡视到位、廊道清理到位、设施维护到位，则在出现恶劣的自然原因时，可能避免龙某的损失。在自然原因的作用下，该过错与损害后果之间产生了直接的因果关系。因此，未及时履行对电力设施的管理义务的过错是导致龙某烟叶损失的次要原因。

这一判决理由，值得其他供电企业关注与防范。

四、管理建议

1. 注意诉讼技巧，慎用不可抗力抗辩

根据《中华人民共和国民法典》第五百九十条，当事人一方因不可抗力不能履行合同的，根据不可抗力的影响，部分或者全部免除责任，但是法律另有规定的除外。因不可抗力不能履行合同的，应当及时通知对方，以减轻可能给对方造成的损失，并应当在合理期限内提供证明。在司法实践中，当事人使用不可抗力进行抗辩时一般负有举证责任，同时并非只要发生不可抗力，就全部免除受不可抗力影响的一方当事人的履约责任、赔偿责任或者其他责任，而要根据不可抗力对合同的影响程度酌量处置。同时在使用不可抗力进行抗辩时，还需证明采取了有效措施弥补或减少不可抗力造成的损失。

因此，当事人可以在合同中约定不可抗力具有多大影响时，可以全部免除责任；不可抗力具有多大影响时，可以部分免除责任。同时可以约定，当事人一方在收到另一方当事人关于不可抗力的通知和证明后，应当采取适当措施防止损失的扩大；如没有采取适当措施致使损失扩大的，不得就扩大的损失要求赔偿。当事人一方因防止损失扩大而支出的合理费用，由违约方承担。

2. 加强电网设施设备的运维管理

供电企业作为供用电合同的供电履约方，主动作为，增强责任意识，做细做实各项工作，切实提升供电可靠性水平，既是优质服务的需要，也能最大限度地防范因停电造成客户损失而导致的法律纠纷。一是要做好线路日常

巡视、特殊巡视、廊道清理等运维工作,对于发现的设备缺陷和通道安全隐患,及时以书面形式上报管理部门,按照缺陷重要性等级,尽快安排消缺工作。二是加强迎峰度夏、度冬以及农忙季节产权分界点表计端电压、功率因数的跟踪监测。特殊时段设备运行工况较为恶劣,电网负荷波动大,易发生低电压、跳闸停电、功率因数不合格等故障,影响客户设备的正常供电,应及时跟踪处理。

3. 合理规划配电网络

对于农村、山区等原先网架结构薄弱的地区,要加大增容布点和线路改造力度,增强供电能力。10千伏及以下线路较长的应尽量采取多电源点环路供电,加装分闸开关并规范运维,减少故障停电影响范围。

第二节 用户未按约定配自备电源停电损失自负

一、案例简介

案例1:供电公司线路跳闸导致原告停电,用户未配自备电源损失自担

案号:(2020)沪02民终5709号

2019年1月2日14时45分许,上海某厨房用具有限公司外部线路故障断电,导致厂区停电,致使正在正常运转的玻璃钢化炉成套设备毁损。上海某厨房用具有限公司认为其为特殊用电用户,玻璃锅盖生产线用电要求极高,供电公司突然长时间停电而未事先告知,给该公司造成重大经济损失,要求对设备损坏和生产影响进行经济赔偿。

法院认为,供电公司对跳闸停电并无主观过错,且事后进行了及时抢修,符合电力抢修操作规程。供电方案通知单载明,"请贵户按照相关技术规范及相应规定配置合适的自备应急电源设备""自备应急电源的建设、运行、维护和管理由贵户自行负责。"根据相关法律条款和供用电合同约定,原告公司未依约配置应急电源，跳闸停电后因其断电保护装置未工作而导致其作业受损，损失后果应由其自身承担。判决驳回诉讼请求。

案例 2：供电线路相间短路跳闸，供电人及时抢修不应承担损害赔偿责任

案号：（2018）鄂 9005 民初 2217 号、（2019）鄂 9005 民初 2829 号、（2020）鄂 96 民终 241 号

2018 年 8 月 31 日 5 时 12 分，因原告线路相间短路，造成越级跳闸，致全镇停电。原告因未自备应急电源，致其鱼塘中的成鱼因天气炎热缺氧而大量死亡。经资产评估事务所评估，原告的经济损失共计 93802 元。之后，原告多次与被告协商未果，向法院提起诉讼。

法院认为，无论是自然灾害，还是其他人为原因，若不是由于供电人过错导致断电的，供电人不需要承担赔偿责任；除非断电后，供电人没有及时抢修被损坏的设施，造成用电人损失的，供电人才应当承担损害赔偿责任。另外，原、被告签订的供用电合同亦约定原告未按合同约定安装自备应急电源或采取非电保安措施，导致损失扩大部分被告不承担违约责任。本案中，原告未按合同约定安装自备应急电源或采取非电保安措施，即便存在原告所主张的损失，也不能归责于被告。判决驳回原告诉讼请求。

案例 3：雷雨断电属不可抗力，停电损失供电公司不赔

案号：（2020）粤 0606 民初 29309 号，（2021）粤 06 民终 6907 号

2020 年 9 月 1 日 19 时许，本案用电地址所在的公用线路因雷击而发生故障，对原告鱼塘造成经营损失。原告没有在用电地址自备发电机，但安装了 5 台增氧机。本案停电事故发生后，原告开动了一台增氧机并使用了增氧剂。原告在本案中主张损失 135457.2 元。

法院认为，本案为供用电合同纠纷。涉案的停电事故系由于雷击造成的线路故障所导致，属于因不可抗力导致被告不能履行合同。被告在事发后已及时通知原告，并在合理的时间内维修后恢复供电。本案没有证据反映被告对发生故障的起因及发生故障后的处理过程存在违约情形。另外，原告没有根据实际用电需求预先自备发电设备，在停电持续期间也未合理采取措施防

止和减少损失发生，其要求被告赔偿损失，缺乏事实及法律依据，法院不予支持。二审维持原判。

案例4：正常天气停电，用户因未配自备电源损失自担

案号：（2018）鄂96民终812号

2017年8月8日19时19分许，原告鱼塘供电线路断电，因原告未自备应急电源，其随即向供电所报修。当日23时30分许，抢修成功。原告诉至法院要求赔偿损失。

法院认为，断电原因非供电公司主动中断供电。本案应适用《中华人民共和国合同法》第一百八十一条的规定，只需审查供电公司是否已履行及时抢修的义务。供电公司先后有3名工作人员连续参与抢修，反复检测，在晚上耗时4小时左右排除故障，恢复供电，已履行了及时抢修义务。原告对供电的可靠性如有特殊要求，根据双方签订低压供用电合同约定，电网意外断电原告应自行采取电或非电保安措施。综上所述，原告的请求不成立。二审驳回上诉，维持原判。

案例5：因缺相造成用户损失，供电公司承担90%责任

案号：（2023）皖1623民初290号

2022年2月2日晚上10点钟左右至3日上午，因被告供电公司对原告供电公司居住的周边地区供电时动力电缺相，导致原告风机、换气扇不能正常工作，大棚内温度升高造成鹌鹑大批死亡，经价格鉴定财产损失为279766元。

法院认为，本案中三相电动力缺相是导致原告用于养殖的电机停止工作的直接原因，由于换气扇、风机无法正常工作，大棚内温度升高导致鹌鹑死亡。被告供电公司违反安全供电义务造成的电力故障与原告供电公司所受损失之间存在因果关系，判决被告供电公司承担90%责任。

案例6：停电后原告及时启动增氧仍造成损失，供电公司承担20%责任

案号：（2022）粤0606民初29649号

2022年8月8日17时50分，因被告供电设备故障，造成原告鱼塘所在片区大面积停电，经供电人员抢修后，于2022年8月9日2时50分恢复正常供电。在停电期间，原告立即自购1台发电机自行为增氧机发电，并全塘泼洒颗粒氧、超能氧、快快氧等增氧剂鱼药。但案涉鱼塘仍死亡加州鲈鱼1085斤，死鱼大小约3~4两/尾。期间原告支付购买鱼药费6834元。

法院认为，被告作为电路产权人和管理方，对电路已进行恰当的管理和维护，发生停电故障后已及时通知停电情况并组织抢修，也没有证据显示被告存在其他管理责任。但原告在收到停电通知后已及时启动后备发电机，并配备有增氧机和增氧剂等，其对案涉损失的造成亦不存在过错。结合受害方的损害程度、被告的经济能力等综合考虑，综合本案的实际，法院酌情认定被告应补偿20%的停电损失。

二、关键法条

1.《中华人民共和国民法典》（自2021年1月1日起施行）

第一千一百七十三条 被侵权人对同一损害的发生或者扩大有过错的，可以减轻侵权人的责任。

第一千一百七十四条 损害是因受害人故意造成的，行为人不承担责任。

第一千一百七十五条 损害是因第三人造成的，第三人应当承担侵权责任。

第一千一百八十六条 受害人和行为人对损害的发生都没有过错的，依照法律的规定由双方分担损失。

2.《中华人民共和国电力法》（自1996年4月1日起施行，2018年12月29日第三次修正）

第二十八条 供电企业应当保证供给用户的供电质量符合国家标准。对公用供电设施引起的供电质量问题，应当及时处理。用户对供电质量有特殊要求的，供电企业应当根据其必要性和电网的可能性，提供相应的电力。

第六十条 因电力运行事故给用户或者第三人造成损害的，电力企业应当依法承担赔偿责任。

电力运行事故由下列原因之一造成的，电力企业不承担赔偿责任：

（一）不可抗力；

（二）用户自身的过错。

因用户或者第三人的过错给电力企业或者其他用户造成损害的，该用户或者第三人应当依法承担赔偿责任。

3.《供电监管办法》（自2010年1月1日起施行，2024年1月4日修订）

第七条 电力监管机构对供电企业的供电质量实施监管。

在电力系统正常的情况下，供电企业的供电质量应当符合下列规定：

（一）向用户提供的电能质量符合国家标准或者电力行业标准；

（二）城市地区年供电可靠率不低于99%，城市居民用户受电端电压合格率不低于95%，10千伏以上供电用户受电端电压合格率不低于98%；

（三）农村地区年供电可靠率和农村居民用户受电端电压合格率符合派出机构的规定。派出机构有关农村地区年供电可靠率和农村居民用户受电端电压合格率的规定，应当报电监会备案。

供电企业应当审核用电设施产生谐波、冲击负荷的情况，按照国家有关规定拒绝不符合规定的用电设施接入电网。用电设施产生谐波、冲击负荷影响供电质量或者干扰电力系统安全运行的，供电企业应当及时告知用户采取有效措施予以消除；用户不采取措施或者采取措施不力，产生的谐波、冲击负荷仍超过国家标准的，供电企业可以按照国家有关规定拒绝其接入电网或者中止供电。

4.《重要电力用户供电电源及自备应急电源配置技术规范》（GB/T 29328—2018）

7.2 自备应急电源配置原则

7.2.1 重要电力用户均应配置自备应急电源，电源容量至少应满足全部保安负荷正常启动和带载运行的要求。

7.2.3 自备应急电源的配置应依据保安负荷的允许断电时间、容量、停电影响等负荷特性，综合考虑各类应急电源在启动时间、切换方式、容量大小、持续供电时间、电能质量、节能环保、适用场所等方面的技术性能，合理的选取自备应急电源。重要电力用户自备应急电源配置典型模式参见附录 D。

5.《浙江省电力条例》(自 2023 年 1 月 1 日起施行)

第五十九条 发生停电可能造成人身安全事故、公共秩序混乱、较大环境污染、重要设施设备损坏或者重大经济损失的用户，以及对供电可靠性有特殊要求的用户，应当按照国家和省有关规定配备多路电源、自备电源或者采取非电性质应急安全保护措施，供电企业应当提供技术指导。

用户按照规定应当配备多路电源、自备电源而未配备，应当采取非电性质应急安全保护措施而未采取的，该用户因停电产生的损失由其自行承担。

本条第一款规定的用户范围由省电力管理部门确定；具体用户名单由设区的市、县（市、区）电力管理部门确定。

三、要点简析

1. 用户对供电可靠性如果有特殊要求，应主动告知并与供电公司协商供电方式

鉴于我国目前的输配电价核价体系，电网投资按照核价办法严格审核。如果要保证所有的用户 100%不能停电，势必大大增加电网投资以无限提高供电可靠性，最后将整体推高输配电价。其实质是让全社会为对供电可靠性有特殊要求的用户买单。

因此，《供电监管办法》第七条仅规定，城市地区年供电可靠率不低于

99%，城市居民用户受电端电压合格率不低于 95%，10 千伏以上供电用户受电端电压合格率不低于 98%。根据《中华人民共和国电力法》第二十八条，如果用户对供电可靠性有高于国家标准的特殊要求的，应当向供电企业提出，采用双电源或多路电源供电，而供电企业也应当根据其必要性和电网的可能性，提供相应的电力。双电源或多路电源用户应按规定，向供电企业支付高可靠性费用。

实务中，如果按照重要电力用户的标准配备主供电源和备用电源，用户将增加线路、设备和双电源高可靠性供电费用等投资。为了减少投资，或者因为对重要电力用户的理解有偏差，用户在申请供电时并未向供电企业释明其对供电的特殊要求，但被中断供电后，却认为其是对供电有特殊要求的重要电力用户，从而向供电企业主张停电赔偿。《浙江省电力条例》第五十九条将重要电力用户"应当按照国家和省有关规定配备多路电源、自备电源或者采取非电性质应急安全保护措施"明确为法定义务，明确按照规定应当配备多路电源、自备电源而未配备，应当采取非电性质应急安全保护措施而未采取的，该用户因停电产生的损失由其自行承担。即明确了用户未按照规定配备多路电源、自备电源或非电性质应急安全保护措施，属于违反法定义务，由此产生的停电损失应由用户自行承担。

2. 用户未依约配自备电源，供电公司一般不承担停电损失

自备应急电源是指在主供电源和备用电源全部发生中断的情况下，由用户自行配备的，能为用户保安负荷（用于保障用电场所人身与财产安全所需的电力负荷）可靠供电的独立电源。

用户自备应急电源的配备有两种情况。一是强制配备的用户。根据《重要电力用户供电电源及自备应急电源配置技术规范》（GB/T 29328—2018）等相关规定，发生停电可能造成人身安全事故、公共秩序混乱、较大环境污染、重要设施设备损坏或者重大经济损失的重要用户，应当配备自备应急电源。重要电力用户均应配置自备应急电源，电源容量至少应当满足全部保安负荷正常启动和带载运行的要求。二是虽未列入重要用户，但用户自身认为

其对供电可靠性要求高于国家标准，也应当向供电企业明示，并与供电企业约定配备用户自备应急电源。

一般产生纠纷的大多数是第二种情况。供用电双方在合同中约定了由用户配自备电源，且明确约定"用电人未按合同约定安装自备应急电源或采取非电保安措施，或者对自备应急电源和非电保安措施维护管理不当，导致损失扩大部分"，供电人不承担停电产生的违约责任。本节所列案例，法院均采纳供电公司不承担责任的辩护意见。如本节案例 2 中，因被告线路相间短路，造成越级跳闸，致全镇停电。法院认为，停电原因并非被告主动中断供电，且停电后，供电所即指派 5 名工作人员仅耗时不到 2 小时即排除故障，迅速恢复供电。从抢修过程分析，被告已履行了及时抢修义务，并不属于合同约定的供电设施计划检修需要中止供电和供电设施临时检修需要中止供电情形。另外，原告、被告签订的供用电合同亦约定被告对下列情形不承担违约责任：原告未按合同约定安装自备应急电源或采取非电保安措施，或者对自备应急电源或非电保安措施维护管理不当，导致损失扩大部分。原告未按合同约定安装自备应急电源或采取非电保安措施，即便存在原告所主张的损失，也不能归责于被告。判决驳回原告诉讼请求。

如果用户按照约定配备了自备电源，但仍造成了损失，在用户不存在过错的情况，则应依据《中华人民共和国民法典》第一千一百八十六条，受害人和行为人对损害的发生都没有过错的，依照法律的规定由双方分担损失，如本节案例 6。另如本节案例 5，供电公司因为缺相造成用户损失，与停电用户应自备应急电源不同，属于供电质量不达标，存在过错，是违约行为，应当承担赔偿责任。

四、管理建议

1. 供电公司对用户配自备电源有指导义务

供电企业的技术指导，可以系统地引导电力用户科学合理地配置自备应急电源和应急安全保护措施，以较低的社会综合成本减少电力用户的断电损失，更高效地发挥供电企业对重要电力用户的供电保障作用。因此，供电企业应当履行重要电力用户配备供电电源的技术指导义务。

供电企业的基层班组、供电所应建立辖区重要用户、敏感客户的台账资料，按时上门服务，根据其用电需求特性和供用电合同条款约定，书面告知用户可能发生的供电风险，提醒用户做好自备电源、发电机的保养及油料的储备工作，开展必要的技术服务支持。

2. 加强供用电合同的规范管理

笔者曾遇到一个案例：供用电合同中关于自备电源条款的空白处未标"/"，法院认为双方约定不明，供电公司无法免责。因此，基层单位在签订供用电合同时，务必按照国家电网公司及各网省公司下达的说明规范填写。特别应关注：一是自备电源的约定条款要清晰，要在主合同中明确约定自备电源的容量，如果没有自备电源，也应在"（1）用电人自备发电机_____千瓦。"的下划线上标上"/"。二是要明确非电保安措施条款，并签订自备电源补充协议，明确自备电源的配置和维护责任界限等。三是对免责条款，最好下划线提请用户重视，避免因事先拟定的条款免除自己的责任或加重对方的责任，成为无效条款。

3. 加强自备电源管理，避免倒送电事故

客户在购置和使用自备电源时，普遍存在隐蔽性强、操作不规范、设备防误操作能力弱等特点，不仅直接威胁到电网安全稳定运行，还威胁到电网检修作业人员的生命安全。如果在电网停电检修中，客户自备电源和电网电源间没有正确的切换装置和可靠的联锁装置，一旦客户发动自备发电机供电，自备电源向电网倒送电，现场作业人员只能依靠一组接地线保护，安全可靠性十分薄弱，很可能造成人身安全事故。供电公司应当高度重视用户侧双电源、自备电源的排查工作，加强用户侧自备电源检查和技术指导，从源头上杜绝工作线路倒送电，防止自备发电机组倒送电至公用电网而造成人身伤亡或设备损坏等恶性事故的发生。同时要加强对用户侧自备电源的安全管理，多向用户宣传安全用电知识，提高事故防范能力，营造良好的供用电环境。

第三节　第三人原因导致停电供电公司可不担责

一、案例简介

案例 1：第三人故障引起停电，供电公司不承担损失

案号：（2018）津 0113 民初 5728 号

2018 年 3 月 26 日 17 时左右，第三人安某公司变压器发生故障，原告某昌公司于当日 17 时 38 分左右拨打 95598 供电服务热线。被告于当日 17 时 58 分到达现场，经核实，系安某公司变压器故障导致原告磨床受损。3 月 26 日全天，被告产权并负责运行维护管理的通 11 线路电流稳定，实际供电情况符合国家标准。

法院认为，被告并未发生电力运行事故及停电情形。第三人安某公司变压器短路故障是原告磨床受损的原因。判决驳回原告的诉讼请求。

案例 2：第三人故障引起停电，供电公司须承担损失

案号：（2022）辽 01 民终 6921 号

2020 年 5 月 14 日 12 时 30 分左右，因第三人振某塑业产权变压器故障导致原告三某公司用电线路电压出现异常大幅波动，三某公司设备受损，维修设备共计花费 173365 元，三某公司诉至法院要求某供电公司承担损失赔偿责任。

法院认为，三某公司与某供电公司双方达成供用电合同关系，供电公司作为供电人负有向用电人三某公司安全供电的义务，未能安全供电，造成三某公司损失的，应当承担损害赔偿责任。根据《中华人民共和国合同法》第一百二十一条规定："当事人一方因第三人的原因造成违约的，应当向对方承担违约责任。当事人一方和第三人之间的纠纷，依照法律规定或者按照约定解决。"某供电公司因第三人原因对三某公司造成违约，应由其与第三人之间予以解决，供电公司不能以此对抗其应对三某公司承担的违约责任。判决某供电公司赔偿原告三某公司维修设备损失共计 173365 元。二审维持原判。

二、关键法条

1.《中华人民共和国民法典》（自 2021 年 1 月 1 日起施行）

第五百九十三条 当事人一方因第三人的原因造成违约的，应当依法向对方承担违约责任。当事人一方和第三人之间的纠纷，依照法律规定或者按照约定处理。

第一千一百七十五条 损害是因第三人造成的，第三人应当承担侵权责任。

2.《中华人民共和国电力法》（自 1996 年 4 月 1 日起施行，2018 年 12 月 29 日第三次修正）

第六十条 因电力运行事故给用户或者第三人造成损害的，电力企业应当依法承担赔偿责任。

电力运行事故由下列原因之一造成的，电力企业不承担赔偿责任：

（一）不可抗力；

（二）用户自身的过错。

因用户或者第三人的过错给电力企业或者其他用户造成损害的，该用户或者第三人应当依法承担赔偿责任。

3.《供电营业规则》（自 2024 年 6 月 1 日起施行）

第九十七条 供用电双方在合同中订有电力运行事故责任条款的，按照下列规定办理，双方另有约定的除外：

（一）由于供电企业电力运行事故造成用户停电时，供电企业应当按照用户在停电时间内可能用电量乘以当期同类用户平均电量电价的四倍（两部制电价为五倍）给予赔偿；用户在停电时间内可能用电量，按照停电前用户正常用电月份或正常用电一定天数内的每小时平均用电量乘以停电小时计算；

（二）由于用户责任造成供电企业对外停电时，用户应当按照供电企业对外停电时间少供电量，乘以上月供电企业平均售电单价给予赔偿；

因用户过错造成其他用户损害的，受害用户要求赔偿时，该用户应当依法承担赔偿责任；

虽因用户过错，但由于供电企业责任而使事故扩大造成其他用户损害的，该用户不承担事故扩大部分的赔偿责任；

（三）对停电责任的分析和停电时间及少供电量的计算，均按照供电企业的事故记录及有关规定办理；停电时间不足一小时按照一小时计算，超过一小时按照实际时间计算。

三、要点简析

1. 第三人承担责任的法律分析

因第三人原因停电导致电力用户受损的纠纷案件时有发生，面对此类案件，用户的法律救济途径主要有两个：基于侵权事由请求第三人承担侵权责任，或者基于违约事由请求供电企业承担违约责任。但侵权责任与违约责任在构成要件、举证规则、承担责任的方式等方面，均存在较大差异。《中华人民共和国民法典》第一百八十六条规定，"因当事人一方的违约行为，损害对方人身权益、财产权益的，受损害方有权选择请求其承担违约责任或者侵权责任"。如果当事人一方的违约行为侵害了对方的人身、财产权益，则同时构成侵权行为，这时违约方既负有违约责任，又负有侵权责任，此即违约责任与侵权责任的竞合，受害人既可以就违约责任行使请求权，也可以就侵权责任行使请求权。根据《中华人民共和国民法典》的规定，受害人可以在两种请求权中选择一种行使，这意味着受害人只能行使一种请求权，如果受害人选择一种请求权并得到实现，则另一种请求权即告消灭。在实际案例中,法院对此类案件通常有两种责任认定,一是第三方的侵权责任,二是供电企业的违约责任。

（1）侵权责任。

《中华人民共和国电力法》第六十条规定,"因电力运行事故给用户或者第三人造成损害的,电力企业应当依法承担赔偿责任。电力运行事故由下列原因之一造成的,电力企业不承担赔偿责任：（一）不可抗力；（二）用户自身的过错。因用户或者第三人的过错给电力企业或者其他用户造成损害的,该用户或者第三人应当依法承担赔偿责任"。该条文表达的核心要义是第三人承担的是过错责任；赔偿方面《中华人民共和国电力法》并未提供具体的赔偿规则,而是采用转致立法技术,规定"依法"承担赔偿责任。此处所指的"法律"目前主要是《中华人民共和国民法典》的相关规定。由上可知,因第三人侵权导致的赔偿责任方面,《中华人民共和国电力法》并未创设特殊规则,而是保持了与民事基本法的一致,体现了法秩序的内在统一。

《中华人民共和国民法典》第一千一百七十五条规定,"损害是因第三人造成的,第三人应当承担侵权责任"。该条处于《中华人民共和国民法典》侵权责任编"一般规定"一章,具有统领作用。《中华人民共和国民法典》第一千一百六十五条第一款规定,"行为人因过错侵害他人民事权益造成损害的,应当承担侵权责任"。该条为规范侵权责任承担的一般条款,根据该条规定,一般情况下,承担侵权责任的主体为"行为人"。因第三人原因停电给用户造成损害的,该第三人是"行为人",故被评价为侵权人,根据《中华人民共和国民法典》的规定,该第三人应当承担侵权责任。

基于鼓励行为自由与他人法益保护的平衡,在民事侵权领域,侵权责任的承担以贯彻"责任自负"为原则、承担替代责任为例外；以承担过错责任为原则、以承担无过错责任为例外（限于法律的明确规定）。在法律无特别规定供电企业承担替代责任的情况下,并不能认为在上述情形中,供电企业是侵权人；同时,法院也不能判令供电企业承担侵权责任,或者判令供电企业与第三人承担连带责任,除非供电企业自身存在过错。

(2)违约责任。

《中华人民共和国民法典》第五百九十三条规定,"当事人一方因第三人的原因造成违约的,应当依法向对方承担违约责任。当事人一方和第三人之间的纠纷,依照法律规定或者按照约定处理"。即合同主要在特定的合同当事人之间产生法律约束力,只有合同当事人一方能基于合同向合同对方提出请求或提起诉讼,而不能向与其无合同关系的第三人设定合同上的义务。本节案例2中,法院认为"本案事故原因为振某塑业产权变压器故障导致系统电压异常波动,造成三某公司设备烧损"的内容,可以认定上述电压异常的情况导致了三某公司设备毁损的事实,某供电公司作为供电方,未能保证其所提供的电能质量符合合同约定,并造成三某公司损失,显系违约,应当承担违约责任。《高压供用电合同》中约定了因第三人的过错行为所导致的供电人违约,供电人不承担责任,但该合同系某供电公司提供的格式合同,该条款明显系减轻供电人责任并与三某公司有重大利益关系,而该供电公司并未举证证明采取合理方式提示三某公司对此条款予以注意,故该条款不应成为合同内容。故其应赔偿三某公司所受损失。

2. 供电公司系统稳定正常才能让第三人担责

在被法院认定为侵权的判例中,第三人发生故障并非导致用户损失的必然条件,供电公司作为电力系统的运维方需要同时佐证故障发生时系统稳定正常运行,并非是发生系统故障造成用户损失,即排除自身的侵权责任才可引导用户依据侵权责任向第三人索赔。

四、管理建议

1. 及时查明事故原因并引导用户向第三人主张赔偿

就实际判例来看,侵权责任认定与违约责任认定根本上是法律适用问题。对广大电力用户而言,与供电企业签订供用电合同并按时缴纳电费即视为其获得连续可靠电力供应，无论何种外部原因导致断电，其无法直接准确判断并承担举证责任，也无法准确获取诉讼对象。故其在无法获取第三人相关信息时，通常以合同违约为由将供电公司作为被告诉至法院，倒逼供电企业承担举证责任，同时供电企业存在败诉风险。所以在发生故障导致用户断电后，供电企业需及时查明事故原因并保留相关证据，积极引导用户向第三方主张侵权赔偿。

2. 供电企业保证系统稳定正常，提升供电可靠性和电能质量

供电企业在日常系统运行维护时应加强配电网建设，提高线路联络水平，加强配电网自动化建设，自动判别并隔离故障区域，缩小故障影响范围。加大线路设备巡视力度，做好隐患登记消缺工作，常态化开展计划检修，对运行时间长、老旧的设备及时更换整改，提升系统的供电可靠性与电能质量。

第四节　因自然灾害等断电供电方无须事先通知

一、案例简介

案例1：台风属于不可抗力，供电公司无法事先通知

案号：（2019）粤民申 7319 号

2017 年 8 月 23 日中午，台风"天鸽"袭击某市。供电公司向王某发送短信"尊敬的客户，由于受台风天气影响，个别供电设施已经出现故障，如你所在线路已停电，我局已组织全力抢修，预计在 2017 年 8 月 24 日 18 时前能恢复正常供电。"24 日 16 时，王某投放 3 万条小鱼进涉案鱼塘。24 日晚上，王某自备发电机无法发电，多次致电供电公司，要求派发电机无果。25 日凌晨鱼陆续死亡。25 日晚上，涉案线路恢复供电。王某诉至法院要求赔偿损失。

一审法院认为，台风停电后，供电局能够预见何时恢复供电，故供电

局辩称以不可抗力免责，不予采信，酌情认定供电局承担 50% 的责任 246953 元。

二审法院认为，台风属不可抗力，停电供电公司无法事先通知。短信是供电公司对用户的一种提醒，具有服务性质，并非对用户的一种承诺，更不能由此推定，若没有按照短信内容的时间通电，供电公司就要承担相应责任。王某作为专业养殖户，在出现自然灾害天气以及停电较长时间的情况下，在未实际通电时便投放大量小鱼，导致鱼缺氧死亡，其主张供电公司承担赔偿责任，缺乏事实和法律依据。改判供电公司不承担责任。王某不服，申请再审，被驳回。

案例 2：雷雨断电供电公司事后告知并及时抢修，不存在违约行为

案号：（2020）粤 0606 民初 29309 号，（2021）粤 06 民终 6907 号

原告郭某与被告某供电局签订了供用电合同，约定被告为供电方，原告为用电方，供、用电双方按产权归属各自负责其电力设施的维护、日常管理和安全工作，并承担有关法律责任。2020 年 9 月 1 日 19 时许，本案用电地址所在的公用线路因雷击而发生故障，对原告鱼塘造成经营损失。原告没有在用电地址自备发电机，但安装了 5 台增氧机。本案停电事故发生后，原告开动了一台增氧机并使用了增氧剂。原告在本案中主张损失 135457.2 元，包括已死亡鱼的价格 133697.2 元、出现死鱼后鱼塘消毒支出的消毒液 560元、消毒鱼药 800 元、2 天收拾死鱼的人工费 1200 元。

法院认为，本案为供用电合同纠纷。涉案的停电事故系由于雷击造成的线路故障所导致，属于因不可抗力导致被告不能履行合同，而被告在事发后已及时通知原告，并在合理的时间内维修后恢复供电，本案没有证据反映被告对发生故障的起因及发生故障后的处理过程存在违约情形。另外，原告没有根据实际用电需求预先自备发电设备，在停电持续期间也未合理采取措施防止和减少损失发生，其要求被告赔偿损失，缺乏事实及法律依据，法院不予支持。二审维持原判。

二、关键法条

1.《中华人民共和国民法典》(自 2021 年 1 月 1 日起施行)

第六百五十二条　供电人因供电设施计划检修、临时检修、依法限电或者用电人违法用电等原因，需要中断供电时，应当按照国家有关规定事先通知用电人；未事先通知用电人中断供电，造成用电人损失的，应当承担赔偿责任。

第六百五十三条　因自然灾害等原因断电，供电人应当按照国家有关规定及时抢修；未及时抢修，造成用电人损失的，应当承担赔偿责任。

2.《中华人民共和国电力法》(自 1996 年 4 月 1 日起施行，2018 年 12 月 29 日第三次修正)

第二十九条　供电企业在发电、供电系统正常的情况下，应当连续向用户供电，不得中断。因供电设施检修、依法限电或者用户违法用电等原因，需要中断供电时，供电企业应当按照国家有关规定事先通知用户。

用户对供电企业中断供电有异议的，可以向电力管理部门投诉；受理投诉的电力管理部门应当依法处理。

3.《电力供应与使用条例》(自 1996 年 9 月 1 日起施行，2019 年 3 月 2 日第二次修订)

第二十八条　除本条例另有规定外，在发电、供电系统正常运行的情况下，供电企业应当连续向用户供电；因故需要停止供电时，应当按照下列要求事先通知用户或者进行公告：

(一)因供电设施计划检修需要停电时，供电企业应当提前 7 天通知用户或者进行公告；

(二)因供电设施临时检修需要停止供电时，供电企业应当提前 24 小时通知重要用户；

(三)因发电、供电系统发生故障需要停电、限电时，供电企业应当按照事先确定的限电序位进行停电或者限电。引起停电或者限电的原因消除后，供电企业应当尽快恢复供电。

4.《供电营业规则》(自 2024 年 6 月 1 日起施行)

第一百零四条 供电企业对查获的窃电者，应当予以制止并按照本规则规定程序中止供电。窃电用户应当按照所窃电量补交电费，并按照供用电合同的约定承担不高于应补交电费三倍的违约使用电费。拒绝承担窃电责任的，供电企业应当报请电力管理部门依法处理。窃电数额较大或情节严重的，供电企业应当提请司法机关依法追究刑事责任。

三、要点简析

1. 停电前应事先通知的情形

根据《中华人民共和国民法典》第六百五十二条，停电前应事先通知的情形主要有四种：

计划检修，是提前预设安排的停电计划，是供电企业保障客户用电需求的一项日常工作，其目的是通过设备日常检修维护和电网升级改造，确保电网安全可靠运行。

临时检修，是指计划检修以外需适时安排的检修工作。

依法限电，是指依据相关法律，通过间歇或按时供电的方式，临时减少客户用电负荷的措施。

用电人违法用电，是指减少国家电费收入，危及人身、设备安全的用电行为，包括窃电、私自引入电源、擅自使用已报暂停的设备等行为。

2. 停电通知的程序要求

针对计划检修，根据国家能源局《供电企业信息公开实施办法》第六条第（五）项要求，"因供电设施计划检修需要停限电的，供电企业应当提前7日公告停电区域、停电线路和停电时间"。《高压供用电合同》中也约定"供电设施计划检修需要中止供电的，供电人应当提前 7 日公告停电区域、停电线路、停电时间，并通知重要电力用户等级的用电人"。在实际操作中，供电公司一般采取张贴公告、发送短信、电话通知等方式提前通知受停电影响的相关客户提前调整生产、生活计划。涉及重要用户的停电，应将停电通知书报送同级电力管理部门。在停电前30分钟，将停电时间再通知用户一次，方可在通知规定时间实施停电。

针对临时检修，《电力供应与使用条例》第二十八条第二项规定"因供电设施临时检修需要停止供电时，供电企业应当提前24小时通知重要用户。"在实际操作中，除停电通知时限与计划抢修不同，通知程序、方式与计划检修一致。

针对限电，需根据决定主体的相关要求履行停电通知程序。因执行政府机关或授权机构依法做出的限电指令而中止供电时，供电公司需要按照事先确定的限电序位进行停电或者限电。所以，供电企业要合法限电，不仅需要事先通知用户，而且还要提交限电序位表，经政府相关部门批准以后，由电力调度机构进行执行，没有经过批准限电序位的和没有事先通知用户的限电行为不符合法律规定。但国家对因限电进行通知的程序未进行明确规定，通常由供电公司发布公告、发送短信或由客户经理进行电话通知等方式进行。

针对用电人违法用电的，按照《供电营业规则》的相关规定，供电企业应当予以制止并按照本规则规定程序中止供电，须在中止供电前履行事先通知义务，同时须保留相关书面证据。

3. 故障抢修不属于事先通知范围

电力系统设备、线路点多面广，发生的故障既可能是由于自身原因造成，也可能是由于外部原因造成，故障抢修无法事先预见并通知。本节案例2中，法院认为涉案线路停电是由于雷电暴雨极端天气导致线路故障而引发，根据《中华人民共和国民法典》第六百五十三条因自然灾害等原因断电，供电人应当按照国家有关规定及时抢修；未及时抢修，造成用电人损失的，应当承担赔偿责任。根据供电局提供的紧急抢修工作票、技术交底单、临时性作业风险快速评估表、现场勘验工作单原件及短信通知记录等证据，表明供电局已及时通知停电情况并组织抢修。且原告确认收到了供电局的停电短信通知，可知供电局已履行了向养殖户通知的义务，故法院未支持原告诉讼请求。由此可见，在外部原因引发的故障导致断电的情况，供电企业无法预见并预先通知。但在故障发生后要及时通知用户并做好故障抢修，因未及时抢修造成用电人损失的，应当承担赔偿责任。

四、管理建议

1. 停电通知要注意形式，进行有效通知

供电企业应严格履行对符合条件用电人中止供电的事先通知义务，做好停电通知记录留存，确保程序合法合规。针对不同的停电类型停电的通知时间、程序要求存在不同，在通知中需要明确包含停电时间、预计送电时间、停电类型、停电原因、停电范围等要素信息，同时在通知时要留有书面证据，包括纸质停电通知单，微信、短信等书证，若停电以电话等形式进行通知，应注意做好录音留证工作。

为实现停电通知的有效接收，防范通知不到位的法律风险，纸质通知要发布或张贴在明显的位置且留存足够长的时间，短信、微信等通知时应得到通知人的有效回应。针对邮寄停电通知书等方式进行通知的，应确保收件人本人已收到相关通知文件，不能以快件送达签收即认为已履行通知义务。

2. 按要求恢复供电义务

根据电力相关法律规定，在供电系统正常的情况下，供电企业有义务向用户连续供电，同时《中华人民共和国民法典》第六百五十三条规定了供电人的抢修义务，即因自然灾害等原因断电，供电人应当按照国家有关规定及时抢修。"自然灾害等原因"主要指不可抗力的原因。虽然不可抗力是合同的免责事由，但在不可抗力发生以后，当事人仍应以诚实善意的态度去努力克服，最大限度地减少因不可抗力所造成的损失，这是合同诚信

原则的要求。因此，受自然灾害等影响断电后，供电人应当按照国家有关规定及时抢修。

第五节　故障停电供电公司应履行及时抢修义务

一、案例简介

案例 1：故障因非供电公司主动中断供电，只需审查抢修义务

案号：（2018）鄂 96 民终 812 号

2017 年 8 月 8 日 19 时 19 分许，原告鱼塘供电线路断电，因原告未自备应急电源，其随即向供电所报修。当日 23 时 30 分许，抢修成功。原告诉至法院要求赔偿损失。

法院认为，断电原因非供电公司主动中断供电。本案应适用《中华人民共和国合同法》第一百八十一条的规定，只需审查供电公司是否已履行及时抢修的义务。供电公司先后有 3 名工作人员连续参与抢修，反复检测，在晚上耗时 4 小时左右排除故障，恢复供电，已履行了及时抢修义务。原告对供电的可靠性如有特殊要求，根据双方签订低压供用电合同约定，电网意外断电原告应自行采取电或非电保安措施。综上所述，原告的请求不成立。二审驳回上诉，维持原判。

案例 2：故障停电供电公司及时抢修不承担责任

案号：（2018）鲁 1092 民初 1084 号

2017 年 7 月 22 日，因被告在高压线路发生故障停电，导致原告鱼缸打氧机无法工作，鱼缸内的金龙鱼因缺氧死亡。原告诉至法院要求赔偿。

法院认为，被告在事故发生 3 小时后抢修并恢复了供电，已经履行抢修义务，不应承担赔偿责任。本案中引起断电的原因不可预见且超出被告控制范围，在断电发生后，被告及时组织抢修并恢复了供电，履行了及时抢修的义务。原告要求被告承担赔偿责任，不予支持。

二、关键法条

1.《中华人民共和国民法典》(自2021年1月1日起施行)

第六百五十三条 因自然灾害等原因断电,供电人应当按照国家有关规定及时抢修;未及时抢修,造成用电人损失的,应当承担赔偿责任。

2.《供电监管办法》(自2010年1月1日起施行,2024年1月4日修订)

第十四条 电力监管机构对供电企业处理供电故障的情况实施监管。

供电企业应当建立完善的报修服务制度,公开报修电话,保持电话畅通,24小时受理供电故障报修。

供电企业应当迅速组织人员处理供电故障,尽快恢复正常供电。供电企业工作人员到达现场抢修的时限,自接到报修之时起,城区范围不超过60分钟,农村地区不超过120分钟,边远、交通不便地区不超过240分钟。因天气、交通等特殊原因无法在规定时限内到达现场的,应当向用户做出解释。

3.《浙江省电力条例》(自2023年1月1日起施行)

第四十七条 发生供电故障的,供电企业应当迅速处理,及时恢复正常供电。供电企业工作人员到达现场抢修的期限,自接到报修起,城镇建成区内不得超过一小时,交通不便的山区、海岛地区不得超过四小时,其他区域不得超过两小时。因天气、交通等特殊原因无法在规定期限内到达现场的,应当及时向用户说明原因。

4.《国家电网公司配网故障抢修管理规定》[国网(运检/4)312—2014(通用)]

第二十八条 提供24小时电力故障报修服务,供电抢修人员到达现场的时间一般不超过:城区范围45分钟;农村地区90分钟;特殊边远地区2小时。因特殊原因无法按时限要求到达现场的,抢修人员应及时与客户沟通,做好解释工作。

三、要点简析

1. 故障停电供电公司及时抢修不承担停电损失赔偿责任

《中华人民共和国民法典》第六百五十三条规定了供电人的及时抢修义务："因自然灾害等原因断电，供电人应当按照国家有关规定及时抢修；未及时抢修，造成用电人损失的，应当承担赔偿责任。"因自然灾害等断电时，供电人应当迅速反应，及时抢修，在合理期限内恢复供电。出现断电以后，供电人应当根据国家有关规定及时抢修，以减少用电人的经济损失。若供电人未尽到及时抢修的义务，将会向用电人承担赔偿责任。判断供电人是否尽到及时抢修义务，需要结合《供电监管办法》等法律法规有关规定及电力线路设备维修项目的难易程度综合考虑。

2. 时限要求是国家电网公司十项承诺之一，应按承诺履行

《国家电网有限公司供电服务"十项承诺"》第三条规定："快速抢修及时复电。提供 24 小时电力故障报修服务，供电抢修人员到达现场的平均时间一般为：城区范围 45 分钟，农村地区 90 分钟，特殊边远地区 2 小时。到达现场后恢复供电平均时间一般为：城区范围 3 小时，农村地区 4 小时。"国家电网公司对于抢修的时限承诺均高于《供电监管办法》，在内部相关制度建设上对故障抢修有完整的管理流程与业务规范执行手册。在意思自治的情况下作出高于法律法规要求的承诺是履行社会责任、提高服务质量的表现，应按照承诺履行责任，并接受社会监督。

3. 浙江省对故障抢修时限有特别规定

《浙江省电力条例》第四十七条明确，发生供电故障的，供电企业应当迅速处理，及时恢复正常供电。供电企业工作人员到达现场抢修的期限，自接到报修起，城镇建成区内不得超过一小时，交通不便的山区、海岛地区不得超过四小时，其他区域不得超过两小时。因天气、交通等特殊原因无法在规定期限内到达现场的，应当及时向用户说明原因。上述条款明确了浙江省供电企业对企业用户、居民用户的承诺办电时长，以及包括山区、海岛在内地区办理用电业务期限。与《供电监管办法》中"城区、农村、交通不便地区"表述不同的是，本款对应表述为"城镇建成区，交通不便的山区、海岛地区，其他区域"。城镇建成区内不得超过一小时，不再区分农村地区，而是统一划分为其他区域不得超过两小时，有利于推动供电企业进一步提升服务标准，简化业务办理流程，助力企业增产增效。

四、管理建议

1. 电力企业应及时履行抢修义务

《中华人民共和国民法典》第六百五十三条规定了因自然灾害等原因造成断电的，供电人履行及时抢修的义务。所谓"及时"，要根据具体案件的情况进行判断，判断时可以参照相关法律法规和部门规章的规定。根据《供电监管办法》第十四条的规定供电企业应当建立完善的报修服务制度，公开报修电话，保持电话畅通，24 小时受理供电故障报修。供电企业应当迅速组织人员处理供电故障，尽快恢复正常供电。因天气、交通等特殊因素或特殊原因，无法在规定时限内到达现场的，应当向用户作出解释。本条规定的是自然灾害等原因造成的供电中断，故存在因天气、交通等特殊原因无法在规定时限内到达现场的情况，但是在相关原因消失或者能够克服后，供电人应及时履行抢修义务。在供电人和用电人就供电人是否及时抢修产生争议时，供电人应对自己已及时抢修负证明责任。

对于供电人未履行及时抢修义务给用电人造成损失的，供电人应予赔偿。本条的损失赔偿范围系供电人未履行及时抢修义务给用电人造成的可得利益的损失，但要受到可预见规则、减损规则等的必要限制。

2. 严格遵守故障抢修服务行为规范

故障抢修时要严格履行"两告知一回复"要求，在接到故障报修信息、到达现场、结束抢修后，第一时间联系客户，并实时告知客户处理进度。故障抢修人员着装规范、佩戴工作牌，抢修车辆进入客户单位或居民小区减速慢行，注意停放位置，礼让行人。故障抢修携带的工器具、材料等配置齐备、摆放有序。现场抢修严格遵守标准工艺的要求，一次完成抢修工作。故障抢修过程中，遇到表计损坏等情况，应先复电后抢修，并及时告知计量人员现场处理。开展故障抢修时，做好安全措施，摆放醒目的警示牌或设置围栏，防止人身伤亡事故。对单户报修，现场抢修前先核实客户交费状态，如判定为客户欠费停电，及时通知相关人员联系客户处理。发生多户、大面积停电时，及时发布停电信息，按照故障分级原则，优先处置危及安全、救灾抢险等紧急类事件，如短时无法恢复供电，多渠道公告抢修进度。在故障抢修现场，对客户提出的非故障抢修诉求，应耐心解释，做好信息收集和上报工作。故障抢修作业结束后，确保现场做到"工完、料尽、场地清"，并向客户交代有关注意事项，主动征求客户意见。对于城中村、大型小区或重要、敏感民生客户自有产权配电设施故障停电的，应第一时间上报相关情况，配合用户做好故障抢修，必要时采取应急保电措施，帮助及时恢复供电。

第六节 合同约定限额赔偿格式条款有无效风险

一、案例简介

案例1：合同约定电度电费五倍最高赔偿限额赔偿属于格式条款，无效

案号：（2019）豫 01 民终 8780 号

2017 年 6 月 30 日，顶某公司向某保险公司某支公司购买财产一切险。8 月 18 日，因电网故障造成停电，顶某公司设备受损。保险公司向顶某公司支付理赔款 49.63 万元后，向供电公司代位求偿。供电公司辩称应当依据合同约定的最高赔偿限额赔偿，即用电人在中止供电时间内可能用电量电度电费的五倍。

法院认为，该条款属于格式条款，存在免除供电人责任、加重用电人责任、排除用电人主要权利的情形，应认定无效。法院酌定供电公司以理赔金额的三分之一向保险公司赔偿 165400 元。

案例 2：合同约定最高赔偿限额赔偿被采纳

案号：（2019）冀 04 民终 4334 号

2017 年 2 月 8 日、5 月 24 日，原告某风景区管理处与被告某供电公司先后签订了 200 千伏安和 500 千伏安变压器，共计 700 千伏安的用电合同。2017 年 7 月 31 日，原告向被告申请 200 千伏安变压器减容后违约启用，被告工作人员发现后未告知原告即将原告 200 千伏安变压器停电铅封，致使原告全部停电，造成原告经济损失。原告诉至法院，要求被告承担损失 1028928 元，鉴定费 5000 元。

一审法院认为，原告私自接通 200 千伏安变压器用电，属违约用电，按合同约定，应支付被告违约金。原告情形尚不属于国家规定或合同约定的立即中止停电的情形，被告工作人员在发现原告违约用电的情况后，立即停电的行为不当，造成原告损失，被告应予承担，但双方合同约定了最高赔偿限额，按用电人在中止供电时间内可能用电量电度电费的四倍计算。判决被告赔偿原告最高赔偿限额损失 43600.24 元。二审维持该项判决。

二、关键法条

1.《中华人民共和国民法典》（自 2021 年 1 月 1 日起施行）

第四百九十六条 格式条款是当事人为了重复使用而预先拟定，并在订立合同时未与对方协商的条款。

采用格式条款订立合同的，提供格式条款的一方应当遵循公平原则确定当事人之间的权利和义务，并采取合理的方式提示对方注意免除或者减轻其责任等与对方有重大利害关系的条款，按照对方的要求，对该条款予以说明。提供格式条款的一方未履行提示或者说明义务，致使对方没有注意或者理解与其有重大利害关系的条款的，对方可以主张该条款不成为合同的内容。

第四百九十七条　有下列情形之一的,该格式条款无效:

(一) 具有本法第一编第六章第三节和本法第五百零六条规定的无效情形;

(二) 提供格式条款一方不合理地免除或者减轻其责任、加重对方责任、限制对方主要权利;

(三) 提供格式条款一方排除对方主要权利。

第四百九十八条　对格式条款的理解发生争议的,应当按照通常理解予以解释。对格式条款有两种以上解释的,应当作出不利于提供格式条款一方的解释。格式条款和非格式条款不一致的,应当采用非格式条款。

2.《供电营业规则》(自 2024 年 6 月 1 日起施行)

第九十七条　供用电双方在合同中订有电力运行事故责任条款的,按照下列规定办理,双方另有约定的除外:

(一) 由于供电企业电力运行事故造成用户停电时,供电企业应当按照用户在停电时间内可能用电量乘以当期同类用户平均电量电价的四倍(两部制电价的为五倍)给予赔偿;用户在停电时间内可能用电量,按照停电前用户正常用电月份或正常用电一定天数内的每小时平均用电量乘以停电小时计算;

(二) 用户责任造成供电企业对外停电的,用户应当按照供电企业对外停电时间少供电量,乘以上月供电企业平均售电单价给予赔偿;

因用户过错造成其他用户损害的,受害用户要求赔偿时,该用户应当依法承担赔偿责任;

虽因用户过错,但由于供电企业责任而使事故扩大造成其他用户损害的,该用户不承担事故扩大部分的赔偿责任;

(三) 对停电责任的分析和停电时间及少供电量的计算,均按照供电企业的事故记录及有关规定办理;停电时间不足一小时按照一小时计算,超过一小时按照实际时间计算。

三、要点简析

1. 什么是格式条款

格式条款也称为标准条款或格式合同，是指当事人为了重复使用而预先拟定的条款，在订立合同时未与对方协商。这些条款常见于保险合同、拍卖成交确认书、销售合同、租赁合同等。

格式条款是由一方于订立合同前拟定的，而不是在双方反复协商基础上形成的。拟定格式条款的一方一般是固定提供某种商品或服务的单位，也有的是由政府的有关部门为固定提供某种服务或商品的单位制定，而由这些单位使用的。由于格式条款是一方事先拟定的，因此无论是何方先提出订立合同的建议，提供格式条款的一方总是处于要约人的地位。

格式条款是为重复使用而不是为一次性使用而制定的。由于固定提供某种商品或服务的当事人无论向何人提供该种商品或服务将遵行同样的条件，因此该当事人将该条件标准化，而拟定出格式条款。

格式条款是当事人在订立合同时不必协商的，具有不变性、附合性。在订立合同过程中，提供格式条款一方并不与相对方就格式条款的内容进行协商，相对方只能或是同意格式条款的内容与对方订立合同，或是拒绝接受格式条款的内容而不与提供方订立合同，而不可能与对方协商修改格式条款的内容。订立合同时当事人是否可以协商，这是格式条款与其他条款的一个根本性区别。在实务中当事人利用事先拟定好的合同条款订立合同的情形较多，但事先拟定的合同条款未必均为格式条款。例如，利用示范合同订立合同就比较常见。

2. 格式条款无效情形

格式条款无效情形主要有以下三种：

（1）符合民事法律行为无效一般规定的格式条款无效。

《中华人民共和国民法典》第四百九十七条是与其他民事法律行为通用

的无效情形，包括两种类型：一是具有《中华人民共和国民法典》第一编第六章第三节规定的民事法律行为无效情形。《中华人民共和国民法典》第一编第六章第三节对民事法律行为的无效情形作了总括性规定，包括无民事行为能力人实施的民事法律行为，限制民事行为能力人实施的超出其年龄、智力、精神健康状况的民事法律行为，以虚假意思表示实施的民事法律行为，违反法律、行政法规的强制性规定的民事法律行为，违背公序良俗的民事法律行为等。该部分规定适用于所有的民事法律行为，包括格式条款。只要格式条款具有上述民事法律行为无效情形，即可认定该格式条款无效。二是符合《中华人民共和国民法典》第五百零六条关于免责条款无效的规定情形。根据《中华人民共和国民法典》第五百零六条规定，如果合同中有免除"造成对方人身伤害的"或者"因故意或者重大过失造成对方财产损失的"责任的条款，则该条款无效。如果格式条款具有《中华人民共和国民法典》第五百零六条规定的情形，当然也是无效的。

（2）不合理免除或减轻己方责任、加重对方责任、限制对方主要权利的格式条款无效。

"免除或者减轻己方责任、加重对方责任、限制对方主要权利"的格式条款，无疑是与对方有重大利害关系的条款。根据《中华人民共和国民法典》第四百九十六条的规定，如果格式条款提供方未履行提示和说明义务，对方可以主张相应的条款不成为合同内容。既然不是合同内容，也就谈不上进行合同效力判定问题。《中华人民共和国民法典》第四百九十七条在前述相关重大利害关系情形之上加上"不合理"这一限制条件，也正是与第四百九十六条的情形区分开来。格式条款提供方对于与对方有重大利害关系的条款首先有提示和说明的义务，如果其未履行该义务，对方也没有注意或理解相应条款的，则对方有权主张相应条款不成为合同的内容。如果其履行了提示和说明义务，还要区别该条款免除或者减轻提供方的责任、加重对方责任、限制对方主要权利是否合理，才能确定条款的效力。主要考虑是：格式条款适用范围较为广泛，具体情况也较为复杂。实践中也存在这样的格式条款，即综合交易的性质以及双方当事人承担的交易风险等各方面情况来看，虽然存在"免除或者减轻其责任、加重对方责任、限制对方主要权利"的内容，但没有超出合理的范围，没有违背公平原则，这种情况下就不宜认定格式条款无效。因此，如果格式条款是合理的，也不具有其他无效情形，则条款有效；如果格式条款是不合理的，则条款无效。

（3）排除对方主要权利的格式条款无效。

格式条款是单方提供，对方并没有就条款进行实际磋商的机会，提供格式条款一方公平合理地确定当事人之间的权利和义务是其从事民事活动的基本原则，如果提供格式条款一方"排除对方主要权利"，属于严重违背了公平原则，应直接认定格式条款无效。《中华人民共和国民法典》第四百九十七条第（一）项对于排除对方主要权利的条款则没有"不合理"的限制，说明不存在"合理"排除对方主要权利的情形，或者说对方的主要权利不容排除，排除对方主要权利的条款当然无效。何为"主要权利"，需要根据合同性质本身确定。合同千差万别，当事人享有的"主要权利"不可能完全一样。认定"主要权利"不能仅仅看双方当事人签订的合同内容是什么，而应就合同本身的性质来考察。如果依据合同的性质能够确定合同的主要内容，则应以此确定当事人所享有的主要权利。

根据《中华人民共和国民法典》第一百五十六条规定，民事法律行为部分无效，不影响其他部分效力的，其他部分仍然有效。该规定也适用于格式条款无效的情形，即格式条款无效，并不意味着含有格式条款的合同整体无效，如果格式条款无效不影响合同其他部分效力，其他部分仍然有效。

3. 供用电合同的格式条款可能无效

供用电合同符合格式条款的一般特征，即供电公司为了重复使用而于订立合同前拟定的，在订立合同时未与用电客户充分协商，且部分条款虽然有《供电营业规则》等法规支撑，但存在不合理地免除或者减轻其责任、加重对方责任、限制对方主要权利。对于供用电合同是否为格式条款从判例来看尚有争议，如本节案例 1。对于赔偿金额，供电公司认为应当依据合同的约定进行赔偿，即供电人违反本合同约定中止供电给用电人造成损失的，应赔偿用电人实际损失，最高赔偿限额为用电人在中止供电时间内可能用电量（该用电量的计算参照）电度电费的五倍。法院认为该条款属于格式条款，存在免除供电人责任、加重用电人责任、排除用电人主要权利的情形，应认定无效，故按照实际损失金额的三分之一进行赔偿。本节案例 2 中，法院认为当事人应当按照约定全面履行自己的义务。当事人应当遵循诚实信用原则，根据合同的性质、目的和交易习惯履行通知、协助、保密等义务，认可供用电合同相关条款。

四、管理建议

1. 变格式条文为非格式条文

供电公司作为供用电合同提供方，一方面节省了交易成本，提高了效率，另一方面在实践中应注意有效防范供用电合同被认定为格式条款，维护自身利益。

（1）对合同中的重点条款如要求对方承担违约金、赔偿责任、增加费用等内容进行说明、特别提示。采用更换字体、字体加大加粗、更换颜色等方式，以与一般条款相区别，根据对方的要求解释、说明。

（2）对业内专有名词、有特殊含义的术语等在合同中作出明确的释义，或就重点条款部分另做专门一页，由对方签署确认。

（3）保留双方在接触、洽谈、协商至最后签订合同过程中的往来记录如电子邮件、微信等，以表明双方就签订的条款进行了磋商；证明对方与己方曾多次订立合同、对相关条款具有较高敏感性。

（4）在对方签约处增加签约提示条款。注意签约提示条款本身也是格式条款，也应加大加粗提示，并让对方在签约尾部处抄写该签约提示条款。

（5）备案公示。不少地方政府都针对与消费者日常生活密切相关的合同

（如供水、供电、供气、邮政、通信及房屋买卖等）建立了相应合同备案及公开查阅制度，主动了解当地政府备案公示要求及专项整治风向，尽量按备案要求拟定合同条款；若未通过备案审查，则积极与承办人沟通协商，在可接受范围内按要求整改。

2. 充分履行格式条款的提示说明义务

《中华人民共和国民法典》第四百九十六条第二款规定了格式条款提供方的提示说明义务，要求其"采取合理的方式提示对方注意免除或者减轻其责任等与对方有重大利害关系的条款，按照对方的要求，对该条款予以说明"。

对于采取"合理的方式"具体指采用什么方式，要视具体情况而定，要能引起相对方的注意。关于格式条款提供方的提示义务，《最高人民法院关于适用〈中华人民共和国民法典〉合同编通则若干问题的解释》第十条第一款规定"提供格式条款的一方在合同订立时采用通常足以引起对方注意的文字、符号、字体等明显标识，提示对方注意免除或者减轻其责任、排除或者限制对方权利等与对方有重大利害关系的异常条款的，人民法院可以认定其已经履行民法典第四百九十六条第二款规定的提示义务"。

关于格式条款提供方的说明义务如何具体履行，《中华人民共和国民法典》、原《中华人民共和国合同法》及相应的司法解释均没有规定。提示义务的核心是让相对方"足以注意"，而说明义务则是让相对方"足以理解"，只有让相对人对于未经实际磋商的格式条款具体内容充分注意并真正理解，才能在一定程度上填补制定条款时缺失的契约自由与意思自治，有助于矫正格式条款天然存在的权益失衡。

故对供用电合同而言，需要对涉及用户利益的相关条款以加粗、下划线、斜体等方式进行明显标注，同时为尽到说明义务，在签订合同对条款进行说明时需进行录音录像，留存相关证据。

第七节　对电能质量有特殊要求须自行采取措施

一、案例简介

案例：普通用户无特殊约定，电压波动供电公司不承担责任

案号：（2017）辽 01 民终 212 号

黎某公司在原告某保险公司投保财产一切险。保期内黎某公司由于突然停电造成 31 件零件报废。原告向黎某公司支付保险赔偿款 70.2868 万元后，诉至法院要求供电公司承担赔偿责任。

法院认为，黎某公司负荷性质为三类负荷，未对供电情况作出特殊约定。黎某公司称由于电能波动导致零件损坏，但无证据佐证零件损失与供电波动之间的因果关系。原告要求被告供电公司承担赔偿责任的诉讼请求，不予支持。

二、关键法条

1.《中华人民共和国电力法》（自 1996 年 4 月 1 日起施行，2018 年 12 月 29 日第三次修正）

第二十八条　供电企业应当保证供给用户的供电质量符合国家标准。对公用供电设施引起的供电质量问题，应当及时处理。用户对供电质量有特殊要求的，供电企业应当根据其必要性和电网的可能性，提供相应的电力。

2.《供电监管办法》（自 2010 年 1 月 1 日起施行，2024 年 1 月 4 日修订）

第七条　电力监管机构对供电企业的供电质量实施监管。

在电力系统正常的情况下，供电企业的供电质量应当符合下列规定：

（一）向用户提供的电能质量符合国家标准或者电力行业标准；

（二）城市地区年供电可靠率不低于 99%，城市居民用户受电端电压合格率不低于 95%，10 千伏以上供电用户受电端电压合格率不低于 98%；

（三）农村地区年供电可靠率和农村居民用户受电端电压合格率符合派出机构的规定。派出机构有关农村地区年供电可靠率和农村居民用户受电端电压合格率的规定，应当报电监会备案。

3.《电能质量管理办法（暂行）》（自2024年4月1日起施行）

第三十一条 本办法下列用语的含义：

（一）电能质量，是指电力系统指定点处的电特性，关系到供用电设备正常工作（或运行）的电压、电流、频率的各种指标偏离基准技术参数的程度。电能质量指标包括电力系统频率偏差、供电电压偏差、谐波（间谐波）、三相电压不平衡、电压波动与闪变、电压暂升/暂降与短时中断等，各项电能质量指标应符合下列国家标准：

1.《电能质量 电力系统频率偏差》（GB/T 15945）；

2.《电能质量 供电电压偏差》（GB/T 12325）；

3.《电能质量 公用电网谐波》（GB/T 14549）；

4.《电能质量 公用电网间谐波》（GB/T 24337）；

5.《电能质量 三相电压不平衡度》（GB/T 15543）；

6.《电能质量 电压波动和闪变》（GB/T 12326）；

7.《电能质量 电压暂降与短时中断》（GB/T 30137）；

8.其他电能质量相关国家标准。

三、要点简析

1. 供电可靠率、供电质量、电能质量相关概念

供电可靠率、供电质量和电能质量是与电力供应相关的指标，它们描述了电力系统的可靠性和质量程度。

供电可靠率是指电力系统按照用户需求提供持续、可靠供电服务的能力。它衡量了电力系统故障发生时的可恢复性和系统维护工作的有效性。供电可靠率通常以百分比形式表示，即整个供电周期内供电正常的时间占比。

供电可靠率的高低直接影响用户的用电质量和生产运营的连续性。

供电质量是指电力系统提供的电能在电压、频率、波形纹波等方面是否符合预期标准。良好的供电质量意味着电压稳定、频率准确、波形纹波较小，以及对电力负载产生最小的干扰。供电质量的好坏对电力设备的正常运行和电子设备的稳定工作都至关重要。

电能质量是指电力系统供应的电能与用户需求之间的一致性程度。它涉及电压偏差、频率变化、谐波、电流失真等方面，在电能传输和使用过程中的损耗和变形程度。良好的电能质量能够减少能源浪费、提高能源利用效率，并减少对电力设备的影响。

供电可靠率、供电质量和电能质量等概念都是评估电力供应可靠性和质量的重要指标。保持供电可靠、提高供电质量和电能质量对于确保稳定的电力运行、提高用电设备的寿命和运行效果及减少能源消耗都至关重要。

2. 供电企业对供电质量、电能质量的管理义务

供电企业在供电质量和电能质量方面承担着一系列管理义务。供电企业有责任确保持续、可靠的电力供应，满足用户的用电需求。应建立和维护有效的电力输送和分配系统，以确保供电不中断或中断时间尽可能短。同时供电企业需要定期检修和维护电力输电、变电和配电设备，包括变压器、开关设备、导线和电缆等，以确保这些设备的可靠性和安全性。应该控制供电系统的电压和频率在合理的范围内，以确保电力设备的正常运行和用户设备的稳定工作。供电企业需要采取措施来减少电力系统的故障发生和干扰引起的电能质量问题，包括及时检测和修复故障、安装滤波器和补偿设备以减少谐波，以及合理规划和运营电力系统。

供电企业应该建立电能监测系统，定期监测和记录供电质量和电能质量参数，并对异常情况进行及时报告和处理。这有助于识别问题区域，并采取适当的措施改进供电质量和电能质量。

这些管理义务是为了确保供电企业提供安全、可靠、高质量的电力供应，以满足用户的用电需求，并遵守相关的法规和标准。通过有效的管理措施和

持续改进,供电企业可以提高供电质量和电能质量,并提供更好的供电服务。

3. 用户负荷分类及对电力质量和稳定性的要求

电力用户的负荷可以根据不同的属性和特征进行分类。常见的电力用户负荷可分为以下几类。

工业负荷:工业用户是从事生产和制造业的用户,其负荷通常较大且波动范围较大。工业负荷通常由大型机械设备、生产线和其他耗能设备产生,对电力质量和稳定性的要求较高。

商业负荷:商业用户是零售、服务、办公等行业的用户,其负荷相对较小且波动较小。商业负荷通常由照明、空调、计算机设备和电子设备等产生。

居民负荷:居民用户是住宅区的用户,其负荷相对较小且波动范围有限。居民用户的负荷主要来自家庭照明、家电设备、取暖和空调等。

农业负荷:农业用户是从事农业生产的用户,其负荷通常较大且波动范围较大。农业负荷主要来自灌溉系统、农业机械设备和养殖设备等。

公共负荷:公共用户是指公共机构和设施,如医院、学校、政府机关、公共交通等。公共负荷的特点是负荷大且对电力质量和稳定性要求高。

特殊负荷:特殊负荷指那些不属于上述常见分类的用户,例如电力站、电力转供站、大型体育场馆等,其负荷通常较大且对电力质量和稳定性有较高的要求。

以上是一些常见的电力用户负荷分类,了解用户负荷的特征可以为电力系统的规划、设备配置和负荷调度提供参考。不同类型的用户负荷对电力供应的要求有所不同,电力系统需要根据实际情况进行合理调整和管理。

4. 用户对供电有特殊要求应主动告知供电公司

电能质量是供电公司和用户共同关注的重要问题。如果用户对供电有特殊要求或存在敏感设备,应及时将其特殊要求和需求告知供电公司,明确说明需要特殊的电能质量标准或保障措施。这可以通过书面或口头的方式,与供电公司的客户服务部门或相关负责人进行沟通。

用户应明确告知供电公司其敏感设备的特点和要求,例如对电压稳定性、频率稳定性、谐波抑制、电压波动等方面的要求。有助于供电公司了解用户的需求并采取相应的措施。用户可以委托相关企业进行电能质量评估和技术咨询，确定供电系统是否满足其特殊要求。供电公司可以进行现场调查、测量和分析，提供相关建议和改进措施。如果用户的特殊要求无法直接满足，供电公司和用户可以共同合作，探讨可行的解决方案。具体包括升级设备、安装补偿装置、调整电网配置等。

《国家电网有限公司高压供用电合同范本》27.2，用电人对电能质量的要求高于国家相关标准的，应自行采取措施满足要求，并负责设备设施的管理、维护，采取的措施应符合国家相关标准、规程及安全用电要求。

四、管理建议

1. 加强供电质量管理

（1）供电可靠性。

加强供电可靠性是供电公司的重要工作任务，定期进行设备的检修、维护和升级工作，确保电力设备的正常运行和性能稳定。建立合理的备用设备和备件管理制度，确保足够的备用设备和备件储备。利用自动化技术和远程监控系统，及时发现和处理供电系统的故障和异常情况。通过实时监测和远程操作，可以提高故障的检测速度和处理效率。建立完善的故障管理流程，包括故障报告、故障分析、紧急抢修等。在发生故障时，采取快速恢复措施，减少对用户的影响，并尽快修复供电系统。基于需求预测和负荷增长趋势，进行供电网络规划和容量评估。确保供电系统有足够的容量和灵活性，以适应未来的负荷增长和变化。在供电系统设计中考虑分布和冗余，以降低单点故障的风险。采用多路供电和冗余设备可以提高供电系统的可靠性和鲁棒性，减少停电的可能性。对供电公司的工作人员进行培训和技能提升，确保他们具备处理供电系统故障和问题的专业知识和技能。培训可以包括设备操作、故障诊断、紧急处理等方面。与用户建立良好的沟通渠道，了解用户的需求和反馈，以及时解决问题和改进供电服务。供电公司应根据实际情况和技术要求，结合经济和可行性因素，制定适合的措施和计划来提高供电可靠性。

（2）电能质量。

提升电能质量是供电公司和电力用户共同关注的重要目标。可以对电压波动、电压偏差等进行监测和调控，采取必要的措施如控制电源调节和安装电压稳定器等来稳定供电电压。通过控制和调整发电机输出功率、负荷均衡等措施，确保频率在合理范围内稳定运行。采用滤波器、谐波抑制装置等设备，可以有效降低谐波水平，保持电能质量。可以通过合理的设备运行和配电系统设计来控制和减少电压波动和闪变，如安装电容器、调整电网结构、提高线路电阻等。建立完善的故障管理流程，包括故障检测、故障定位和及时的恢复措施。通过快速诊断和紧急抢修，减少停电时间和供电中断，提升电能供应的可靠性和质量。建立合理的过电压和过电流保护装置，防止这些异常条件对供电系统和用户设备造成损坏。建立畅通的故障通报和信息沟通机制，及时向用户提供供电信息、故障情况和预计恢复时间等信息。用户在了解供电状况的同时，可以采取相应措施，提高对电能质量的容忍度。通过多种措施的综合应用，供电公司可以提升电能质量，为用户提供稳定、高品质的电力供应。同时，电力用户自身也可以采取一些措施，如安装稳压器、过滤器、电容器等设备，以减少对电能质量敏感设备的影响。

2. 加强供用电合同的规范管理、准确界定负荷分类、特殊要求等

加强供用电合同的规范管理是确保供电和用电双方权益的重要措施，应在合同约定中准确界定负荷分类和特殊要求。

明确负荷分类：在供用电合同中，明确不同负荷的分类，如工业负荷、商业负荷、居民负荷等。每类负荷可能有不同的特点和要求，准确界定负荷分类可以为供电公司提供更好的供电方案，并确保合同执行的合理性。

确定电能质量要求：在供用电合同中，明确定义电能质量要求，如电压稳定性、频率稳定性、谐波限制、波形失真等。根据用户特殊需求，可以针对性地制定电能质量标准，并确保供电系统能够满足这些要求。

约定供电服务可靠性：在合同中，约定供电服务的可靠性指标，如停电次数、停电时长等。这些指标可以根据用户的实际需求进行约定，并在合同中明确责任和赔偿机制，确保供电公司提供稳定可靠的电力。

特殊负荷管理：对于特殊负荷，如大型工业设备、医疗设备等，合同中应明确额外的要求和保障措施。例如，约定供电公司在发生故障时提供备用电源或快速响应的服务。

合同管理和监督机制：建立供用电合同的管理和监督机制，确保供电公司和用户共同遵守合同内容。合同管理可以包括定期的评估和监测，对合同执行情况进行检查和评估，并及时解决问题。

技术支持和咨询服务：供电公司可以提供技术支持和咨询服务，帮助用户理解供用电合同的内容，解答相关问题，并根据用户的实际需求提供专业的建议和方案。

通过加强供用电合同的规范管理，可以确保供电公司和用户之间的权益得到有效保护，同时也能提升供电质量和可靠性，满足用户的特殊需求和要求。

3. 承担重要客户告知、技术服务等责任

供电企业的基层班组、供电所应建立辖区重要用户、敏感客户的台账资料，按时上门服务，根据其用电需求特性和供用电合同条款约定，书面告知用户可能发生的供电风险，提醒用户做好电能质量监测管理工作，开展必要的技术服务支持。

第八节　供电企业配合政府停电属行政辅助行为

一、案例简介

案例 1：最高法认定配合政府停电是行政辅助行为

案号：（2017）最高法行申 8513 号

2014 年 12 月 10 日，区政府向供电公司发函要求配合停止恒某公司违法建筑的供电。恒某公司认为区政府的行为侵害了其合法权益，故诉至法院。一审判决确认区政府要求供电公司对恒某公司停止供电行为违法。区政府不服上诉。二审维持原判。区政府向最高法申请再审。

关于配合政府停电行为的性质，最高法认为，对涉案开发地块停止电力供应是区政府拆迁工作的一部分，涉案开发地块是否如涉案函和通知中所述属于违法建设、是否存在火灾隐患的判断职责属于区政府，供电公司对上述事项不具有判断能力，也没有判断义务，其停止电力供应仅是辅助区政府的行为。相应地，停止供电可能对恒某公司造成的不利影响的合理注意义务，也应当由区政府来承担。驳回区政府再审请求。

案例2：供电公司配合无权行政机关停电要承担民事赔偿责任

案号：（2014）穗增法行初字第8号、（2014）穗中法行终字第1368号；（2011）穗增法民二初字第702号、（2013）穗中法民二终字第156号、（2017）粤民再17号

2010年10月25日，某镇供电所根据该镇整规领导小组《停电告知书》对原告80千伏安变压器停止供电。原告诉至法院，要求供电公司赔偿断电损失402.8万元。一审法院判决驳回原告的诉讼请求。原告不服上诉，同时向法院提起行政诉讼。法院判决镇政府以整规领导小组名义作出《停电告知书》的具体行政行为违法。

2015年8月31日，二审法院改判供电局赔偿停电损失152万元。供电公司不服，申请再审。再审改判供电公司赔偿98.88万元。

案例3：最高法认定供电公司配合政府停电行为不产生民事损害赔偿关系

案号：（2016）豫民终385号、（2017）最高法民申897号

2001年5月30日，某县人民政府作出文件要求从2001年6月1日起，对县（市）、区属及乡镇煤矿除部分停产不停电整顿的矿井外，其余乡镇煤矿一律实行停电停产整顿，凡没有及时对停电矿井实施断电，没有及时对停电、停产整顿矿井停供并收缴剩余火工用品造成煤矿违规生产的，要从严追究供电、公安部门主要领导的责任。某县供电公司2001年6月1日根据政府提供的停

缓建基建矿井名单，对某煤矿实施停电。某煤矿法定代表人齐某于2015年7月7日向法院提起行政赔偿诉讼，要求某县供电公司赔偿损失5500万元。法院以"不属于行政诉讼范围"驳回申请人提起的行政诉讼请求。后申请人向法院提起民事诉讼，请求法院依法判定被申请人停电操作行为违法，并承担违法行为导致损害的赔偿责任。法院以齐某与某县供电公司非平等民事主体的关系驳回起诉。申请人认为原审认定事实和适用法律错误，请求依法再审。

再审法院认为，某县供电公司的停电行为不是基于供用电合同关系发生的，双方不产生民事损害赔偿关系。一审、二审裁定认定本案不属于人民法院受理民事诉讼案件的范围，并无不当。驳回齐某的再审申请。

案例4：配合行政机关停电供电公司不担责

案号：（2023）苏1081民初2462号

2020年10月15日，某市发展和改革委员会发出《关于对4个违建内9家企业停止电力供应的通知》，请市供电公司配合市棚改指挥部对4个违建内9家企业在10月17日前实施停电措施。收到通知后，供电公司交下属某分公司供电所配合。2020年10月23日下午，政府、所在村、派出所组织实施停电，供电所派电工到现场配合对原告某有限公司实施停电。原告诉至法院要求被告供电公司恢复供电并赔偿损失。

法院认为，结合某市发展和改革委员会文件及被告出具的说明可以证实，某供电公司接到市发展和改革委员会文件后，委托被告实施将主电源与连接原告使用的电路设备断开的行为。因此，对原告实施断电行为实际上是行政机关实施的行政行为，如原告认为断电行为对原告构成侵权，主张恢复供电，也不应以供电公司作为被告提起民事诉讼，驳回原告起诉请求。

二、关键法条

1.《中华人民共和国民法典》（自2021年1月1日起施行）

第六百五十二条 供电人因供电设施计划检修、临时检修、依法限电或者用电人违法用电等原因，需要中断供电时，应当按照国家有关规定事先通知用电人；未事先通知用电人中断供电，造成用电人损失的，应当承担赔偿责任。

2.《中华人民共和国突发事件应对法》（自2007年11月1日起施行）

第五十条 社会安全事件发生后，组织处置工作的人民政府应当立即组织有关部门并由公安机关针对事件的性质和特点，依照有关法律、行政法规和国家其他有关规定，对特定区域内的建筑物、交通工具、设备、设施以及燃料、燃气、电力、水的供应进行控制。

3.《中华人民共和国环境保护法》（自1989年12月26日起施行，2014年4月24日修订）

第六十条 企业事业单位和其他生产经营者超过污染物排放标准或者超过重点污染物排放总量控制指标排放污染物的，县级以上人民政府环境保护主管部门可以责令其采取限制生产、停产整治等措施；情节严重的，报经有批准权的人民政府批准，责令停业、关闭。

4.《供电监管办法》（自2010年1月1日起施行，2024年1月4日修订）

第二十四条 供电企业应当严格执行政府有关部门依法作出的对淘汰企业、关停企业或者环境违法企业采取停限电措施的决定。未收到政府有关部门决定恢复送电的通知，供电企业不得擅自对政府有关部门责令限期整改的用户恢复送电。

5.《中华人民共和国消防法》（自1998年9月1日起施行，2021年4月29日第二次修正）

第四十五条 消防救援机构统一组织和指挥火灾现场扑救，应当优先保障遇险人员的生命安全。

火灾现场总指挥根据扑救火灾的需要，有权决定下列事项：

……

（二）截断电力、可燃气体和可燃液体的输送，限制用火用电；

......

（六）调动供水、供电、供气、通信、医疗救护、交通运输、环境保护等有关单位协助灭火救援。

......

第五十四条　消防救援机构在消防监督检查中发现火灾隐患的，应当通知有关单位或者个人立即采取措施消除隐患；不及时消除隐患可能严重威胁公共安全的，公安机关消防机构应当依照规定对危险部位或者场所采取临时查封措施。

第五十五条　消防救援机构在消防监督检查中发现城乡消防安全布局、公共消防设施不符合消防安全要求，或者发现本地区存在影响公共安全的重大火灾隐患的，应当由公安机关书面报告本级人民政府。

接到报告的人民政府应当及时核实情况，组织或者责成有关部门、单位采取措施，予以整改。

6.《中华人民共和国安全生产法》（自 2002 年 11 月 1 日起施行，2021 年 6 月 10 日第三次修正）

第六十七条　负有安全生产监督管理职责的部门依法对存在重大事故隐患的生产经营单位作出停产停业、停止施工、停止使用相关设施或者设备的决定，生产经营单位应当依法执行，及时消除事故隐患。生产经营单位拒不执行，有发生生产安全事故的现实危险的，在保证安全的前提下，经本部门主要负责人批准，负有安全生产监督管理职责的部门可以采取通知有关单位停止供电、停止供应民用爆炸物品等措施，强制生产经营单位履行决定。通知应当采用书面形式，有关单位应当予以配合。

7.《中华人民共和国行政强制法》（自 2012 年 1 月 1 日起施行）

第四十三条　行政机关不得在夜间或者法定节假日实施行政强制执行。但是，情况紧急的除外。

行政机关不得对居民生活采取停止供水、供电、供热、供燃气等方式迫使当事人履行相关行政决定。

8.《国有土地上房屋征收与补偿条例》(自 2011 年 1 月 21 日起施行)

第二十七条 实施房屋征收应当先补偿、后搬迁。

作出房屋征收决定的市、县级人民政府对被征收人给予补偿后，被征收人应当在补偿协议约定或者补偿决定确定的搬迁期限内完成搬迁。

任何单位和个人不得采取暴力、威胁或者违反规定中断供水、供热、供气、供电和道路通行等非法方式迫使被征收人搬迁。禁止建设单位参与搬迁活动。

9.《供电营业规则》(自 2024 年 6 月 1 日起施行)

第七十二条 引起停电或限电的原因消除后，供电企业应当在二十四小时内恢复供电。不能在二十四小时内恢复供电的，供电企业应当向用户说明原因。

（二）地方法规

1.《浙江省违法建筑处置规定》(自 2020 年 9 月 24 日起施行)

第二十三条 单位或者个人就违法建筑申请办理供电、供水、供气等手续的，违法建筑处置决定执行完毕前，供电、供水、供气等单位不得办理。

2.《浙江省水污染防治条例》(自 2020 年 11 月 27 日起施行)

第五十一条 排污单位拒不履行县级以上人民政府或者环境保护主管部门作出的责令停产、停业、关闭或者停产整顿决定，继续违法生产的，县级以上人民政府可以作出停止或者限制向排污单位供水、供电的决定。

3.《浙江省房屋使用安全管理条例》(自 2020 年 9 月 24 日起施行)

第十二条 县（市、区）住房城乡建设主管部门接到物业服务企业或者居民委员会报告，或者受理有关单位和个人的投诉、举报后，应当及时到现场调查，确认存在违反本条例第十条规定行为的，应当书面责令房屋装修经营者停止施工，并采取恢复原状、维修加固等改正措施消除房屋使用安全隐患；房屋装修经营者拒不停止施工，有发生房屋安全事故现实危险，且房屋内无人居住的，经本部门主要负责人批准，可以书面通知供电单位实施停电措施，供电单位应当予以配合。

4.《浙江省电力条例》（自 2023 年 1 月 1 日起施行）

第五十三条 供电企业对特定用户中断供电不得影响其他用户的正常用电，不得损害社会公共利益或者危害公共安全。

引起中断供电的原因消除后，供电企业应当及时恢复供电。

三、要点简析

1. 配合政府停电是具体行政行为的辅助行为，不是供用电合同行为

行政行为是指具有行政权能的组织运用行政权，针对行政相对人设定、变更或者消灭权利义务的行为。本节案例 1 中，法院认定区政府通知供电公司停电是希望供电公司提供辅助行为，并未在区政府与供电公司之间设立、变更或者消灭权利义务，不具备行政行为的实质要件，因此区政府通知停电行为不是行政行为。但是区政府作为一级地方人民政府，具有行政权能，其通知供电公司停电是其涉案拆迁工作的一部分，具体运用了行政权，是一种行政事实行为。对涉案开发地块停止电力供应是区政府拆迁工作的一部分，涉案开发地块是否如涉案函和通知中所述属于违法建设、存在火灾隐患的判断职责属于区政府，供电公司对上述事项不具有判断能力，其也没有判断义务，其停止电力供应仅是辅助区政府的行为。

民法调整平等主体之间的财产关系和人身关系，民事诉讼的受理范围是平等主体之间发生的财产关系纠纷和人身关系纠纷。本节案例 3 中，某县供电公司系国有企业而非行政机关，其对齐某个人开办的某煤矿采取的停电行为，是在某县人民政府对地方煤矿进行全面停产整顿过程中，为保证当地政

府专项治理整顿工作的落实，依照《某县人民政府关于转发全市地方煤矿全面停产整顿实施意见的通知》的要求实施的，属于执行某县人民政府决定的行为，并非基于双方民事法律关系所产生。在上述停电行为实施过程中，某县供电公司与某煤矿及齐某之间并非平等民事主体的关系，由此产生的纠纷不属于人民法院受理民事诉讼案件的范围。配合政府停电行为的诉讼与赔偿主体不是供电公司，而应是发出停电指令的行政机关。

2. 供电企业不是配合政府停电的通知主体

根据《中华人民共和国民法典》第六百五十二条，供电人只有在供电设施计划检修、临时检修、依法限电或者用电人违法用电等情况需要中断供电时，才有事先通知用电人的义务。供电企业与用电人在双方的供用电合同中，约定中止供用电应事先通知的情形，与《中华人民共和国民法典》的规定大致相同。配合政府停电的性质不是合同行为，因此，具体的停电通知也应由发出指令的行政部门通知到被停电人。此点在国家电网公司 2017 版的《高压供用电合同》中也有明确，即"15.3 因执行政府机关或授权机构依法做出的停电指令而中止供电的，供电人应按照指令的要求中止供电"，而不需要由供电公司按照"15.4"的要求，在停电前 3 至 7 天送达停电通知书，停电前 30 分钟再通知一次。具体实务中，建议各地供电企业规范配合政府停电的流程，并配合政府制订相关管理办法，明确由政府职能部门参照其他类停电履行提前通知义务，再安排供电公司停电。

3. 供电企业配合政府停电的风险分析

配合停限电的指令主要来源于政府相关部门、司法机关，具体事由可能包括征地拆迁、工商违法、拆除违法建筑、淘汰关停企业、关停环境污染企业、关停重大事故隐患的生产经营企业、协助司法执行等各个方面。

从本专题所列的法条可知，法律在不同的情形下对政府相关部门、司法机关的赋权有所不同。从本节最后所列参考案例看，政府要求供电企业配合停电的相关决定，可能因程序不到位等原因而被法院撤销。如对淘汰关停企业，《中华人民共和国环境保护法》第六十条、《浙江省水污染防治条例》第五十一条规定，县级以上人民政府环境保护主管部门可以责令企业采取限制生产、停产整治等措施，但如果要对企业停止供水、供电等，则应由县级以上人民政府作出决定。如果某县环保局未经政府批准，要求供电企业以停电促使企业停业、关闭，则该指令存在不合法被撤销的风险。对此类停电要求，供电企业应谨慎、有限配合。《中华人民共和国行政强制法》第四十三条对行政机关履行行政强制措施进行了限制，不得对居民生活采取停止供水、供电、供热、供燃气等方式迫使当事人履行相关行政决定。当政府部门要求供电企业对居民生活用电实施停电时，供电企业有义务提出异议。

现对不同的配合政府停电行为所面临的法律风险作对比分析，具体如表 1-1 所示。

表 1-1　　　不同的配合政府停电行为所面临的法津风险对比分析

序号	停电情形	实施主体	处理建议	法律依据
1	国有土地上房屋征收	县级以上人民政府、国土局、建设局	风险较高，配合需谨慎	《国有土地上房屋征收与补偿条例》第二十七条
2	工商违法	县级以上人民政府、工商局	风险较高，配合需谨慎	——
3	拆除违法建筑	县级以上人民政府、"三改一拆"专项工作领导小组、违法建设综合治理工作领导小组办公室等非常设机构	有一定风险，必须支撑材料齐全	《浙江省违法建筑处置规定》（供参考）
4	淘汰关停企业	县级以上人民政府、经信局、环保局	有一定风险，必须支撑材料齐全	《供电监管办法》第二十四条、《中华人民共和国环境保护法》第六十条
5	关停环境污染企业	县级以上人民政府、环保局	有一定风险，必须支撑材料齐全	《供电监管办法》第二十四条、《中华人民共和国环境保护法》第六十条
6	重大事故隐患的生产经营企业	县级以上人民政府、安监局	风险较低，配合	《中华人民共和国安全生产法》第七十条
7	消防隐患	县级以上人民政府	风险较高，配合需谨慎	《中华人民共和国消防法》第五十五条
8	火灾现场	县级以上人民政府、应急管理局	风险较低，配合	《中华人民共和国消防法》第四十五条

续表

序号	停电情形	实施主体	处理建议	法律依据
9	协助司法执行	各级人民法院	风险较低，配合	《中华人民共和国民事诉讼法》第二百四十九条
10	对居民停电	各政府部门	风险很高，极有限配合	《中华人民共和国行政强制法》第四十三条

4. 供电企业配合司法机关中断供电风险分析

人民法院在执行过程中对涉案房地产采取查封、腾空、拍卖及因被执行人（包括其他相关人员）拒不配合人民法院腾空而采取的中止、恢复供电等司法处置措施，系依法履行法律赋予的执行权。供电公司作为配合单位根据人民法院要求协助采取的中止、恢复供电强制措施，系供电公司的协助执行行为。供电公司对按人民法院要求协助执行产生的后果，不承担责任。

四、管理建议

1. 要求行政机关提供协助行政执法停电的法律依据及书面文件

供电公司协助行政执法停电的行为属于具体行政行为的辅助实施行为。所以供电公司的停电是否合法，取决于该行政机关作出的具体行政行为是否合法。供电公司协助行政执法停电，行政机关应通过适当方式通知供电公司。供电公司在接到协助停电通知时，应当要求行政机关提供其行政行为合法的法律依据及书面有效文书如行政机关作出的行政决定等。如行政机关不具备相应职权或者协助执行的法律文书明显错误或违反法律强制性、禁止性规定，则供电公司有权拒绝协助行政执法停电。对于政府部门实施某项专项工作成立的各类临时性工作领导小组或其他组织机构，其是否有权要求供电公司协助停电，应根据其授权确定，对超越授权范围的，供电公司有权予以拒绝。

2. 取得书面协助通知后方可实施

配合政府务必收到书面通知。如《中华人民共和国安全生产法》第七十条规定"负有安全生产监督管理职责的部门依法对存在重大事故隐患的生产经营单位作出停产停业、停止施工、停止使用相关设施或者设备的决定，生产经营单位应当依法执行，及时消除事故隐患。生产经营单位拒不执行，有发生生产安全事故的现实危险的，在保证安全的前提下，经本部门主要负责人批准，负有安全生产监督管理职责的部门可以采取通知有关单位停止供电、停止供应民用爆炸物品等措施，强制生产经营单位履行决定。通知应当采用书面形式，有关单位应当予以配合"。实务中，基层单位可能存在执行政府部门口头指令配合停电的情况。如果供电公司在停电前没有取得县（区）级以上政府部门的书面通知，一旦政府部门要求供电公司停电的指令不合法被撤销，而供电公司无法有效举证停电是应政府要求而实施的，则面临违法、违约停电的民事赔偿风险。故正式停电前，供电公司应取得政府或政府部门的书面停电通知，停电通知书中应说明停电依据、具体停电时间以及停电对象。如存在停电可能造成难以弥补的损失的，应及时书面告知作出停电决定的政府或政府部门。

3. 认真核对停电名单，避免错停

由于政府出具函件上的停电清单，与供电公司营销业务系统开户的户名、用电地址往往存在偏差，供电公司在接到政府部门的转办函件后，需会同政府执法人员到现场逐一核对确认，将供电公司内部的户号、户名、局号、用电地址核对无误后，再安排现场停电配合工作。

实务中还存在简单粗暴直接停上一级开关的情况，因此，《浙江省电力条例》第五十三条明确供电企业对特定用户中断供电不得影响其他用户的正常用电，不得损害社会公共利益或者危害公共安全。因此，供电公司在配合政府有关部门、司法机关等对特定用户采取停限电措施，应认真核对停电名单，准确界定停电范围，避免影响其他用户的正常用电，避免损害社会公共利益或者危害公共安全。

4. 电费担保达成一致

配合政府停电往往涉及环保整治、关停、征地拆迁等容易产生纠纷的事项。停电后的电费回收将成为难题。因此，在配合停电前，供电公司参与政府协调会的领导或专业人员、接收停电指令的责任班所等，必须牢固树立电费回收意识，与政府部门就电费回收事宜达成一致，避免因配合停电导致电费无法回收。

5. 须有执法人员现场配合、确保实施停电人员的人身安全

配合实施停电时，应按函件要求并经审批的时间节点，在政府相关部门执法人员现场主持下，对函件中明确且经内部审批的客户实施停电，严禁自行对客户采取停电措施。特别是一些强制拆迁现场，危险性大，供电企业工作人员应切实提高安全意识，确保自身人身安全，不可擅自、盲目行动。在停电时如发现现场情况可能面临失控或有其他危及自身安全情况发生时，应尽快撤离现场。停电过程中，严禁发生与客户争执等影响企业形象的情况。此外，在实施停电过程中，停电操作人员应相互配合，尽量做好现场照片和影像资料采集工作。

6. 正确完成内部流程

营销系统流程。政府部门要求配合停电、恢复送电的函件以及内部审批单，应在营销业务系统发起停电审批流程时，进行电子化存档，由责任班组在智能档案系统中上传归档。函件原件妥善归档保存。相关纸质及现场执行的照片或影像资料独立归档保存，保存期限建议不少于 2 年。

现场操作流程。供电企业的责任班组应根据现场核查的具体情况，与政府职能部门对接，明确配合政府停电的操作方式。

（1）涉及销户的操作流程。

情况 1：已经被政府认定为违章建筑，并且要实施房屋拆除的用户，可在政府拆除违章建筑当日，在政府相关部门执法人员现场主持下，对函件中明确的客户实施断电，并将表计拆回。在违章建筑被拆除之后，由责任班组在营销业务系统当天发起销户流程，政府函件和审批单作为发起销户的依据

资料。

情况 2：用户自行或委托办理销户手续的，营业厅按照正常的销户流程受理后，由责任班组进行表计拆除等工作。

（2）涉及强制停电的操作流程。

配合政府对淘汰、关停、限期整改，但不进行房屋拆除和永久关停的用户实施停电，供电企业应选择强制停电而不是销户。具体停电根据实际情况，低压用户可采取远程停电和现场断电，高压用户可采取强制停电。

情况 1：低压远程停电。由责任班组在营销业务系统发起"无欠费停电流程"，流程备注需注明"配合政府停电"，现场不拆除表计和表前线。

情况 2：低压现场断电。由责任班组现场拆除表前线和表计，为保证低压采集率指标，应保证表计上线。

情况 3：高压强制停电。由营销责任班组对接政府部门，要求政府部门履行告知义务，确保政府相关执法部门责令用户拉开低压出线开关后，由运检责任班组配合拉开产权分界点开关，营销责任班组及时在营销业务系统发起强制停电流程。

值得注意的是，供电企业配合政府对特定用户停电后，在未收到政府有关部门决定恢复送电通知的情况下，不得擅自对该特定用户恢复送电。主要依据是《供电监管办法》第二十四条第三款规定："供电企业应当严格执行政府有关部门依法作出的对淘汰企业、关停企业或者环境违法企业采取停限电措施的决定。未收到政府有关部门决定恢复送电的通知，供电企业不得擅自对政府有关部门责令限期整改的用户恢复送电"。上述规定不仅明确了供电企业有配合政府有关部门对特定用户中断供电的义务，同时也明确了恢复供电的要求。

在收到政府书面函件告知停电原因消失，决定对停电对象恢复正常供电后，责任班所应及时与相关部门联系确认，按照政府部门要求的时间及时恢复供电。

五、参考案例

案例1：钉子户反悔拆迁协议，供电公司再提供临时用电

案号：（2014）谯民二初字第00587号、（2015）亳民二终字第00068号

张某系镇某村村民，经营烟、日杂零售，属个体工商户。2012年6月12日，镇人民政府与张某经协商达成《拆迁安置补偿协议》。后张某对拆迁协议反悔。现该村庄除原告张某一家的房屋外，其他村民的房屋已全部拆除。由于建设需要，拆迁机构组织人员已将张某所在村的高、低压线路全部推倒，变压器拆除，致使原告张某家停电至今。张某起诉要求供电公司恢复供电、赔偿损失。

一审法院认定：张某所在村的供电设施和供电线路已由拆迁队依据双方已达成的协议拆除，不是被告供电公司违约行为造成原告用电的中断。判决驳回原告张某的诉讼请求。

二审法院认为，供电公司在张某与镇政府达成拆迁协议后中止供电，拆迁企业拆除该村的高压、低压线路并无不当。但供电公司作为供电企业，在张某对拆迁协议反悔后，应按照法律规定，向其营业区内的用户履行供电义务。现因该村的高、低压线路系统暂无法正常恢复，张某要求供电公司恢复供电不符合情理。但根据张某提供的其房屋周围200米内通电，张某可依照供电企业规定的程序办理手续申请临时用电。遂撤销一审判决，要求供电公司为上诉人张某办理恢复临时供电。

案例2：违法建设未拆除，供电公司应供电

案号：（2014）徒商初字第0398号

原告在某村四组建有住房。2013年7月21日，区发改委向某市供电公司发函，要求对原告违法建设实施断电措施。2013年8月3日，区防控和拆除违法建设办公室向某供电所发通知，要求供电所不得为违法建设办理电力报装手续，已安装电力设施的，停止供电，拆除电力设施。原告诉至法院要求供电公司恢复供电。

一审法院认为，原告、被告虽未签订供用电合同，但原告、被告之间存在着事实上的供用电合同关系，合法有效。原告、被告双方未约定合同终止的条件，目前原告的房屋尚未拆除，在供用电合同未终止之前，被告有义务继续向原告进行供电。判决被告供电公司于本判决生效后十五日内向原告供电。

案例 3：拆迁主体破坏供电设施，法院判决恢复供电

案号：（2015）宜秀民二初字第 00406 号

原告潘某的家属于政府某公益项目拆迁范围。2015 年 7 月 2 日，原告家中突然断电。2015 年 8 月 19 日，某供电公司维修线路时遭到不明人员阻拦。原告家中因断电无法正常生活，要求被告某供电公司恢复供电未果，故起诉至法院。

法院认为，因原告使用的供电设备不能正常运行，被告有义务及时抢修恢复正常用电。原告对其损失没有提供证据予以证实，其提供的损失的计算标准亦没有法律依据，故对原告主张因断电而造成其他损失的诉讼请求不予支持。原告要求被告赔偿精神损失及要求被告赔礼道歉的其他诉讼请求，亦于法无据，不予支持。判决被告某供电公司于本判决生效后十日内恢复原告潘某家中的正常用电。

第二章 触 电 纠 纷

第一节 供电企业开展用电检查责任
不应无限扩大

一、案例简介

案例1：用户从供电公司设备私接施工用电，供电公司被判未及时消除隐患承担 10%赔偿责任

案号：（2019）冀 909 民终 2152 号、（2020）冀民申 2490 号

用户从供电公司所属的变压器及低压配电箱下私自搭接低压临时用电施工，触电死亡。用户诉称，触电电源连接处的配电箱属于临时用电电源，被告供电公司未设置二级漏电保护系统，配电箱未加盖防护锁，是导致杨某触电死亡的直接原因，因此被告供电公司应当对杨某的死亡承担赔偿责任。

一审法院认为，供电公司对所属电力设施使用管理不善，对事故发生存在一定过错，承担 30%责任。二审法院认为，供电公司在涉案工程施工接线期间，没有消除电力隐患，存在一定过错，但 30%比例过高，改判承担 10%的责任。

案例2：用户产权的低压触电，供电公司被判用电检查不到位担责 10%

案号：（2012）湖浔菱民初字第 11 号、（2013）浙湖民终字第 234 号、（2014）浙民申字第 1493 号

2008 年 11 月 14 日，普某置业公司与南某供电局签订《临时供用电合同》

一份，约定临时用电期限自 2008 年 11 月 14 日起至 2011 年 11 月 13 日止。2011 年 8 月 29 日下午，在拆除变压器上方的钢管前，在现场的倪某询问了公司工地人员沈某有无电的情况，沈某告知倪某工地没有电。倪某安排颜某开始作业。在拆卸工地变压器上方的钢管时，不慎碰到了变压器上方 10 千伏的接入变压器的高压电线，致颜某被电击伤。

另查明：南某供电局与普某置业公司签订的《临时供用电合同》约定，颜某所触碰的高压线路的产权属普某置业公司所有。普某置业公司的电费仅交纳至 2011 年 2 月 25 日，至本案事故发生时 2011 年 8 月 29 日已有六个月。

法院认为，普某置业公司停止交纳电费至事故发生时已有六个月，南某供电局却未终止普某置业公司的用电，客观上加大了发生触电事故的潜在安全隐患。据此判决南某供电局承担 10% 的责任。南某供电局不服上诉。二审维持原判，再审驳回申请。

二、关键法条

1.《中华人民共和国电力法》（自 1996 年 4 月 1 日起施行，2018 年 12 月 29 日修正）

第三十四条　供电企业和用户应当遵守国家有关规定，采取有效措施，做好安全用电、节约用电和计划用电工作。

2.《供电监管办法》（自 2010 年 1 月 1 日起施行，2014 年 1 月 4 日修订）

第九条　电力监管机构对供电企业保障供电安全的情况实施监管。

供电企业应当坚持安全第一、预防为主、综合治理的方针，遵守有关供电安全的法律、法规和规章，加强供电安全管理，建立、健全供电安全责任制度，完善安全供电条件，维护电力系统安全稳定运行，依法处置供电突发事件，保障电力稳定、可靠供应。

供电企业应当按照国家有关规定加强重要电力用户安全供电管理，指导重要电力用户配置和使用自备应急电源，建立自备应急电源基础档案数据库。

供电企业发现用电设施存在安全隐患，应当及时告知用户采取有效措施进行治理。用户应当按照国家有关规定消除用电设施安全隐患。用电设施存在严重威胁电力系统安全运行和人身安全的隐患，用户拒不治理的，供电企业可以按照国家有关规定对该用户中止供电。

3.《用电检查规范》（GB/T 43456—2023）

4.1　以国家有关电力供应与使用的法律、法规、方针、政策，以及国家和电力行业的标准为准则，以供用电合同为依据，供电企业应定期或不定期地组织开展用电检查，电力用户应开展用电安全自查并积极配合用电检查工作。

4.2　按照"谁产权、谁负责"的原则，供电企业及电力用户对各自产权设施的安全负责。

4.3　用电检查范围主要是电力用户涉网装置，根据检查工作实际需要可延伸至相关设施所在处。

4.4　用电检查主要采用外观状态检查、资料核查、记录抽查等方式，检查人员不应对用户设备进行任何实质性操作。供电企业开展用电检查时，因电力用户产权设施所引起的损坏或损害由电力用户承担。

5.1　涉网装置检查

5.1.1　涉网装置检查包括但不限于以下内容：

a）电力用户涉网装置电气设备及相应的设施安全状况；

b）电力用户自备应急电源配置和非电性质的保安措施；

c）特种作业操作证（电工）配置及作业安全保障措施；

d）电能计量装置、电力负荷控制装置、继电保护和自动装置、调度通信等运行记录；

e）公共连接点电能质量状况；

f）用户侧电源并网安全状况；

g）电力用户用电安全自查记录。

5.1.2　重要电力用户检查除涉网装置检查外，还应检查是否满足以下要求：

a）电力用户重要性定级应准确；

b）电力用户供电电源配置与重要性等级应匹配；

e）电力用户保安负荷应接入自备应急电源，自备应急电源容量应满足保安负荷需求，自备应急电源启动时间、切换方式应满足安全要求等；

d）防倒送电措施应安全可靠，包括双电源和自备电源应装设可靠的机械闭锁或电气闭锁装置，电气闭锁装置应定期开展试验等。

4.《浙江省电力条例》（自 2023 年 1 月 1 日起施行）

第五十七条　供电企业在抄表收费、电力设施巡查中发现用电信息异常、电力设施运行异常，可能因用户用电行为或者用户用电设施设备引发的，可以对用户下列设施设备及其运行状况进行检查：

（一）受电装置中电气设备及其运行状况；

（二）保安电源配置及其运行状况；

（三）继电保护和自动控制装置、调度通信装置及其运行状况；

（四）并网电源、自备电源及其运行状况；

（五）其他需要依法检查的内容。

供电企业对用户用电设施设备及其运行状况进行检查的，应当出示有关证件，用户应当予以配合。用户用电设施设备存在用电安全隐患的，供电企业应当书面向用户反馈检查结果；用户应当及时予以消除，供电企业应当提供技术指导。

第五十八条　电力管理部门应当对用户用电设施设备定期组织检查；发现安全隐患的，应当出具书面整改通知书，并督促用户及时消除用电安全隐患。

三、要点简析

1. 开展用电检查的必要性

用电是电力系统的重要环节。一般来说，按照物权相关原则，供电企业和用户对属于各自产权范围内的设施承担检查责任，供电企业对其所属的供电设施开展安全检查，电力用户对自身用电设施设备开展用电安全自查。但是，用户侧设施设备的运行问题可能导致电网侧发生故障。因此，从维护大电网安全的角度考虑，供电企业可以对用户侧设备开展检查。此外，从社会公共安全管理的角度，电力管理部门也应当对用户用电设施设备定期组织检查。因此，用电检查可分为电力管理部门用电安全检查、供电企业用电检查、电力用户自查三类。

本书仅讨论供电企业开展用电检查的相关规定与具体操作建议。

2. 供电企业应依法开展用电检查

供电企业用电检查主要是针对供电企业管理的公共电网和用户内部用电设施存在电气连接的特性，而设定的一项检查制度。供电企业开展用电检查的主要目的是通过用电检查，及时发现和消除用户侧安全隐患，提升用户的电力设备健康水平，减少安全隐患，确保用户设备安全运行，避免因用户设备故障引起电网故障的情况发生，更好地保障整个电网的安全运行和电力持续供应。因此，通过供电企业专业人员对用户电力设备定期开展用电检查工作，可及时发现用户的电力设备安全隐患，减少电力事故的发生，供电企业开展用电检查是完全有必要的。

3. 供电企业用电检查的范围为电力用户涉网装置

由于 2016 年国家废止了《用电检查管理办法》，而相关法律法规、文件制度以及供电用合同等对供电企业开展用电检查范围的规定又不尽相同，导致近年来供电企业用电检查工作缺乏统一的规范和要求。

2023 年 12 月 28 日，国家发布了《用电检查规范》(GB/T 43456—2023)。

该规范于 2024 年 7 月 1 日起实施，明确了供电企业开展用户涉网装置检查、重大活动保障检查和其他检查的范围，规定了检查服务周期和检查服务流程，为供电企业开展用电检查提供了明确的依据。

根据该规范，供电企业开展用电检查的范围主要是电力用户涉网装置，根据检查工作实际需要可延伸至相关设施所在处。涉网装置检查包括但不限于以下内容：①电力用户涉网装置电气设备及相应的设施安全状况；②电力用户自备应急电源配置和非电性质的保安措施；③特种作业操作证（电工）配置及作业安全保障措施；④电能计量装置、电力负荷控制装置、继电保护和自动装置、调度通信等运行记录；⑤公共连接点电能质量状况；⑥用户侧电源并网安全状况；⑦电力用户用电安全自查记录。重要电力用户检查除涉网装置检查外，还应检查是否满足以下要求：①电力用户重要性定级应准确；②电力用户供电电源配置与重要性等级应匹配；③电力用户保安负荷应接入自备应急电源，自备应急电源容量应满足保安负荷需求，自备应急电源启动时间、切换方式应满足安全要求等；④防倒送电措施应安全可靠，包括双电源和自备电源应装设可靠的机械闭锁或电气闭锁装置，电气闭锁装置应定期开展试验等。

4. 供电企业开展用电检查的责任如何界定

原则上，在供电设施上发生事故引起的法律责任，按供电设施产权归属确定。产权归属于谁，谁就承担其拥有的供电设施上发生事故引起的法律责任。根据原《用电检查管理办法》第六条，用户对其设备的安全负责。用电检查人员不承担因被检查设备不安全引起的任何直接损坏或损害的赔偿责任，但该办法已于 2016 年 1 月 1 日废止。

现行有效的关于供电企业开展用电检查的责任界定依据主要有两个，一是《用电检查规范》（GB/T 43456—2023）明确："供电企业开展用电检查时，因电力用户产权设施所引起的损坏或损害由电力用户承担。"二是供用电双方明确在《高压供用电合同》（国家电网公司 2022 版）中约定："用电人应对其设备的安全负责，供电人不承担因被检查设备不安全引起的任何直接或间接损坏、损害的赔偿责任"。因此，供电企业开展用电检查的责任应限于涉网设备在检查时的安全状况，不应无限扩大。

四、管理建议

供电企业根据相关规范的要求开展用电检查，是应尽的义务。供电企业开展用电检查极易引发纠纷。本章前文及文后所列的案例均经历两次及以上诉讼，最终判决供电公司承担 10%或以上的赔偿责任。由于触电线路非供电公司所有，且产权人存在现场管理不到位、违约用电甚至窃电等情况，最终供电企业仍然因检查、巡视不到位而承担赔偿责任，虽然在触电类案件中判赔比例较低，但与以往以产权归属划分责任的常规理解显然大相径庭。可见，产权并不是此类案件中法院认定赔偿责任的唯一依据。供电企业作为电力供应部门，应高度重视并慎重开展用电检查工作。在具体工作中注意以下几点：

1. 规范开展用电检查工作

自 2016 年 1 月《用电检查管理办法》废止以来，社会各界对供电企业行使用电检查权存在诸多质疑。供电企业员工自身，也存在担心法律保护不够，惧于开展用电检查的情况。《用电检查管理办法》虽已废止，但《电力供应与使用条例》等生效的法律法规，仍有关于供电企业开展用电检查的相关规定，供电企业的用电检查义务仍然存在。特别是《用电检查规范》（GB/T 43456—2023）发布后，用电检查工作有了明确的依据，仍需各级供电企业按照规范要求的频度、范围，更加规范地做好相应的用电检查工作。

2. 加大特殊情况的检查力度

特别要加大拆迁地区巡查力度，做好与拆迁办的沟通，尽量在协商一致的情况下先断电再拆迁，相关工作留下记录，如相应工作票以及现场断电视频等。对未断电已拆迁的地区要做好巡查，对需要断电的支线进行断电，对不能断电但无处固定的电线做好支架、临时固定等安全措施。

3. 特别重视证据留存

如本节最后所列参考案例 2 中，案发线路因窃电搭建，具有一定的隐蔽性。供电企业对此类窃电或违约用电相对严重的地区，不仅应做好日常用电检查工作，还应特别重视留存相应的用电检查记录，检查记录中对方当事人的签字一定要到位，而且不得由供电企业人员代签，以便作为此类案件中供电企业已尽相关义务的重要证据。

4. 供电企业用电检查的意见应书面反馈、及时处理

《浙江省电力条例》第五十七条第二款明确了供电企业书面反馈检查结果及处理的相关规定。该款规定，供电企业检查时应当出示有关证件。实践中，可能存在用户不配合的情况，故本款明确了用户有配合的义务。本款还规定，供电企业应当书面向用户反馈用电检查结果，对可能严重影响电力安全的重大隐患要书面告知用户落实整改，同时强调用户应当及时消除隐患。对于可能严重影响电力安全的重大隐患，用户拒绝整改的，供电企业可以按照相关规定，事先报经本级电力管理部门批准后，对用户中断供电，且对中断供电造成的损失不予补偿。

五、参考案例

案例 1：用户私拉乱接致人触电，供电公司承担 10% 的用电检查责任

案号：（2014）崇民终字第 224 号、（2015）桂民申字第 603 号

黄某祖、黄某武未经供电公司准许，擅自从黄某武家中接拉照明电线横跨屯前的简易公路至 1 千米外的鱼塘。受害人苏某连接该断落电线时触电死亡。受害人家属要求供电公司承担赔偿责任。一审法院认为，本案系低压电触电人身损害责任纠纷，应适用过错归责原则确定损害赔偿责任。根据《用电检查管理办法》，用电企业应对用电户的用电安全等内容进行定期或不定期的检查。本案中黄某武违章私拉电线的情况持续存在 4 个月以上，供电公

司未依法进行检查并发现该安全隐患，是造成触电事故的原因之一。判决供电公司承担10%的赔偿责任。供电公司不服上诉，二审维持原判。供电公司申请再审，被驳回再审申请。

案例2：用户窃电致人触电，供电公司承担10%的用电检查责任

案号：（2016）津0116民初61684号、（2014）滨港民字第1856号、（2014）滨港民字第1857号

2011年7月30日，原告李某外出游玩，行至某村村民祝某家房屋时，被隐蔽在草丛中的电线电击。李某父亲对李某施救时，也被电线电击。事故造成李父死亡，李某多处烧伤。法院查明造成原告触电的线路并非供电公司所有，为用户私自接线窃电所搭建的线路。但最终法院认定供电公司负有用电检查责任，且拆迁片区作为用电比较复杂的区域，更应履行比平常较高的注意义务，对未能发现的窃电行为或者其他违法用电的情形所造成的损害，应当承担10%的赔偿责任。

第二节　供电企业有限承担受电工程竣工检验责任

一、案例简介

案例1：村委产权拉线带电触电，供电公司未尽监管督查义务担责50%

案号：（2021）鲁07民终2914号

2019年8月8日9时许，原告杨某在自家承包的大棚劳动时，手臂触碰供电线路线杆固定拉线，因线杆顶端横铁上面的瓷瓶破损导致线路短路被电击伤右手腕部、右侧腰部。原告向法院提出诉讼，请求判决供电公司、村委会两被告赔偿杨某因人身受伤造成的医疗费、护理费、误工费、伤残赔偿金等损失共计75505.96元。

法院认定原告系因在自家承包的大棚劳动时被短路的线杆拉线触电受伤，拉线带电非原告原因所致，其也不可能会事先预料到隐患的存在，故杨

某在本次事故中无责任。其次，依据法院查明的事实，涉案线杆及拉线产权归村委会所有，且村委会主任表示当时接电时，安装操作不正规，因此村委会对原告的损失应承担50%的赔偿责任。供电公司虽然与村委会签订了低压供用电合同，并对产权分界点及责任划分进行了约定，但是供电公司作为国家电力部门，应对村委会在用电线路上架设线杆及拉线，保证设施建设符合安全标准起到监管督查义务，在涉案线路存在安全隐患的前提下仍予供电，导致原告受伤，故具有过错，应承担相应责任，酌定其承担50%的赔偿责任。

二审维持原判。

案例2：接电时用电设施未达标，发生触电供电公司承担30%责任

案号：（2015）海中法民一终字第217号、（2016）琼民申430号

2011年6月，海口市某小区发生触电事故。经查明，事发时受害人所在楼层供电线路处于接地失效的状态。事发地供电公司与该小区物业于2004年签订的《高压供用电合同》第八条第10项有"由于双方的安全供电和安全用电条件尚未达到国家规定的有关标准"的约定。法院一审、二审认为，供电公司明知涉案小区供电和用电条件不符合国家规定的安全标准，仍向该小区供电，且未尽到安全检查用电情况的义务，具有一定过错，应承担30%过错责任。供电公司申请再审，称事发时距《高压供用电合同》签订时间已长达七年之久，即便在2004年安全用电条件尚未达到国家标准，并不代表在事发时涉案小区的受电设备安全用电条件还不符合国家标准；《高压供用电合同》关于用电检查的约定并不是约定供电方的安全用电检查义务，而是赋予某供电局检查用电方用电情况的权利。再审法院未采纳供电公司抗辩理由，驳回再审申请。

案例3：客户经理未按规定履行业扩工程验收责任，发生重大事故涉嫌玩忽职守罪

来源：国务院安委办关于某事件的《"5·7"重大中毒窒息事故的通报》

2017年5月6日上午，非法冶炼小作坊主刘某购买一台旧风机安装在

风井内 24 米处，往废弃巷道压风。17 时 30 分，试生产成功，有毒有害烟气压入废弃巷道，所产生的一氧化碳等有毒有害气体流到某煤矿作业地点。2017 年 5 月 7 日早班，某煤矿共 171 人下井作业，发生重大中毒窒息事故，共造成 18 人死亡、4 人重伤、33 人轻伤。

经查，事故原因的间接原因之一为县供电分公司违规向非法冶炼小作坊供电。

首先，审核把关不严。对非法冶炼小作坊新增用电用户报装申请资料中无项目批准文件、土地租赁协议无效、申请供电地址（关闭的原石等下煤矿）等内容未认真审核，未及时发现并责令纠正，也没有查验申请单位法定代表人身份证原件。

其次，现场勘察、验收不规范。没有按照规定由客户服务中心、属地供电所和施工单位三个部门联合验收，仅由客户服务中心一个部门单独完成验收，且验收人员不具备全面履职能力，到被关闭的煤矿井口现场勘察、验收时，发现现场设备与申请用途、地址不符等，仍然通过了勘察与验收并开始送电至被关闭的煤矿。

事故调查组对事故有关责任人员及责任单位提出了处理建议，涉及供电企业的有以下 3 人。

龙某，县供电公司营销部业务扩展专责，负责业扩工程的勘察和验收。以涉嫌玩忽职守罪，于 2017 年 6 月 16 日被市检察机关立案侦查，后取保候审。建议刑期 6 个月。

苏某，县供电公司营销部市场班班长，负责用电报装资料审核等工作。工作失职，未按规定履行用电资料审核职责，违规进行审批。对事故的发生负有主要责任，建议给予其党内严重警告处分。

田某，县供电公司营销部主任，负责营销部全盘工作。工作失职，对不符合规定的用电场所准予审核验收合格。对事故的发生负有主要责任，建议给予其党内严重警告处分。

二、关键法条

1.《电力供应与使用条例》（自 1996 年 9 月 1 日起施行，2019 年 3 月 2 日第二次修订）

第二十四条 供电企业应当按照国家标准或者电力行业标准参与用户受送电装置设计图纸的审核，对用户受送电装置隐蔽工程的施工过程实施监督，并在该受送电装置工程竣工后进行检验；检验合格的，方可投入使用。

2.《供电监管办法》（自 2010 年 1 月 1 日起施行，2024 年 1 月 4 日修订）

第七条 电力监管机构对供电企业的供电质量实施监管。

在电力系统正常的情况下，供电企业的供电质量应当符合下列规定：

（一）向用户提供的电能质量符合国家标准或者电力行业标准；

（二）城市地区年供电可靠率不低于 99%，城市居民用户受电端电压合格率不低于 95%，10 千伏以上供电用户受电端电压合格率不低于 98%；

（三）农村地区年供电可靠率和农村居民用户受电端电压合格率符合派出机构的规定。派出机构有关农村地区年供电可靠率和农村居民用户受电端电压合格率的规定，应当报国家能源局备案。

供电企业应当审核用电设施产生谐波、冲击负荷的情况，按照国家有关规定拒绝不符合规定的用电设施接入电网。用电设施产生谐波、冲击负荷影响供电质量或者干扰电力系统安全运行的，供电企业应当及时告知用户采取有效措施予以消除；用户不采取措施或者采取措施不力，产生的谐波、冲击负荷仍超过国家标准的，供电企业可以按照国家有关规定拒绝其接入电网或者中止供电。

3.《国务院办公厅转发国家发展改革委等部门关于清理规范城镇供水供电供气供暖行业收费促进行业高质量发展意见的通知》

二、清理取消不合理收费

（二）供电环节收费。取消供电企业及其所属或委托的安装工程公司在用电报装工程验收接入环节向用户收取的移表费、计量装置赔偿费、环境监测费、高压电缆介损试验费、高压电缆震荡波试验费、低压电缆试验费、低压计量检测费、互感器试验费、网络自动化费、配电室试验费、开闭站集资费、调试费等类似名目费用。

（五）接入工程费用。在城镇规划建设用地范围内，供水供电供气供热企业的投资界面应延伸至用户建筑区划红线，除法律法规和相关政策另有规定外，不得由用户承担建筑区划红线外发生的任何费用。从用户建筑区划红线连接至公共管网发生的入网工程建设，由供水供电供气供热企业承担的部分，纳入企业经营成本；按规定由政府承担的部分，应及时拨款委托供水供电供气供热企业建设，或者由政府直接投资建设。

4.《浙江能源监管办关于印发〈浙江省电力用户受电工程市场行为监管办法〉等四项制度文件的规定》

附件1. 浙江省电力用户受电工程市场行为监管办法

第二条　本办法所指用户受电工程，是指用户为满足用电需求而实施的接受与分配电能电气装置的新建或改建工程，是位于产权分界点用户侧的电气设施建设工程的总称。

第十条　浙江能源监管办对供电企业对用户受电工程的中间检查和竣工检验的情况实施监管。

附件2. 浙江省电力用户受电工程中间检查和竣工检验规范

第十九条　竣工检验的主要内容：经供电企业审核同意的用户受电工程设计文件与实际竣工现场匹配情况，与电网相连接的一次设备安全性能、电气设备特性试验，受电装置进线保护和自动装置整定值及其与用户内部保护间的配合情况，保安电源及非电性质的保安措施，双（多）电源、自备应急电源间闭锁装置的可靠性，以及保证安全用电的技术措施、管理措施和专业运行人员配备情况。

竻工检验电气设备：架空线路或电缆线路、电能计量装置、断路器等开关设备、变压器、互感器、避雷器、电容器组等无功补偿装置、保安电源及自备应急电源、通信自动化设备、继电保护装置及二次接线、闭锁装置及回路、接地系统等。

竻工检验运行准备：运行规程、典型操作票、值班和设备管理等规章制度、设备命名、一次模拟接线图板、安全工器具、防风雨雪及小动物设施、符合资质的进网作业电工配备、电气试验记录和报告、竻工图纸、电气设备档案资料、非电性质的保安措施、应急预案等。

三、要点简析

1. 用户受电工程竻工检验的范围

用户受电工程，是指用户为满足用电需求而实施的接受与分配电能电气装置的新建或改建工程，是位于产权分界点用户侧的电气设施建设工程的总称。

关于用户受电工程竻工检验的设备范围，《国家电网有限公司业扩报装管理规则》第八十五条规定，简化竻工检验内容，重点查验可能影响电网安全运行的接网设备和涉网保护装置，取消客户内部非涉网设备施工质量、运行规章制度、安全措施等竻工检验内容。国家能源局浙江监管办公室出台的《浙江省电力用户受电工程中间检查和竻工检验规范》则规定，供电企业仍应对用户受电工程的继电保护装置及二次接线、运行准备等内容作竻工检验。

由此可知，国家电网公司与国家能源局浙江监管办公室对用户受电工程竻工检验范围的规定有差异。浙江省内的供电公司应按当地电力监管部门的要求开展用户受电工程竻工检验。

2. 不符合规范的受电工程完成整改方可接电

用电安全事关公共安全。用户应当依法依规办理受电工程相关手续，不得危害供电、用电安全和扰乱供电、用电秩序。用户受电工程应符合国家、行业标准和相关技术要求，满足电网安全、稳定运行和电力用户可靠用电，以供电企业提供的供电方案和审核同意的受电工程设计文件为依据组织施工。供电企业在竣工检验过程中发现受电装置存在影响电网安全运行、人身安全等隐患，应通知用户立即消缺，并予以技术指导，隐患消除前不得送电。如本节案例 1、2，供电企业对存在安全隐患的受电工程予以送电，发生触电事故，则承担了较上一节用电检查更为严重的赔偿责任。

3. 供电企业应按规范开展受电工程竣工检验

一是应当执行国家及电力行业有关标准。有国家标准、行业监管规定的，尽量以国家标准、行业监管规定为依据，避免以国家电网公司内部对供电设施的验收规范为依据，以避免纠纷。如在浙江省，建议以《电气装置安装工程高压电器施工及验收规范》（GB 50147—2010）、《浙江能源监管办关于印发〈浙江省电力用户受电工程市场行为监管办法〉等四项制度文件的规定》等相关法律法规及技术标准，为用户受电工程竣工检验依据，明确用户受电工程中间检查和竣工检验的工作要求、工作范围、工作内容、工作程序等。

二是履行好一次性告知及技术指导义务。供电企业发现用户受电设施存在故障隐患时，应以书面形式一次性将不合格项内容及依据等通知用户，指导用户制定整改计划，落实整改措施，并做好整改记录。用户整改完成后向供电企业申请复查或复验。实施现场检查时，如若需要用户对现场设备进行操作的，检查人员不得替代用户操作。此外，竣工检验的书面记录应完整、详实，参与现场检查的人员和用户代表应签字确认。

4. 用户受电工程竣工检验应注意避免刑事责任

本节案例 3 中，客户经理龙某被市检察机关以涉嫌玩忽职守罪立案侦查，其辩护人提出了 3 点辩护意见：一是客户经理不具备玩忽职守罪的实行行为。中毒窒息事故是某煤矿违规组织生产的行为、非法冶炼小作坊违规排放冶炼废气的行为共同直接造成。客户经理在具体履行职务行为时，在供电方案和供用电合同中填写的用电行业分类不一致、违反"营销部牵头、运检部参与"的内部规定而独自进行验收，是违反企业内部规章制度的瑕疵，不属于和保障电力运行和供用电安全职守密切关联的瑕疵，其行为本身并不具有导致中毒窒息事故的危险，不具有侵害多数人生命安全的危险，因而不具备玩忽职守罪的实行行为。二是客户经理的行为与中毒窒息事故之间不具备刑法上的因果关系。本案中毒窒息事故，不属于电力运行安全事故或供用电安全事故，也不是因电力运行安全事故或供用电事故所引起的事故。中毒窒息事故的避免，超出了设置客户经理电力安全保障职守和电力法律法规规范的保护目的。因而，客户经理的行为与中毒窒息事故之间不具备刑法上的因果关系，不能将中毒窒息事故归属于客户经理的行为。事发时的用电设施已不同于用电验收时的状况，危害结果与用电验收时龙某的工作疏忽没有直接的因果关系。三是客户经理的行为不具备刑法上的违法性。客户经理的履职行为虽然违反了企业内部的规章制度，但行为本身不包含违规排放废气、违规组织生产进而引发中毒窒息事故的危险，没有造成本案中的法益即多数人生命安全的行为，缺乏刑法上的违法性的本质和根据。

虽然该案最后撤销案件，但还是为每位业扩相关工作人员敲响了警钟。客户经理因为非电力运行事故而直接涉及刑事风险，应引起重视。

四、管理建议

供电企业应强化市场意识和竞争意识，认真贯彻国家法律法规、标准规程和供电服务监管要求，按照"主动服务、一口对外、便捷高效、三不指定、办事公开"原则，开展用户受电工程竣工检验工作。

1. 切实加强供电、用电安全监管

如本节案例 3，事故调查组对事故防范和整改措施提出了建议，涉及供电企业的有：切实加强供电、用电安全监管。要求县供电公司要按照《供电营业规则》规定的程序和要求，依法依规审查用电申请，对不符合规定要求的坚决不能办理。在勘察和验收中，要严格按程序、按规定检查，凡与申报材料不相符的，要认真核查，禁止通过。严禁向非法生产企业供电。同时配合县电力监管部门认真开展电力行政执法活动，打击违法违规供电、用电行为。

2. 严格落实降价清费及投资界面相关规定

供电企业应当按国家有关规定明确与用户受电工程投资管理界面，不得要求用户建设应由供电企业承建的供电设施，或分摊应由供电企业承担的供电设施建设费用。

关于投资界面的规定，目前主要是落实好《国务院办公厅转发国家发展改革委等部门关于清理规范城镇供水供电供气供暖行业收费促进行业高质量发展意见的通知》的降价清费政策的规定，在城镇规划建设用地范围内，供电企业的投资界面应延伸至用户建筑区划红线，不收取国家明令禁止的不合理收费，不将不合理费用转嫁给用户，切实提升用电营商环境。

3. 及时梳理内部规章制度

此外还应引起重视的是，供电企业内部规章制度也可能成为员工承担责任的依据。如本节案例3，客户经理龙某被市检察机关以涉嫌玩忽职守罪立案侦查的原因，是因为事故调查组认为县供电公司向非法冶炼小作坊供电时，存在审核把关不严和现场勘察、验收不规范等瑕疵。为此，建议供电企业在制订内部规范时，应充分梳理、释明制定规范的意图和责任界面，尽量避免扩大供电企业责任。

第三节 用户内部触电家保未跳供电公司不应担责

一、案例简介

案例1：低压非居民用户未安装剩余电流动作保护器，发生触电事故供电公司不承担责任

案号：（2023）豫06民终1号、（2023）豫民申10954号

2020年7月28日10时许，孙某在某通信线杆的钢制斜拉线处，接触到带电的斜拉线后发生触电事故死亡。法院认定，马某出资架设的供电线路

未能与他人已存在的钢丝保持安全距离，事故发生点位于供电线路的电能表之后，马某作为供电线路的架设人、管理人、使用人，依法应承担赔偿责任，判决马某赔偿赵某等经济损失 263618.75 元。马某认为，供电公司未安装漏电保护器违规架设线路、对新设线路未经检验合格通电、不履行巡查义务，存在重大过错，应当承担赔偿责任，请求依法再审。

法院认为，根据《农村电网剩余电流动作保护器安装运行规程》，户保和末级保护属于用户资产，应由用户出资安装并承担维护、管理责任。某供电公司与马某签订的《低压非居民供用电合同》第五条约定，用电人产权范围内应安装符合国家标准的防触电、漏电的剩余电流保护开关、线路和用电设备。因此，某供电公司对于马某产权范围内的线路、防触电、漏电的剩余电流保护开关及用电设备等不具有架设及安装义务。裁定驳回马某的再审申请。

案例 2：农灌用户安装剩余电流动作保护器，发生触电事故供电公司不承担责任

案号：（2023）鲁 02 民终 383 号

2019 年 4 月 20 日，原告方某在网上向被告供电公司申请供电，供电电压为 380 伏，线路自某杆上电表箱出线，直接接至原告家承包地用于灌溉使用，杆上电表以上产权归属于被告供电公司，电表以下线路产权归属于方某家。2022 年 5 月 19 日 16 时许，方某在自家承包地内准备浇地，在给抽水泵接线时遭电击死亡。

经查，杆上电表处及电表以下线路处没有安装剩余电流动作保护器。

法院认为，根据《农村电网剩余电流动作保护器安装运行规程》，末级保护安装于用户受电端，其保护范围是防止用户内部绝缘破坏、发生人身间接接触触电等剩余电流所造成的事故，对直接触电，仅作为基本保护措施的附加保护。具体到本案，方某在自家承包地内给抽水泵接电线时遭电击身亡，系内部绝缘破坏、发生人身间接接触触电等剩余电流所造成的事故，该事故不属于低压电网剩余电流动作保护器总保护和中级保护的保护范围。因此，上诉人主张，涉案事故发生时，剩余电流动作保护器总保护和中级保护未起到保护作用，供电公司应承担赔偿责任无法律依据，法院不予支持。

案例3：户内安装空调触电，供电企业不担责

案号：（2016）鲁0404民初1539号

2016年7月24日15时许，原告亲属张某在其家中给空调接电，不慎触电死亡。原告认为由于供电公司未在原告电表箱内安装断电保护器，致使原告亲属张某触电死亡，应承担赔偿责任。法院认为：根据《农村安全用电规程》和《供电营业规则》规定，原告院内线路及用电设备属原告所有，应对其院内线路、用电设备负有维护管理的义务。因此原告以被告未安装漏电保护设施，未能断电，致使原告的亲属触电死亡等为由，要求被告对其亲属张某的死亡承担赔偿责任，没有事实和法律依据，法院不予支持。

案例4：表箱装在树上且未安装剩余电流动作保护器，发生触电供电公司承担10%责任

案号：（2020）苏13民终1639号

原告家电表箱安装在原告家东侧树上，未安装漏电保护器。胡某在违规带电操作过程中，未采取任何保护措施，手持电线直接连接带电插座导致直接接触触电身亡。

法院认为，胡某在本次事故中自身存在重大过错，应承担事故的主要责任。电表箱安装在树上且出线凌乱不堪，供电公司履职不当、熟视无睹；直至事故发生胡某家仍未安装剩余电流动作保护器，供电公司未尽到巡视检查义务，未能确保漏电保护器的安装及正常运作，在漏电情况发生时未能启动有效保护；忽视用电设施的安全管理，未能确保电源线及插座、开关的安全可靠；对于从电表箱处私拉乱接电线的行为未能及时处理、暂停供电，造成较大的用电安全隐患。供电公司对于胡某的死亡存在一定的过错，应承担相应的赔偿责任，酌定供电公司承担10%的责任。

二、关键法条

1.《供电营业规则》(自 2024 年 6 月 1 日起施行)

第五十四条　供电设施产权所有者对在供电设施上发生的事故承担法律责任，但法律法规另有规定的除外。

2.《剩余电流保护装置安装和运行》(GB/T 13955—2017)

3.16　末端保护

末端保护是指住宅配电保护（或称户保）或单台用电设备的保护（三级保护）

4.4.1　末端保护

下列设备和场所应安装末端保护 RCD：

a）属于 I 类的移动式电气设备及手持式电动工具；

b）工业生产用的电气设备；

c）施工工地的电气机械设备；

d）安装在户外的电气装置；

e）临时用电的电气设备；

f）机关、学校、宾馆、饭店、企事业单位和住宅等除壁挂式空调电源插座外的其他电源插座或插座回路；

g）游泳池、喷水池、浴室、浴池的电气设备；

h）安装在水中的供电线路和设备；

i）医院中可能直接接触人体的医用电气设备；

j）农业生产用的电气设备；

k）水产品加工用电；

l）其他需要安装 RCD 的场所。

3.《农村低压电力技术规程》(DL/T　499—2001)

5.1.1　剩余电流动作保护是防止因低压电网剩余电流造成故障危害

的有效技术措施，低压电网剩余电流保护一般采用剩余电流总保护（中级保护）和末级保护的多级保护方式。

a）剩余电流总保护和中级保护的范围是及时切除低压电网主干线路和分支线路上断线接地等产生较大剩余电流的故障。

b）剩余电流末级保护装于用户受电端，其保护的范围是防止用户内部绝缘破坏、发生人身间接接触触电等剩余电流所造成的事故，对直接接触触电，仅作为基本保护措施的附加保护。

4.《农村电网剩余电流动作保护器安装运行规程》（DL/T 736—2021）

3.4　户保：安装在用户进线处的剩余电流动作保护器，俗称家保（三级保护）。

6.3.1　用户必须安装户保；户保一般安装在用户进线上。

6.3.2　户保和末级保护属于用户资产，应由用户出资安装、维护、管理责任。当用户产权分界点以下的户内线路出现剩余电流达到设定动作值时，户保或末端保护应及时切断电源。

5.《农村低压安全用电规程》（DL 493—2015）

4.1.2　农村用户应安装剩余电流动作保护电器。未按规定要求安装使用的，供电企业有权依法中止供电。剩余电流动作保护电器应符合 GB/Z 6829 的规定。

4.2.2　用户应安装合格的户用和末级剩余电流动作保护电器，不得擅自解除、退出运行。

三、要点简析

用户内部低压触电，一般由 220/380 伏电压引起，属于"低压"范畴，因此不适用《中华人民共和国民法典》第一千二百四十条的无过错归责原则，而应根据供用电双方的过错，判定各自应承担的责任。

1. 末级剩余电流保护器安装、维护均为电力使用者的责任

户保的作用是：当用户产权分界点以下的户内线路出现剩余电流达到设定动作值时，能及时切断本户低压电源。根据《农村电网剩余电流动作保护器安装运行规程》（DL/T 736—2021）6.3.1 和 6.3.2 规定，用户必须安装户保，户保和末级保护属于用户资产，应由用户出资安装、维护、管理责任。

《国家电网有限公司居民供用电合同范本》也明确约定剩余电流动作保护器属用电方所有。但农村用户常以不知规程规定、合同约定等为由，推卸安装三级剩余电流保护器的责任。从目前收集的几个参考案例看，各地法院对未安装末级剩余电流动作保护器或保护器不动作致触电事故的判决结果不完全一致，大部分法院认为末级剩余电流动作保护器的安装责任在用户，供电企业不承担责任，但也有个别案例以检查、监管不到位为由要求供电企业承担 10% 左右的责任。

2. 供电企业的"总保"和"中保"不一定能保命

根据《农村低压电力技术规程》（DL/T 499—2001）5.1.1 规定，剩余电流总保护和中级保护的范围是及时切除低压电网主干线路和分支线路上断线接地等产生较大剩余电流的故障。剩余电流末级保护装于用户受电端，其保护的范围是防止用户内部绝缘破坏、发生人身间接接触触电等剩余电流所造成的事故，对直接接触触电，仅作为基本保护措施的附加保护。

根据以上规程，用户内部绝缘破坏、发生人身间接接触触电，由剩余电流末级保护负责，即末级剩余电流保护器才是俗称的"家保""户保"，才能有效防范用户内部触电事故。而总保护、中级保护的职责主要是保护供电设施的安全运行，对户内剩余电流较小的触电，则不在动作保护范围。如果总保护、中级保护的动作电流过小，也会引起更大范围的频繁停电，影响供电可靠性。受害人以总保护未跳要求供电企业赔偿的，可以据此抗辩。

3. 供电企业有安全用电保障义务

本节案例 4 中，法院以供电人疏于检查为由判定供电企业承担 10% 的责

任。在安装不规范存在安全隐患的产权线路上，供电企业如未能尽到安全检查、谨慎注意的义务，存在电力运行失职行为，法院可能会酌情判决供电企业承担10%的责任。

四、管理建议

1. 加强农村地区末级保安器安装的宣传，争取政策支持

末级剩余电流保护器作为保障用户设备及人身用电安全的重要装置，装设在表计出线侧，属于用户产权设备，应由用户出资安装和运行维护，供电企业履行技术指导和提醒的职责。

供电企业在工作中要加强与政府相关主管部门、乡镇、村一级组织的沟通，阐述末级剩余电流保护器对保障农村家用电安全的重要意义，争取让政府部门出台相关支持户保普及安装的文件，最好能够落实一定的资金来源。同时通过安全课堂进农村、发放用电宣传单、播放新媒体视频等形式，让用户明白自身应履行的义务，同时认识到规范装设户保的意义，促进其主动采购安装。

2. 供电企业应从技术、设备上避免职责不清

实际操作中，末级剩余电流保护器一般安装于表箱内。表箱属于供电企业资产，主观上容易让用户认为漏保属于电网资产。此外，在开展表箱锈蚀破损更换、配合"新农村"建设对表箱作集中升级改造、"集抄集收"安装采集器更换用户表箱等工作时，由于表箱内一般自带漏保，供电企业则成为末级漏保的实际产权人，埋下了承担法律责任的隐患。且供电企业提供的表箱上没有明确的产权分界点提示，不能有效区分与用户的维护区域分界，造成用户自行短接、跨越漏保的情况时有发生，一旦发生触电事故，很难区分责任。上述情况随着供电企业的管理不断规范，已逐步消除，但仍存在个别遗留问题，需要供电企业加强研究，从技术手段、设备改造上，切实规范供用电双方关于末级漏保的安装、运行维护责任。

第三章　电　费　纠　纷

第一节　电费违约金和违约使用电费
可能被调低

一、案例简介

案例1：三倍违约使用电费调整为一倍

案号：（2021）粤01民终10046号

2018年6月20日，某供电公司（原告）根据政府函件对违规超排的某厂（被告）采取现场停电措施，并当场向该厂送达停电通知。2018年12月29日，原告在现场例行检查时发现被告擅自开启电箱用电，遂报警并向被告送达客户违约用电、窃电通知书，但被告拒绝签收。原告诉请被告补交基本电费138000元，违约使用电费276000元，窃电电量电费452171.33元，违约使用电费1356513.99元，合计2222685.32元。

一审法院认为，原告诉请的三倍违约使用电费过高，依据公平合理、等价有偿原则将供电公司主张的三倍违约金调整为一倍。二审法院认为，对于违约用电行为是否构成窃电，已超出了本案民事诉讼的范围，本院不作审查认定。关于违约使用电费确认问题，原告作为具有专业资格的电力供应企业，负有对用电设备设施安全及用电计量装置的准确性进行检查的义务，其在被告擅自用电后未及时排查发现并采取相应措施，亦存在日常管理疏漏，对造成对方违约用电长达六个多月，具有一定的过错。原审法院将违约金调整为基本电费的一倍，符合公平原则。判决驳回上诉，维持原判。

案例2：被告主张不计算与要求下调不同，法院支持全额违约金

案号：（2015）杭富新商初字第 394 号

2011 年 12 月 28 日，原告某供电公司与被告某铁塔公司签订《高压供用电合同》一份，合同有效期为三年，自 2011 年 12 月 28 日起至 2014 年 12 月 27 日止，合同有效期届满，双方均未对合同履行提出书面异议，合同有效期重复继续维持。合同约定在发供电系统正常的情况下，原告连续向被告供电，被告按约于每月 25 日抄表后付清当月全部电费。合同还约定，被告逾期交付电费的，原告按规定向被告计收电费违约金，违约金自逾期之日起算至缴费之日止，当年欠费部分，每日按欠费总额的千分之二计算。截至 2015 年 3 月 27 日，被告共计结欠电费 42448.21 元，经原告多次催讨，被告分文未付。被告辩称不应计算违约金，但未向法院申请下调。法院判决被告按合同约定支付电费及违约金。

案例3：当年和跨年欠费违约金计算标准均下调为千分之一

案号：（2015）云高民二终字第 296 号

2013 年 8 月 2 日，原告某供电局与被告某公司签订了供用电合同，约定由原告按合同约定方式向被告提供电力，被告须按时足额缴纳电费，如不按期交清电费，应承担电费滞纳的违约责任，电费违约金从逾期之日起计算至缴纳日止。电费违约金计算方式：当年欠费部分，每日按欠费总额的千分之二计算；跨年度欠费部分，每日按欠费总额的千分之三计算。合同签订后，原告按约履行了供电义务，但被告从 2014 年 9 月起未支付电费，拖欠原告 2014 年 9 月至 2015 年 1 月电费共计 15531905.16 元。原告诉至法院，请求判令被告偿还拖欠电费并承担从拖欠电费之日起至偿清电费之日止的电费违约金，其中 2014 年 10 月起至 2014 年 12 月 31 日期间的电费违约金按千分之二计算；从 2015 年 1 月 1 日起至偿清电费之日止，按应付未付电费每日千分之三计算电费违约金。

一审法院认为，原告要求被告支付所欠电费及违约金的请求，符合法律规定，予以支持。但违约金过高，被告请求法院调整。故依据《中华人民共和国合同法》第一百一十四条之规定，结合本案实际情况，将违约金调整为不区分当年和跨年，每日均按照电费总额的千分之一计算。二审维持原判。

案例 4：千分之二的违约金调整为同期银行贷款利率的四倍

案号：（2014）长中民二初字第 01156 号、（2014）湘高法民二终字第 138 号

2012 年 4 月 10 日，原告某供电公司与被告某矿业公司签订了供用电合同确立了供用电关系，双方约定每月电费分 2 次支付，用电人违反合同约定逾期交付电费，当年欠费部分每日按欠交额的千分之二，跨年度欠费部分每日按欠交额的千分之三计付。某矿业公司因生产需要每月均产生大额电费，经常拖欠电费。某供电公司已 8 次向某矿业公司送达《备款缴费通知书》，告知欠缴电费金额和缴纳期限，逾期将进行停、限电方式催费。截至 2014 年 9 月 30 日，某矿业公司共欠缴电费 57204572.2 元，违约金 3631217.34 元。

一审法院对某供电公司要求某矿业公司支付欠缴电费的诉讼请求予以支持。但是，合同约定的千分之二的违约金支付比例过高，将其调整为同期银行贷款利率的四倍，对超过部分不予支持。二审维持原判。

案例 5：一审将超容用电的违约使用电费由三倍调整为 1.3 倍，二审改判回 3 倍

案号：（2008）玉民二初字第 1818 号、（2009）浙台商终字第 398 号

2008 年 7 月，原告在对用电日常管理中发现被告存在私自更换变压器及增容的事实，被告对此也认可，但双方对私自增加变压器容量的时间存在争议。原告诉至法院，要求被告支付基本电费 23520 元，违约用电的违约金 70560 元，擅自安装变压器违约使用电费 5000 元，合计人民币 99080 元。被告认为三倍违约金过高，要求法院依法调整。

一审法院认为，双方关于被告承担三倍违约使用电费的约定，其性质为违约金条款，按照《中华人民共和国合同法》第一百一十四条，违约金过分高于造成的损失的，当事人可以请求人民法院予以适当减少，而按照《最高

人民法院关于适用〈中华人民共和国合同法〉若干问题的解释（二）》，双方约定的违约金超过损失额 30% 的，可以认定为约定的违约金过高，本案双方约定的违约金为追缴的基本电费的 3 倍，而原告又没有举证证明存在其他损失，则参照未支付的基本电费，应当认定合同中约定的违约金过分高于造成的损失，被告请求予以减少，本院予以支持，以追缴的基本电费的 1.3 倍计算违约金为宜，即 30576 元。

二审法院认为，《供电营业规则》系电力工业部于 1996 年 10 月 8 日颁布施行的部门规章，其中第一百条国家对危害供用电安全、扰乱正常供用电秩序的行为作出的处罚性规定，故该规定中的违约金具有法定性与强制性，不属于《中华人民共和国合同法》第一百一十四条规定的可依当事人申请由人民法院或仲裁机构进行调整的约定性违约金。改判撤销一审判决，由被告支付给基本电费 17480 元，违约金 57440 元，合计人民币 74920 元。

案例 6：一审将窃电违约使用电费判定 3 倍，二审改判为 1 倍

案号：（2018）粤 01 民终 20667 号

2012 年 3 月 31 日，原告某供电公司与被告某橡胶公司签订供用电合同，其中第 8、9 条约定："用电方窃电，除补交电费外，还应承担三倍的违约使用电费……" 2015 年 7 月 30 日，原告向被告发出《某供电局客户违约用电、窃电通知书》载明被告存在窃电行为，即绕越供电企业用电计量装置用电。被告员工在该通知书落款处签名。同年 8 月 20 日，被告向原告发出请求书，载明窃电行为为被告电工与区片电工所作的行为，其责任不属被告负责人承担。当日，原告针对被告请求书出具复函，明确供用电合同的主体是被告，故追究的责任主体必然是被告，被告内部纠纷，建议自行妥善解决。

一审法院认为，被告窃电行为属实，根据价格评估结论，窃电电量电费为 1977434 元。原告主张被告支付基于窃电电量电费三倍的违约使用电费合理合法。判决被告向原告支付违约使用电费 5932140.46 元。

二审法院认为，一审期间被告提出违约金数额过高，一审法院在作出违约金的处理时，对此没有进行考量，本院综合各方过错和责任，依据公平合理原则将原告主张的三倍违约金调整为一倍。改判被告向原告支付违约使用电费 1977272.46 元。

二、关键法条

1.《中华人民共和国民法典》（自 2021 年 1 月 1 日起施行）

第五百七十七条　当事人一方不履行合同义务或者履行合同义务不符合约定的，应当承担继续履行、采取补救措施或者赔偿损失等违约责任。

第五百八十五条　当事人可以约定一方违约时应当根据违约情况向对方支付一定数额的违约金，也可以约定因违约产生的损失赔偿额的计算方法。

约定的违约金低于造成的损失的，人民法院或者仲裁机构可以根据当事人的请求予以增加；约定的违约金过分高于造成的损失的，人民法院或者仲裁机构可以根据当事人的请求予以适当减少。

当事人就迟延履行约定违约金的，违约方支付违约金后，还应当履行债务。

2.《全国法院贯彻实施民法典工作会议纪要》

当事人请求人民法院增加违约金的，增加后的违约金数额以不超过民法典第五百八十四条规定的损失为限。增加违约金以后，当事人又请求对方赔偿损失的，人民法院不予支持。

当事人请求人民法院减少违约金的，人民法院应当以民法典第五百八十四条规定的损失为基础，兼顾合同的履行情况、当事人的过错程度等综合因素，根据公平原则和诚信原则予以衡量，并作出裁判。约定的违约金超过根据民法典第五百八十四条规定确定的损失的百分之三十的，一般可以认定为民法典第五百八十五条第二款规定的"过分高于造成的损失"。当事人主张约定的违约金过高请求予以适当减少的，应当承担举证责任；相对人主张违约金约定合理的，也应提供相应的证据。

3.《电力供应与使用条例》(自 1996 年 9 月 1 日起施行,2019 年 3 月 2 日第二次修订)

第二十七条 供电企业应当按照国家核准的电价和用电计量装置的记录,向用户计收电费。

用户应当按照国家批准的电价,并按照规定的期限、方式或者合同约定的办法,交付电费。

第三十九条 违反本条例第二十七条规定,逾期未交付电费的,供电企业可以从逾期之日起,每日按照电费总额的 1‰至 3‰加收违约金,具体比例由供用电双方在供用电合同中约定;自逾期之日起计算超过 30 日,经催交仍未交付电费的,供电企业可以按照国家规定的程序停止供电。

第四十一条 违反本条例第三十一条规定,盗窃电能的,由电力管理部门责令停止违法行为,追缴电费并处应交电费 5 倍以下的罚款;构成犯罪的,依法追究刑事责任。

4.《供电营业规则》(自 2024 年 6 月 1 日起施行)

第八十八条 对月用电量较大的用户,供电企业可以按照用户月电费确定每月分若干次收费,并于抄表后结清当月电费。收费次数由供电企业与用户协商确定,一般每月不少于三次。对于银行划拨电费的,供电企业、用户、银行三方应当签订电费划拨和结清的协议书。

供用双方改变开户银行或账号时,应当及时通知对方。

第一百条 用户在供电企业规定的期限内未交清电费时,应当承担电费滞纳的违约责任。电费违约金从逾期之日起计算至交纳日止。每日电费违约金按照下列规定计算,双方另有约定的除外:

(一)居民用户每日按照欠费总额的千分之一计算;

(二)其他用户:

1. 当年欠费部分,每日按照欠费总额的千分之二计算;

2. 跨日历年欠费部分,每日按照欠费总额的千分之三计算。

电费违约金收取总额按照日累加计收。

第一百零一条　供电企业对用户危害供用电安全、扰乱正常供用电秩序等行为应当及时予以制止。用户有下列违约用电行为的，应当承担相应的责任，双方另有约定的除外：

（一）在电价低的供电线路上，擅自接用电价高的用电设备或私自改变用电类别的，应当按照实际使用日期补交其差额电费，并承担二倍差额电费的违约使用电费。使用起讫日期难以确定的，实际使用时间按照三个月计算；

（二）私增或更换电力设备导致超过合同约定的容量用电的，除应当拆除私增容设备外，属于两部制电价的用户，应当补交私增设备容量使用月数的容（需）量电费，并承担不高于三倍私增容量容（需）量电费的违约使用电费；其他用户应当承担私增容量每千瓦（千伏安视同千瓦）五十元的违约使用电费。如用户要求继续使用者，按照新装增容办理；

（三）擅自使用已在供电企业办理减容、暂拆手续的电力设备或启用供电企业封存的电力设备的，应当停用违约使用的设备；属于两部制电价的用户，应当补交擅自使用或启用封存设备容量和使用月数的容（需）量电费，并承担不高于二倍补交容（需）量电费的违约使用电费；其他用户应当承担擅自使用或启用封存设备容量每次每千瓦（千伏安视同千瓦）三十元的违约使用电费，启用属于私增容被封存的设备的，违约使用者还应当承担本条第二项规定的违约责任；

（四）私自迁移、更动和擅自操作供电企业的电能计量装置、电能信息采集装置、电力负荷管理装置、供电设施以及约定由供电企业调度的用户受电设备者，属于居民用户的，应当承担每次五百元的违约使用电费；属于其他用户的，应当承担每次五千元的违约使用电费；

（五）未经供电企业同意，擅自引入（供出）电源或将备用电源和其他电源私自并网的，除当即拆除接线外，应当承担其引入（供出）或并网电源容量每千瓦（千伏安视同千瓦）五百元的违约使用电费。

第一百零四条 供电企业对查获的窃电者，应当予以制止并按照本规则规定程序中止供电。窃电用户应当按照所窃电量补交电费，并按照供用电合同的约定承担不高于应补交电费三倍的违约使用电费。拒绝承担窃电责任的，供电企业应当报请电力管理部门依法处理。窃电数额较大或情节严重的，供电企业应当提请司法机关依法追究刑事责任。

三、要点简析

1. 电费违约金、违约使用电费、罚款、滞纳金的概念

因名称问题导致用户和供电企业的电费纠纷亦不鲜见，深圳、上海均有此类案例。

电费违约金。电费违约金是指用户未能履行供用电双方签订的供用电合同，未在规定的期限内交清电费，而承担的电费滞纳的违约责任。电费违约金从逾期之日起计算至缴纳日止。根据《供电营业规则》，每日电费违约金计算规则为：居民用户每日按欠费总额的千分之一计算。其他用户当年欠费部分，每日按欠费总额的千分之二计算；跨年度欠费部分，每日按欠费总额的千分之三计算。电费违约金收取总额按日累加计收。

违约使用电费。违约使用电费是指用户违章用电所承担的违约责任，由供电企业根据违章行为的性质分别按补收电费的 2 至 3 倍，或按容量乘规定单价，或按规定金额收取违约使用电费，不是电费收入，而是供电企业的营业外收入。违章行为分为违约用电、窃电，其中根据《供电营业规则》，违约用电行为包括：高价低接或私自改变用电类别、私自超容用电、擅自超计划分配用电指标、擅自使用已暂停的电力设备或启用封存的电力设备、私自迁移更动和擅自操作供电企业设备、擅自引入（供出）电源或将备用电源和其他电源私自并网。

罚款。罚款是指强制违法行为人在一定期限内向国家缴纳一定数量货币

而使其遭受一定经济利益损失的处罚形式，属于行政处罚中的一种处罚方式。

滞纳金。滞纳金可作为行政管理的有效手段，主要适用于税收领域，但不限于此。滞纳金是由国家法律、法规明文规定的款项，个人和其他团体都无权私自设立，其征收是由国家强制力保障实施的，是对超过规定的期限缴款而采取的惩罚性的措施。《中华人民共和国电力法》和《电力供应与使用条例》无"滞纳金"的提法，仅在《供电营业规则》第一百条"用户在供电企业规定的期限内未交清电费时，应承担电费滞纳的违约责任"中，有"滞纳"的提法，这里的电费滞纳违约责任实际上是《中华人民共和国民法典》中规定的迟延履行的违约金。

2. 电费违约金、违约使用电费的性质

电费违约金与违约使用电费均在《供电营业规则》有明确规定，此外《电力供应与使用条例》也提到了电费违约金的收取比例，凡法律规定的违约金称为法定违约金，因此电费违约金与违约使用电费均为法定违约金。

需要注意的是，《供电营业规则》的法律性质为部门规章，在其与上位法不冲突的情况下，可参照使用。尽管《供电营业规则》在供用电管理中发挥着重要的作用，但由于《供电营业规则》的效力层次较低，到了司法审判中往往不能成为法院裁判的法律依据。此外，《电力供应与使用条例》虽有电费违约金的规定，但该条款不是法律、法规强制性规定，是否收取电费违约金，取决于供用电双方意愿，且订立合同时，违约金收取比例需按照其规定范围。

3. 违约金过高可以向法院申请调整

本节案例 4 中，某供电公司（供电人）与某矿业公司（用电人）在供用电合同中明确约定了逾期交付电费的违约金，当年欠费部分的每日按欠交额的千分之二，跨年度欠费部分的每日按欠交额的千分之三计付，该约定完全符合《电力供应与使用条例》第三十九条、《供电营业规则》第一百条之规定，既符合法定，又有供用电合同条款明确约定，供电人按合同约定计算的违约金数额未获得法院的全额支持是因为，电费违约金的金额除应符合

《电力供应与使用条例》《供电营业规则》相关规定及供用电合同约定外，还应接受《中华人民共和国民法典》的调整，约定的违约金过分高于造成的损失的，当事人可以请求人民法院或者仲裁机构予以适当减少。本案 5700 余万的电费本金，按合同约定应产生 360 余万的电费违约金，虽然未超过《中华人民共和国民法典》《全国法院贯彻实施民法典工作会议纪要》所述的 30%，但法院综合各方因素，根据公平原则和诚实信用原则衡量违约金的数额，作出了按照同期银行贷款利率四倍计算违约金的判决。

需要说明的是，本案的供用电合同签订于 2016 年之前，合同条款中对违约金的约定还是按照原《供电营业规则》第九十八条确定的。2016 年后，国家电网公司同一版本的供用电合同，对电费违约金作出了"累计不超过造成损失的百分之三十"的限定，更符合《中华人民共和国民法典》的精神。2022 年版本的供用电合同又对该条款调整，删除了"累计不超过造成损失的百分之三十"的限定。

4. 法院一般不主动调整违约金

值得注意的是，违约金的下调或上调应依据当事人的请求作出。如果当事人无异议，法院一般不主动下调违约金。如文后参考案例，法院即全额支持电费违约金按照合同约定计收。对一些欠费额度本身不大的案件，法院也不一定完全按照"当事人约定的违约金超过造成损失的百分之三十"即是"过分高于造成的损失"，也可以认为供用电双方签订的供用电合同关于违约金的比例是双方协商约定的内容，属于真实意思的表示，且并不违反相关的法律法规，无须调整。

5. 主张不计算与要求下调不同

当事人若主张不应计算违约金，该诉求明显违背了供用双方的合同约定，以及《电力供应与使用条例》《供电营业规则》相关法律规章，法院一般不予支持。同时，若当事人未申请下调，那么法院一般也不会主动下调违约金，如本节案例 2 中，法院驳回被告不计算违约金的诉求，判决被告按合同约定支付电费及违约金。

四、管理建议

1. 严格执行电费违约金、违约使用电费制度

供电企业对未在规定期限内缴纳电费的客户，小到普通居民的几元几角，大到企、事业单位的几千几万，都应严格按照规定收取电费违约金，通过经济杠杆让客户了解到欠费所付出的代价远远大于银行贷款利息，拖欠电费必须付出代价，彻底消除客户"欠费有利"的思想，从而促进电费按时回收。在内部管理上，要在所有客户违约金全部纳入营销系统管理的基础上，加强违约金减免的审批把关，要求各基层班组准确、详细地填写违约金减免理由，避免随意减免电费违约金。

2. 严格按合同约定计收违约金

国家电网公司供用电合同范本关于"违约金计收金额累计不超过造成损失的百分之三十"的规定存在不同版本的调整，即 2016 年至 2021 年版本存在此条规定，2022 年版本已将该条删除。为了避免供用电合同纠纷，供电企业一是要做好内部业务宣贯，及时替换旧版本合同，使用最新版本的供用电合同新签用户；二是对于存量用户，根据原合同到期时间，分批分次，平稳有序安排最新版本合同续签工作；三是在老版本合同执行过程中，注意违约金计收准确性，严格落实"违约金计收金额累计不超过造成损失的百分之三十"的规定，按照千分之一至千分之三的违约金计算比例，逾期欠费 100 至 300 天，将达到本金的 30%，继续逾期将不再产生额外的违约金。一般情况下，因为欠费逾期超 30 天，就会采取欠费停电措施，电费违约金计收金额达到封顶的情况较为少见。但要关注经营不善、面临倒闭的企业，避免合同纠纷。

3. 明确约定违约金违约使用电费条款

"先用电、后付费"的电费交易方式对供电企业造成极大的电费回收风险。在供用电合同中预先约定违约金条款，可以促使用电人及时缴纳电费。

虽然供用电合同中约定的违约金计收金额可能被法院调整，但这也恰恰说明了供用电合同的极端重要性。如果供用电双方未签供用电合同或者合同中对违约金的约定不明，则电费回收的风险更大。

4. 多措并举防范电费风险

各级供电企业除在供用电合同中约定电费违约金外，还应采取其他有效措施防范电费风险。一是对于用电量较大的用户，应充分运用《供电营业规则》第八十八条之规定，做好分次结算工作。二是对于经常欠缴电费的用户，争取将用户欠费信息及时纳入社会征信体系，借助征信系统的威慑作用和限制，促进用户及时交清电费。三是一旦发现用户经营状况不佳，应及时分析对策，制订催费策略，必要时应主动提起法律诉讼，维护自身的合法权益。

第二节　破产重整企业所欠电费应及时申报债权

一、案例简介

案例1：已进入破产清算程序，不得直接以提起诉讼的方式主张

案号：（2021）粤 2072 民初 1268 号

原告某供电局诉请法院，请求被告某公司支付所欠 2020 年 6 月至 8 月的电费本金合共 128606.77 元及 2019 年 9 月至 12 月期间拖欠电费所产生的违约金合计 12177.05 元。

法院认为，原告于 2021 年 1 月 28 日提起本案诉讼，在被告某公司已于 2020 年 11 月 18 日进入破产清算程序且已被指定某律师事务所为破产管理人的情况下，原告对于本案主张的电费和违约金可以在申报期限内向破产管理人某律师事务所申报债权的方式主张，原告直接以提起诉讼的方式主张，应予驳回。判决驳回原告起诉。

案例2：已登记的电费债权，不得另行起诉主张

案号：（2015）鄂郧西民初字第 01178 号、（2015）鄂十堰中民三终字第

00638 号

原告某供电公司诉请法院，请求某矿业投资开发经营部（被告）支付所欠电费 817717.37 元及违约金。一审法院认为，被告已进入破产清算程序，供电公司对破产财产提起的个别清偿诉讼，不予受理。裁定驳回原告起诉。原告以被告与申请破产的某实业有限公司是两个不同的独立法人为由，提起上诉。二审法院认为，已发生法律效力的裁定确认某矿业投资开发经营部的全部资产属于某实业有限公司的破产财产。裁定驳回上诉，维持原裁定。

案例 3：已申报债权，不得另行起诉主张

案号：（2014）延民初字第 3110 号

原告某供电公司与被告某食品公司于 2012 年 11 月 2 日签订一份《高压供用电合同》。合同订立后，原告依约向被告供电，但被告于 2014 年 3 月开始拖欠电费，原告经催收无果，2014 年 5 月 5 日停止向被告供电。截至 2014 年 6 月 24 日，被告共拖欠电费 218358.78 元，违约金为 19743.76 元。原告诉请法院要求被告支付电费及违约金。

法院认为，被告已向法院申请重整。原告已向管理人申报债权并已经登记，管理人将依据法律相关规定对原告的债权进行审查，原告如对相关审查结果有异议，仍可提起破产债权确认诉讼。裁定驳回原告起诉。

二、关键法条

1.《中华人民共和国民法典》(自 2021 年 1 月 1 日起施行)

第五百二十七条　应当先履行债务的当事人，有确切证据证明对方有下列情形之一的，可以中止履行：

（一）经营状况严重恶化；

（二）转移财产、抽逃资金，以逃避债务；

（三）丧失商业信誉；

（四）有丧失或者可能丧失履行债务能力的其他情形。

当事人没有确切证据中止履行的，应当承担违约责任。

第五百二十八条 当事人依据前条规定中止履行的，应当及时通知对方。对方提供适当担保的，应当恢复履行。中止履行后，对方在合理期限内未恢复履行能力且未提供适当担保的，视为以自己的行为表明不履行主要债务，中止履行的一方可以解除合同并可以请求对方承担违约责任。

2.《中华人民共和国企业破产法》(自 2007 年 6 月 1 日起施行)

第二条 企业法人不能清偿到期债务，并且资产不足以清偿全部债务或者明显缺乏清偿能力的，依照本法规定清理债务。

企业法人有前款规定情形，或者有明显丧失清偿能力可能的，可以依照本法规定进行重整。

第十二条 人民法院裁定不受理破产申请的，应当自裁定作出之日起五日内送达申请人并说明理由。申请人对裁定不服的，可以自裁定送达之日起十日内向上一级人民法院提起上诉。

人民法院受理破产申请后至破产宣告前，经审查发现债务人不符合本法第二条规定情形的，可以裁定驳回申请。申请人对裁定不服的，可以自裁定送达之日起十日内向上一级人民法院提起上诉。

第十八条 人民法院受理破产申请后，管理人对破产申请受理前成立而债务人和对方当事人均未履行完毕的合同有权决定解除或者继续履行，并通知对方当事人。管理人自破产申请受理之日起二个月内未通知对方当事人，或者自收到对方当事人催告之日起三十日内未答复的，视为解除合同。

管理人决定继续履行合同的，对方当事人应当履行；但是，对方当事人有权要求管理人提供担保。管理人不提供担保的，视为解除合同。

第四十二条 人民法院受理破产申请后发生的下列债务，为共益债务：

（一）因管理人或者债务人请求对方当事人履行双方均未履行完毕的合同所产生的债务；

（二）债务人财产受无因管理所产生的债务；

（三）因债务人不当得利所产生的债务；

（四）为债务人继续营业而应支付的劳动报酬和社会保险费用以及由此产生的其他债务；

（五）管理人或者相关人员执行职务致人损害所产生的债务；

（六）债务人财产致人损害所产生的债务。

第四十三条　破产费用和共益债务由债务人财产随时清偿。

债务人财产不足以清偿所有破产费用和共益债务的，先行清偿破产费用。

债务人财产不足以清偿所有破产费用或者共益债务的，按照比例清偿。

债务人财产不足以清偿破产费用的，管理人应当提请人民法院终结破产程序。人民法院应当自收到请求之日起十五日内裁定终结破产程序，并予以公告。

第四十四条　人民法院受理破产申请时对债务人享有债权的债权人，依照本法规定的程序行使权利。

第四十八条　债权人应当在人民法院确定的债权申报期限内向管理人申报债权。

债务人所欠职工的工资和医疗、伤残补助、抚恤费用，所欠的应当划入职工个人账户的基本养老保险、基本医疗保险费用，以及法律、行政法规规定应当支付给职工的补偿金，不必申报，由管理人调查后列出清单并予以公示。职工对清单记载有异议的，可以要求管理人更正；管理人不予更正的，职工可以向人民法院提起诉讼。

第一百零八条　破产宣告前，有下列情形之一的，人民法院应当裁定终结破产程序，并予以公告：

（一）第三人为债务人提供足额担保或者为债务人清偿全部到期债务的；

（二）债务人已清偿全部到期债务的。

第一百一十三条　破产财产在优先清偿破产费用和共益债务后，依照下列顺序清偿：

（一）破产人所欠职工的工资和医疗、伤残补助、抚恤费用，所欠的应当划入职工个人账户的基本养老保险、基本医疗保险费用，以及法律、行政法规规定应当支付给职工的补偿金；

（二）破产人欠缴的除前项规定以外的社会保险费用和破产人所欠税款；

（三）普通破产债权。

破产财产不足以清偿同一顺序的清偿要求的，按照比例分配。

破产企业的董事、监事和高级管理人员的工资按照该企业职工的平均工资计算。

3.《最高人民法院关于适用〈中华人民共和国企业破产法〉若干问题的规定（二）》

第二十一条 破产申请受理前，债权人就债务人财产提起下列诉讼，破产申请受理时案件尚未审结的，人民法院应当中止审理：

（一）主张次债务人代替债务人直接向其偿还债务的；

（二）主张债务人的出资人、发起人和负有监督股东履行出资义务的董事、高级管理人员，或者协助抽逃出资的其他股东、董事、高级管理人员、实际控制人等直接向其承担出资不实或者抽逃出资责任的；

（三）以债务人的股东与债务人法人人格严重混同为由，主张债务人的股东直接向其偿还债务人对其所负债务的；

（四）其他就债务人财产提起的个别清偿诉讼。

债务人破产宣告后，人民法院应当依照企业破产法第四十四条的规定判决驳回债权人的诉讼请求。但是，债权人一审中变更其诉讼请求为追收的相关财产归入债务人财产的除外。

债务人破产宣告前，人民法院依据企业破产法第十二条或者第一百零八条的规定裁定驳回破产申请或者终结破产程序的，上述中止审理的案件应当依法恢复审理。

第二十三条 破产申请受理后，债权人就债务人财产向人民法院提起本规定第二十一条第一款所列诉讼的，人民法院不予受理。

三、要点简析

1. 对已申请破产用户的陈欠电费不能提起个别清偿诉讼

根据《最高人民法院关于适用〈中华人民共和国企业破产法〉若干问题的规定（二）》第二十一、二十三条，破产申请受理后，债权人就债务人财产向人民法院提起个别清偿诉讼的，人民法院不予受理。本节案例 1 中，供电公司的电费债权已经向管理人申报并登记，符合人民法院不予受理的条件，因此被法院裁定驳回，案件未进入实质审理。

2. 电费作为普通债权较难取得优先权

电费回收重在事先防范，一旦形成欠费，列入普通破产债权则回收无望。根据《中华人民共和国企业破产法》第一百一十三条，电费债权位列职工安置相关费用、社保及税金之后，与其他普通欠款属同一序列。根据该条"破产财产不足以清偿同一顺序的清偿要求的，按照比例分配"之规定，一旦电费作为普通债权列入比例分配，一般会因为破产人已无财产可执行而终结，或者即使有财产可供执行，兑现的比例也很低，对电费足额回收十分不利。而且法院破产执行程序复杂、耗时较长，往往对基层供电企业完成电费回收相关指标造成很大的被动。

3. 电费如能列入共益债务则享有优先权

根据《中华人民共和国企业破产法》第四十二、四十三条，因履行双方均未履行完毕的合同所产生的债务为共益债务，共益债务由债务人财产随时清偿。实务中，有个别供电公司在得知企业提起破产申请后，根据企业部分业务效益较好还需继续供电的特殊情况，及时向管理人提出催告，将电费作为双方未履行完毕的供用电合同的支出，列入共益债务，得以及时回收。

4. 不安抗辩权应行权有据并及时通知

不安抗辩权是指双方合同成立后，有先后履行顺序的，先履行的一方有确切证据表明另一方丧失履行债务能力时，在对方没有恢复履行能力或者没有提供担保之前，有权中止履行合同的权利。

根据《中华人民共和国民法典》第五百二十七条和五百二十八条，供电企业主动行使不安抗辩权应注意两点：一是要有确切的证据。供电方应证明对方存在经营状况严重恶化；转移财产、抽逃资金，以逃避债务；丧失商业信誉；有丧失或者可能丧失履行债务能力的其他情形。如果供电方没有确切证据就中止供电，则应当承担违约责任。根据《中华人民共和国企业破产法》第二条，如已知对方已提起破产重整申请，则可以作为对方可能丧失履行债务能力的证据，从而提起不安抗辩权。如果对方仅仅只是经常拖欠电费并多次产生违约金，则不能必然地证明对方有丧失或者可能丧失履行债务的能力。二是应履行通知义务。供电方作为先履行供电义务的一方，要中止供电前，不仅应按照《中华人民共和国民法典》第五百二十七条履行提起不安抗辩权的通知义务，而且因为供用电合同的特殊性，还应按照法律法规规定及供用电合同的约定，规范地履行中止供电的相关程序，满足提前3至7天送达停电通知书、24小时及停电前30分钟再通知等要求。此外，如果用户提供了适当的担保，则应及时恢复供电。

5. 已登记的电费债权，不得另行起诉主张

本节案例2中，某供电公司诉请某矿业投资开发经营部支付所欠电费及违约金，但被法院判定不予受理，驳回诉讼。这是因为该矿业投资开发经营部已进入破产清算程序，供电公司已向管理员登记电费债权，根据《最高人民法院关于适用〈中华人民共和国企业破产法〉若干问题的规定（二）》第二十一、二十三条，破产申请受理后，债权人就债务人财产向人民法院提起个别清偿诉讼的，人民法院不予受理。

此外，需要特别注意的是，供电公司是否登记电费债权，个别清偿诉讼均会被中止，如本节案例1中，某供电局诉请被告支付所欠电费及违约金，但被告已于该诉讼前进入破产清算程序且已被指定破产管理人，该情况下，电费和违约金可以在申报期限内向破产管理人申报，不得直接以提起诉讼的方式主张。

四、管理建议

1. 加强客户跟踪，及时掌握客户经营状况

从电费回收的角度，基层供电企业应借鉴供电所高、低压末端融合、建设"全能型"供电所的经验，充分关注用电检查职责与电费催收职责的融合。在农村供电所，要把日常电费回收作为"网格化+专业化"的运检、营销业务的一部分，列入对网格主任的考核。在运检、营销业务分开管理的城区，或者是由市公司客户中心单列管理的企业客户，建议各级供电公司把电费回收的指标分解到用电检查、业务勘察等相关岗位，以便及时掌握客户最新的真实生产状况，提高电费回收的主动性和应对能力。一旦发现客户有丧失履行债务能力的可能，即应谋划启动不安抗辩权等措施，保证电费回收。

2. 拓展电费分析渠道，加强量、价、费分析跟踪

一是要充分利用好各类系统。加强电费专业人员对用电采集等相关系统的应用、分析能力，加强客户量、价、费的跟踪，提高电费风险的辨识能力。二是加强客户电费风险信用评价。可借鉴部分供电企业的做法，依据客户的交费情况、欠费风险、信誉度等，建立客户电费回收风险等级库，将客户分为一星到五星五个电费回收风险等级，并每月根据客户缴费情况及电量电费进行更新，以增强电费风险防范能力，提高电费回收管控水平。国家电网公司系统推行客户缴费信息纳入社会征信系统的做法，也取得了较好的效果。

3. 充分运用诉讼策略，更好地实现电费债权

与电费回收相关的法律手段主要有行使不安抗辩权、及时催告管理人将电费列入共益债务、及时登记债权、及时取得执行相关裁定书等，每一项催费手段的行使都涉及较为专业的法律知识和实务，需要供电企业具体情况具体分析，针对不同的阶段采取不同的策略，以达到最好的回收效果。一是及时行使不安抗辩权。一旦发现用户生产经营状况不佳，应及时收集证据，按程序做好各步骤的书面通知，充分利用不安抗辩权中止供电，减少损失、促

进回收。二是争取列入共益债务。在用户已申请破产重整，还有恢复经营意愿或有接盘主体的情况下，建议及时履行催告义务，与债务人或管理人做好沟通，或者请相关政府部门介入，争取列入共益债务，优先支付电费。三是及时登记或提起诉讼。对已进入破产程序，重整无望的企业，应及时整理客户档案及欠费证据，申报电费债权，以便后续财务处理。实务中也有部分企业虽然已经营不善，但既不申请破产也不恢复生产，一走了之的情况，此时应及时启动诉讼程序和执行程序，确认电费债权及执行结果。

第三节　欠电费供电公司应依法催交并中止供电

一、案例简介

案例 1：因欠费中止供电不是解除或终止供用电合同行为

案号：（2016）桂民终 392 号

被告某供电公司向原告某煤矿供电，双方没有签订书面的供用电合同，但已形成实际上的供用电合同关系。被告从 2015 年 2 月起将支付电费期限定为每月的 25 日前。2016 年 1 月 24 日，被告向原告送达《缴费通知书》，请原告于当月 25 日前缴清电费。原告并未按照要求按时缴费，因此被告将《关于实施欠费停电的函》送达原告，要求原告根据停电时间和范围做好煤矿生产安全措施，及时撤离井下人员。同时，被告还向县政府请示，请求政府协助督促原告做好停电前的安全应对措施并督促其及时缴费，交清电费后将复电。2016 年 1 月 29 日，被告向原告送达《欠费停电确认书》后，于当日 13 时中止供电。原告诉称，因被告擅自停电，致使井下无法照明、抽风、抽水，所有采矿区全部被淹没，要求供电公司赔偿经济损失 38175970 元。

一审法院认为，原告没有按时缴纳电费，被告有权中止供电，且被告系中止供电，只要原告支付电费即恢复供电，该行为属于不安抗辩权的行使，不是解除或者终止供用电合同的行为，没有违约。另原告应自配备用电源，但原告对备用电源不进行维护，对停电后造成的损失持放任的态度，应自行承担该损失。判决驳回原告诉讼请求。二审法院驳回上诉，维持原判。

案例2：还款协议自愿签订，受胁迫的抗辩不受支持

案号：（2013）汴民初字第96号、（2014）豫法民三终字第38号

2010年12月21日，因肥某公司拖欠电费，供电公司与肥某公司签订一份协议，约定：自2010年4月至2010年11月期间，肥某公司欠供电公司电费6686686元。肥某公司承诺自2011年元月1日起不再拖欠电费，月结月清，在正常缴清电费的基础上，每月偿还原欠电费50万元，到2011年底还清所有电费。协议签订后，肥某公司未按约定还款，供电公司提起诉讼。

一审法院判决肥某公司限期偿还电费6686686元。肥某公司提出上诉，称2010年12月21日签订的协议不是双方当事人真实意思表示，而是在县领导强迫下的行为，应认定无效。肥某公司欠交电费是由于供电公司在2010年8月至10月间40天停了肥某公司11次电，且因供电公司未按照双方协议给肥某公司安装双回路供电线路，造成停电后企业无法生产，机器设备损坏、报废，给肥某公司造成了巨大损失。二审认为，用电人应当按照国家有关规定和当事人的约定及时交付电费，判决驳回上诉，维持原判。

案例3：欠费停电审批及通知程序到位，供电公司依法不承担责任

案号：（2015）长中民二初字第00064号、（2016）湘民终655号

2012年4月10日，某供电公司（供电人）与某矿业公司（用电人）签订了供用电合同，确立了供用电关系。截至2014年9月26日，矿业公司欠缴电费57204572.2元。由于矿业公司欠费越来越多，供电公司分别于2014年10月31日、11月7日、11月13日向矿业公司送达《关于要求湖南某矿业有限公司作好停电准备的通知》，告知矿业公司停电的时间，要求其作好停电准备。供电公司还在停电前将通知报送了县工业和信息化局、市经济和信息化委员会、国家能源局湖南监管办公室、湖南省人民政府国有资产监督管理委员会、湖南省煤炭管理局等单位。2014年11月20日，供电公司对矿业公司停电62分钟，造成矿业公司某煤矿矿井被淹。矿业公司诉至法院要

求判决当地县供电公司、市供电公司和省电力公司连带赔偿矿业公司损失8000万元。一审法院认为，某县供电公司停电理由充分，程序合法，不属侵权行为，驳回原告诉讼请求。二审维持原判。

案例4：欠费停电程序不到位引起的损失赔偿须举证

案号：（2019）藏01民终55号

2018年5月3日，供电公司依照纸业公司的申请，履行了恢复供电义务。因纸业公司未及时支付2018年5月所欠电费194699.2元，2018年6月4日，供电公司向纸业公司发出《欠费停电通知单》。纸业公司收取上述通知单后，并未按要求向供电公司支付电费，供电公司于6月7日15：30起中止向纸业公司供电。后根据政府文件规定的新电价，供电公司需向纸业公司加收5月份的电费补差价款共计5316.08元，再叠加6月基本电费60000元，同年6月底，供电公司又将6月电费明细账送至纸业公司，向纸业公司催要所拖欠电费。直至供电公司起诉，纸业公司未向供电公司提出过异议。

一审法院认为，供电公司和纸业公司间虽未签订书面供用电合同，根据查证的事实，可以认定双方之间构成事实供用电合同法律关系，双方均应严格依约履行各自的合同义务。判决纸业公司向供电公司支付所欠电费260015.28元。

二审法院认为，本案中纸业公司自2018年6月4日收到《欠费停电通知单》后未按指定时间交付电费，2018年6月7日15点30分供电公司中止供电，期间逾期交费时间并未超过30日，供电公司中止供电不符合规定程序。针对本次停电造成纸业公司的损失，供电公司应当根据纸业公司实际遭受的损失进行赔偿，纸业公司应当提交证据证明其因供电公司未按规定程序断电造成损失的具体数额。本案中纸业公司提交的证据不足以证明其实际所遭受的具体损失，故对其该项上诉主张法院不支持。另本案中供电公司中止供电造成整台变压器停止运行，故供电公司不应再收取基本电费60000元。判决纸业公司向供电公司支付所欠电费200015.28元

二、关键法条

1.《中华人民共和国民法典》（自 2021 年 1 月 1 日起施行）

第五百二十七条　应当先履行债务的当事人，有确切证据证明对方有下列情形之一的，可以中止履行：

（一）经营状况严重恶化；

（二）转移财产、抽逃资金，以逃避债务；

（三）丧失商业信誉；

（四）有丧失或者可能丧失履行债务能力的其他情形。

当事人没有确切证据中止履行的，应当承担违约责任。

第五百二十八条　当事人依据前条规定中止履行的，应当及时通知对方。对方提供适当担保的，应当恢复履行。中止履行后，对方在合理期限内未恢复履行能力且未提供适当担保的，视为以自己的行为表明不履行主要债务，中止履行的一方可以解除合同并可以请求对方承担违约责任。

六百五十二条　供电人因供电设施计划检修、临时检修、依法限电或者用电人违法用电等原因，需要中断供电时，应当按照国家有关规定事先通知用电人；未事先通知用电人中断供电，造成用电人损失的，应当承担赔偿责任。

第六百五十四条　用电人应当按照国家有关规定和当事人的约定及时支付电费。用电人逾期不支付电费的，应当按照约定支付违约金。经催告用电人在合理期限内仍不支付电费和违约金的，供电人可以按照国家规定的程序中止供电。

供电人依据前款规定中止供电的，应当事先通知用电人。

2.《中华人民共和国电力法》（自 1996 年 4 月 1 日起施行，2018 年 12 月 29 日第三次修正）

第二十九条　供电企业在发电、供电系统正常的情况下，应当连续向用户供电，不得中断。因供电设施检修、依法限电或者用户违法用电等原因，需要中断供电时，供电企业应当按照国家有关规定事先通知用户。

用户对供电企业中断供电有异议的，可以向电力管理部门投诉；受理投诉的电力管理部门应当依法处理。

3.《供电营业规则》（自 2024 年 6 月 1 日起施行）

第六十九条 在发供电系统正常情况下，供电企业应当连续向用户供应电力。

有下列情形之一的，事先通知用户后可以按照规定的程序中止供电：

（一）危害供用电安全，扰乱供用电秩序的；

（二）逾期未交付电费超过三十日，经催交在合理期限内仍未交付的；

（三）受电装置经检验不合格，在指定期间未改善的；

（四）用户注入电网的谐波电流超过标准，以及冲击负荷、非对称负荷等对电能质量产生干扰与妨碍，在规定限期内不采取措施的；

（五）拒不在限期内拆除私增用电容量的；

（六）拒不在限期内交付违约用电引起的费用的；

（七）违反安全用电、有序用电有关规定，拒不改正的；

（八）私自向外转供电力的。

有下列情形之一的，可立即中止供电：

（一）发生不可抗力和紧急避险的；

（二）发现确有窃电行为并已告知将中止供电的。

第七十条 除因故需要中止供电和可以立即中止供电的情形外，供电企业需对用户停止供电时，应当按照下列程序办理：

（一）在停电前三至七日内，将停电通知书送达用户，对重要用户的停电，应当将停电通知书报送同级电力管理部门；

（二）在停电前三十分钟，将停电时间再通知用户一次，方可在通知规定时间实施停电。

第七十一条 因故需要中止供电时，供电企业应当按照下列要求事先通知用户或公告：

（一）因供电设施计划检修需要停电时，应当提前七日通知用户或公告；

（二）因供电设施临时检修需要停止供电时，应当提前二十四小时通知重要用户或公告；

（三）发供电系统发生故障需要停电、限电或者计划限、停电时，供电企业应当按照批准的有序用电方案或限电序位执行，有序用电方案或限电序位应当事前公告用户。

4.《电力供应与使用条例》（自 1996 年 9 月 1 日起实施，2019 年 3 月 2 日第二次修订）

第二十七条　供电企业应当按照国家核准的电价和用电计量装置的记录，向用户计收电费。

用户应当按照国家批准的电价，并按照规定的期限、方式或者合同约定的办法，交付电费。

第三十九条　违反本条例第二十七条规定，逾期未交付电费的，供电企业可以从逾期之日起，每日按照电费总额的 1‰ 至 3‰ 加收违约金，具体比例由供用电双方在供用电合同中约定；自逾期之日起计算超过 30 日，经催交仍未交付电费的，供电企业可以按照国家规定的程序停止供电。

三、要点简析

1. 欠费停电不属于供电公司的违约行为

根据《中华人民共和国民法典》第六百五十四条，用电人应当按照国家有关规定和当事人的约定及时支付电费。用电人逾期不支付电费的，应当按照约定支付违约金。经催告用电人在合理期限内仍不支付电费和违约金的，供电人可以按照国家规定的程序中止供电。《供电营业规则》第六十九条第二点，拖欠电费超过三十日经通知催交仍不交者可以按照规定的程序中止供电。因此，用电人在不及时支付电费时，供电人有向用电人中止供电的权力。本节案例 1 中，煤矿公司没有按时向供电公司支付电费，供电公司按程序向煤矿公司采取中止供电的行为合情合理合法。

2. 欠费停电也要履行通知义务

根据《中华人民共和国电力法》第二十九条及《中华人民共和国民法典》六百五十二条的规定，因供电设施检修、依法限电或者用户违法用电等原因，供电人在中断供电时，需要按照国家有关规定事先通知用电人。《供电营业规则》第六十九、七十条规定，对拖欠电费经通知催交仍不交者的中止供电，应当按照程序提前三至七天送达停电通知，停电前 30 分钟再通知一次。本节案例 3 中，供电公司停电前已向县政府请示，并分别于 2016 年 1 月 24 日、1 月 25 日、1 月 28 日分别将停电通知送达矿业公司，并于 2016 年 1 月 29 日当天向矿业公司送达《欠费停电确认书》，供电公司已经给矿业公司合理的期限，且多次通知，已经履行了事先通知的义务，符合法律规定的供电人中止供电的条件。

3. 正确应用不安抗辩权催收电费

不安抗辩权是指双方合同成立后，有先后履行顺序的，先履行的一方有确切证据表明另一方丧失履行债务能力时，在对方没有恢复履行能力或者没有提供担保之前，有权中止履行合同的权利。

根据《中华人民共和国民法典》第五百二十七、五百二十八条，供电企业主动行使不安抗辩权应注意两点：一是要有确切的证据。供电方应证明对方存在经营状况严重恶化；转移财产、抽逃资金，以逃避债务；丧失商业信誉；有丧失或者可能丧失履行债务能力的其他情形。如果供电方没有确切证据就中止供电，则应当承担违约责任。二是应履行通知义务。供电方作为先履行供电义务的一方，要中止供电前，不仅应按照《中华人民共和国民法典》第五百二十七条履行提起不安抗辩权的通知义务，而且因为供用电合同的特殊性，还应按照法律法规规定及供用电合同的约定，规范地履行中止供电的相关程序，满足提前 3 至 7 天送达停电通知书、24 小时及停电前 30 分钟再通知等要求。此外，如果用户提供了适当的担保，则应及时恢复供电。

根据《电力供应与使用条例》第三十九条"自逾期之日起计算超过 30 日，经催交仍未交付电费的，供电企业可以按照国家规定的程序停止供电"，常规情况下自逾期之日起计算超过 30 日才可停止供电，如本节案例 4，法院认为纸业公司自 2018 年 6 月 4 日收到《欠费停电通知单》后未按指定时间交付电费，2018 年 6 月 7 日 15 点 30 分供电公司中止供电，期间逾期交费时间并未超过 30 日，供电公司中止供电不符合规定程序，因此供电公司应当根据纸业公司实际遭受的损失进行赔偿。但也存在不同判定，如本节案例 1 中，法院认为《电力供应与使用条例》中的"停止供电"，其法律含义是供用电合同的解除或者终止。本案中，供电公司系中止供电，只要煤矿公司支付电费即恢复供电，该行为属于不安抗辩权的行使，不是解除或者终止供用电合同的行为，不适用上述 30 天的规定。本节案例 1 的判决理由，值得其他供电企业处理同类案件时借鉴。

四、管理建议

1. 催费程序到位

按照《电力供应与使用条例》第三十九条、《供电营业规则》第六十九条及供用电合同相关约定自逾期之日起计算超过 30 日，经催交仍未交付电费的，供电企业应按下列程序办理停电手续：在停电前三至七天内，将停电通知书送达用户，对重要用户的停电，应将停电通知书报送同级电力管理部门；在停电前 30 分钟，将停电时间再通知用户一次，方可在通知规定时间实施停电。

本节案例表明，在催费程序到位、证据充分的情况下，法院对供电公司要求企业支付欠费的诉讼请求均给予支持。因此，供电企业必须按照《中华人民共和国电力法》以及相关其他业务规定，规范催费程序，做好催费人员专业话术培训。期间涉及的告知义务务必到位，满足不同情况下提前通知的时间要求。

2. 保留关键证据

主要有两大类证据可收集。一是电子信息类证据，如催费短信，催费电话的录音及停电 30 分钟前的电话通知。催费话术要规范、准确，并尽量使用普通话。二是纸质材料，如催缴通知单回执、欠费停电通知单采用人工送达的签字回执、欠费停电通知单采用公证送达的证明材料等。建议对存在明显欠费风险的用户，催费过程中涉及的各类表格、单据、签字材料均妥善保管，短信、电话等联系内容均录音、备份。

3. 规范供用电合同

一是严格按照国家电网公司、网省公司供用电合同范本规范填写合同内容，关键文件要严格审核，避免文字表述不清造成合同歧义或无效。二是合同、协议妥善保管，避免合同原件丢失的情况。特别是后期补签的各类协议，应及时纳入供电公司的营销档案系统，妥善保管。

4. 完善协议格式及内容

建议供电企业向保险、金融行业学习，在与用户签订供用电合同、电费分次结算协议、智能缴费协议、自备电源协议等合同文本时，在合同末尾增加"本人已充分阅读全部材料，充分了解并知晓该协议相关内容，愿意遵守协议的各项规则"的条款，并请客户抄录条款、签字确认。同时对协议内的关键内容，如违约金、违约用电纳入社会征信等条款，做标粗等明显显示，避免产生无效条款。

第四节　员工垫交电费追索权不受内部考核影响

一、案例简介

案例：员工垫交电费追索权不因奖金考核消失

案号：（2021）闽 0430 民初 412 号

吴某购买的某店面，向某供电公司申请装有两个电能表。2020 年，吴某 10 月、11 月电费及违约金共 2927.96 元拖欠未缴。饶某负责该片区的抄表收费工作。因供电公司对片区电工的抄表收费工作存在绩效考核原因，饶某对吴某所欠 2927.96 元电费予以垫交。后饶某多次向吴某催收无果，诉至法院。吴某辩称，其没有委托饶某垫付电费，饶某为了绩效奖金，自作主张代缴电费。

法院认为，饶某作为抄表收费人员，对所负责辖区的用户用电欠费进行垫缴，而阻止了继续产生违约损失，实为对欠费义务人有利，因此，吴某认为未委托饶某垫付欠费，系饶某为了绩效奖金自行垫付电费的抗辩，不能得到支持。判决吴某返还饶某垫付的电费 2927.96 元。

二、关键法条

《中华人民共和国民法典》（自 2021 年 1 月 1 日起施行）

第一百二十二条　因他人没有法律根据，取得不当利益，受损失的人有权请求其返还不当利益。

第五百二十四条　债务人不履行债务，第三人对履行该债务具有合法利益的，第三人有权向债权人代为履行；但是，根据债务性质、按照当事人约定或者依照法律规定只能由债务人履行的除外。

债权人接受第三人履行后，其对债务人的债权转让给第三人，但是债务人和第三人另有约定的除外。

第五百五十七条　有下列情形之一的，债权债务终止：

（一）债务已经履行；

（二）债务相互抵销；

（三）债务人依法将标的物提存；

（四）债权人免除债务；

（五）债权债务同归于一人；

（六）法律规定或者当事人约定终止的其他情形。

合同解除的，该合同的权利义务关系终止。

第九百八十七条　得利人知道或者应当知道取得的利益没有法律根据的，受损失的人可以请求得利人返还其取得的利益并依法赔偿损失。

三、要点简析

1. 垫交电费产生的原因

电力与其他商品相比，有其特殊性，供电企业往往先供给用户电力，再收取费用，所以极容易出现拖欠电费或者拒交电费的情况。电费回收作为供电企业经营的核心环节和主要收入来源，其回收质量、速度及风险防控一直以来都是供电企业重点关注内容。为了提高电费回收率，供电企业内部会对电费催收设立奖惩制度，对于未及时完成电费回收的相应工作人员有一定经济考核，与此同时最快完成回收工作的，会有一定经济奖励，这就促成电费催收人员为了不被绩效考核或者为了获得绩效奖金，而采取先垫付电费，后向用户催收电费的情况，如本节案例中，饶某为了绩效奖金而垫付电费。

2. 垫交电费的性质

根据《中华人民共和国民法典》第五百二十四条，债务人不履行债务，第三人对履行该债务具有合法利益的，第三人有权向债权人代为履行。本节案例中，吴某与供电企业签订供用电合同，吴某是缴纳电费的义务人，其欠费行为，属于债务人不履行债务的情况。饶某作为供用电合同双方之外的第三人，其垫付电费的行为，会获得一定绩效奖金，符合第三人对履行该债务具有合法利益的条件，因此垫交电费属于第三人向债权人代为履行。

3. 垫交后电费债权属于垫资人

根据《中华人民共和国民法典》第五百五十七条，债务已经履行，则债权债务终止。第五百二十四条，债权人接受第三人履行后，其对债务人的债权转让给第三人。因此，第三人清偿全部债务的，债务人免除其债务，合同双方债权债务终止，债的关系消灭。但第三人清偿后，在第三人与债务人之间还发生债的关系，其债权从原债权人转让到了第三人。如本节案例，饶某为吴某垫交欠费后，吴某与供电企业的债权关系消灭，对吴某的债权转让到了饶某，两者之间形成了债的关系。

4. 垫交电费可向用户主张偿还

供电企业为提高电费催收人员工作积极性，设立绩效考核机制，属于内部工作管理，是对催收人员工作成果的奖励，与垫交电费产生的债权不存在抵消。同时，催收人员为欠费用户垫付电费，成为该用户新债权人，无须取得该用户同意。此外，欠费用户若不偿还所垫费用，按照《中华人民共和国民法典》第一百二十二、九百八十七条，属于不当得利，受损失的人有权请求其返还不当利益。如本节案例，法院最终判定吴某返还饶某垫付的电费。

四、管理建议

1. 强化垫付电费风险管理

员工为了电费回收指标，为用户垫付电费的行为，易引发供电服务纠纷，面临巨大的法律风险及经济损失风险，同时在一定程度上扰乱正常电费管理秩序，影响供电企业对用电市场的评估分析。因此，垫付行为在管理过程中要坚决予以杜绝。供电企业应提高垫付电费危害性认知，超前防范垫付行为发生，将防范任务层层分解至具体岗位人员，将垫付电费套取绩效奖励的行为列入劳动合同约定或规章制度中。同时注重一线催收人员的培训宣贯，做好垫付电费风险教育，从思想源头上遏制此类行为。

2. 实事求是的考核机制

供电企业追求电费百分百回收，且因同业对标不断压缩回收时限的绩效考核，是供电员工垫付电费的主要原因之一。供电企业应重视基层电费回收现状与绩效考核之间的矛盾，结合实际，找准关键绩效指标，不断完善改进电费回收绩效考核模式，充分发挥电费管理考核的激励约束效能。

3. 积极推广线上缴费渠道

随着互联网应用日益普遍的情况下，交费渠道也不断拓宽，用户除了到线下营业厅或代缴点缴纳电费，还可以通过线上方式，如网上国网、电e宝、支付宝、微信、银行代扣、网银转账等。供电企业应当积极通过各类宣传、优惠活动等大力推广线上交费渠道，逐步培养客户线上缴费习惯，不断提高用户交费效率。此外，对于信用较低的用户，积极推广智能缴费，将用电结算模式改为先付费模式，降低电费回收风险，减少人工催费压力。

第五节　供电员工垫交电费应负责举证垫交事实

一、案例简介

案例1：供电公司员工个人刷卡垫交电费可向用户主张偿还

案号：（2016）桂0222民初971号

2015年3月6日，原告韦某为了不影响供电所电费回收，在被告某砖厂未交所欠电费的情况下，在银行用自己的银联卡刷卡消费代被告交了2015年2月份所欠的电费30023.79元，并代交了违约金300.24元，共计30324.03元。后经原告多次反复催讨，被告都未能清偿垫交的电费并于2015年3月初停产。原告诉至法院，要求被告偿还所欠电费。

法院认为，原告虽然没有法定的或者约定的义务，但是为了被告能够继续生产而为其垫交了2015年2月份所欠的电费，使自身的利益受损，而被告从中受益，这是无因管理的行为。原告为被告垫交的电费及违约金证据充足，被告与原告之间已形成债的法律关系。因此，判决被告于本判决生效之日起10日内偿还给原告人民币30324.03元。

案例2：供电公司员工个人垫交电费应举证垫交事实

案号：（2019）豫0425民初1668号

2010 年 8 月 9 日，某建设公司承包某住宅小区Ⅱ标段（5#、6#、7#、8#）。在工程施工期间，建设公司承包的小区工程项目部的主要工作人员杨某、张某分别于 2012 年 3 月 14 日及 2013 年 1 月 31 日，向国网某供电公司营销部台区经理谢某出具欠条一份，两次共欠电费 121542 元。建设公司认为电费的缴纳必须由供电公司收取，谢某作为自然人无权收取电费，此外建设公司并不拖欠谢某任何款项。谢某诉至法院要求建设公司支付欠款 121542 元及利息（按月息一分计算计算至款还完时止）。

法院认为，谢某提供的替建设公司垫交的供用电发票，能够与建设公司的杨某、张某出具的欠条相互印证，说明建设公司确实欠谢某电费，且该电是建设公司承包某住宅小区工程项目期间使用的电，故建设公司应当按照约定根据使用的电量缴纳电费。建设公司虽否认杨某和张某系建设公司的职工，但根据谢某提供的欠条、供用电发票、证人证言、录音及法院对证人的询问，可以佐证杨某和张某系建设公司的工作人员，且两人出具欠条的行为属于职务行为。按照某供电公司的行业规定，谢某已经替建设公司垫交电费，谢某的主体资格适格，建设公司应当向谢某支付电费 121542 元。对于谢某请求建设公司支付利息的诉讼请求予以支持，利息按照银行同期贷款利率计算为宜。判决建设公司支付给谢某电费 121542 元及利息。

二、关键法条

1.《中华人民共和国民法典》（自 2021 年 1 月 1 日起施行）

第五百二十四条 债务人不履行债务，第三人对履行该债务具有合法利益的，第三人有权向债权人代为履行；但是，根据债务性质、按照当事人约定或者依照法律规定只能由债务人履行的除外。

债权人接受第三人履行后，其对债务人的债权转让给第三人，但是债务人和第三人另有约定的除外。

第五百七十七条 当事人一方不履行合同义务或者履行合同义务

不符合约定的，应当承担继续履行、采取补救措施或者赔偿损失等违约责任。

第六百五十四条 用电人应当按照国家有关规定和当事人的约定及时支付电费。用电人逾期不支付电费的，应当按照约定支付违约金。经催告用电人在合理期限内仍不支付电费和违约金的，供电人可以按照国家规定的程序中止供电。

供电人依据前款规定中止供电的，应当事先通知用电人。

第九百七十九条 管理人没有法定的或者约定的义务，为避免他人利益受损失而管理他人事务的，可以请求受益人偿还因管理事务而支出的必要费用；管理人因管理事务受到损失的，可以请求受益人给予适当补偿。

管理事务不符合受益人真实意思的，管理人不享有前款规定的权利；但是，受益人的真实意思违反法律或者违背公序良俗的除外。

2.《中华人民共和国民事诉讼法》（自 1991 年 4 月 9 日起施行，2023 年 9 月 1 日第五次修订）

第六十七条 当事人对自己提出的主张，有责任提供证据。

当事人及其诉讼代理人因客观原因不能自行收集的证据，或者人民法院认为审理案件需要的证据，人民法院应当调查收集。

人民法院应当按照法定程序，全面地、客观地审查核实证据。

第六十八条 当事人对自己提出的主张应当及时提供证据。

人民法院根据当事人的主张和案件审理情况，确定当事人应当提供的证据及其期限。当事人在该期限内提供证据确有困难的，可以向人民法院申请延长期限，人民法院根据当事人的申请适当延长。当事人逾期提供证据的，人民法院应当责令其说明理由；拒不说明理由或者理由不成立的，人民法院根据不同情形可以不予采纳该证据，或者采纳该证据但予以训诫、罚款。

3.《中华人民共和国电力法》(自 1996 年 4 月 1 日起施行,2018 年 12 月 29 日第三次修正)

第三十三条 供电企业应当按照国家核准的电价和用电计量装置的记录,向用户计收电费。

供电企业查电人员和抄表收费人员进入用户,进行用电安全检查或者抄表收费时,应当出示有关证件。

用户应当按照国家核准的电价和用电计量装置的记录,按时缴纳电费;对供电企业查电人员和抄表收费人员依法履行职责,应当提供方便。

4.《电力供应与使用条例》(自 1996 年 9 月 1 日起施行,2019 年 3 月 2 日第二次修订)

第二十七条 供电企业应当按照国家核准的电价和用电计量装置的记录,向用户计收电费。用户应当按照国家批准的电价,并按照规定的期限、方式或者合同约定的办法,交付电费。

第三十九条 违反本条例第二十七条规定,逾期未交付电费的,供电企业可以从逾期之日起,每日按照电费总额的 1‰ 至 3‰ 加收违约金,具体比例由供用电双方在供用电合同中约定;自逾期之日起计算超过 30 日,经催交仍未交付电费的,供电企业以按照国家规定的程序停止供电。

📋 三、要点简析

1. 用户交电费的义务

电力用户享受供电服务的同时,也有承担缴纳电费的义务,根据《中华人民共和国民法典》第六百五十四条、《中华人民共和国电力法》第三十三条、《电力供应与使用条例》第二十七条和第三十九条的规定,用电人应按期缴纳电费,若逾期未交付电费的,应当按照约定支付违约金。经催告用电人在合理期限内仍不支付电费和违约金的,供电人可以按照国家规定的程序中止供电。

2. 第三人代为履行债务、追索权

根据《中华人民共和国民法典》第五百二十四条，债务人不履行债务，第三人对履行该债务具有合法利益的，第三人有权向债权人代为履行；债权人接受第三人履行后，其对债务人的债权转让给第三人。因此，第三人代为清偿全部债务的，第三人与债务人之间产生了新的债务关系。如本节案例1和案例2中，供电员工为用电人垫交欠费后，对用电人的债权转移到了垫付电费的供电员工身上，两者之间形成了新的债权关系。供电员工有权向用电人追索使其偿还所垫付的电费。

3. 应举证垫交事实

虽然供电员工垫付电费属于第三人代为履行债务，具有向债务人即用电人追索垫付电费的权利，但根据《中华人民共和国民事诉讼法》第六十七条规定，当事人对自己提出的主张，有责任提供证据，即垫付人对主张垫付电费的事实有举证的义务，若举证不能则承担不利法律后果。如本节案例2中，被告建设公司辩称欠条是杨某、张某出具，建设公司并不拖欠谢某任何款项。谢某提供了替建设公司垫交的供用电发票，能够与建设公司的杨某、张某出具的欠条相互印证，说明建设公司确实欠下谢某电费。同时建设公司虽否认杨某和张某系建设公司的职工，但谢某提供的欠条、供用电发票、证人证言、录音及法院对证人的询问，可以佐证杨某和张某系建设公司的工作人员，且两人出具欠条的行为属于职务行为，最终法院判定建设公司支付给谢某所垫付的电费及利息。

四、管理建议

1. 垫交后保证追索的流程建议

一是垫付电费前最好与用电人达成一致意见，明确垫付事由、金额及还款时限，同时将此类问题上报公司上级管理人员；二是做好证据收集及保存，并按照约定期限及时向用电人催收垫付欠款；三是若用电人迟迟不偿还欠款，要及时向法院起诉。

2. 做好证据收集及保存

一是垫付电费前，取得用电单位签字或盖章的欠条、还款协议；二是若为用电单位工作人员提出的垫付请求，需明确该人员与用电单位之间的职务关系；三是做好微信、短信等聊天记录，以及通话录音等垫付证据的收集；四是保留垫付电费的线上缴费记录或现金缴费的收据，以及该用电单位的电费发票复印件。

第六节　销户推定为已清电费垫付欠费无法主张

一、案例简介

案例1：销户推定为已结清电费，供电公司垫付的欠费无法主张

案号：（2021）湘1129民初193号

2015年6月10日，原告（供电公司）与被告（某公司）签订《高压供用电合同》，约定电费按月结算，结算时间为25日，被告应在26日内结清全部电费。自2016年1月以来，被告持续拖欠电费，累计欠付原告2016年1月至11月电费12607.5元及违约金54830.02元。被告已于2017年5月1日销户。被告辩称销户时已与原告结清电费，若未结清电费，原告不会予以销户。原告与被告多次协商未果，故诉至法院。

法院认为，本案为供用电合同纠纷。原告提交的客户信息统一视图截图显示被告于2017年5月1日供电已到期，即销户，法院依据《供电营业规则》第三十二条规定推定，被告已结清所有电费。原告提供的对账单未与被告进行核算确认，且无其他证据予以佐证，原告亦未在法院给予的庭审后一星期内向法院提交原告留存的被告的原始交费凭证及欠费情况。故关于原告诉请被告支付所欠电费12607.5元与逾期违约金54830.02元（暂计算至2020年11月30日）的诉讼请求，因证据不足，法院不予支持。

案例 2：电费未结清不能销户

案号：（2016）新 3227 民初 113 号

2015 年 11 月 23 日，被告（某公司）向原告（某供电公司）申请销户，原告因被告未缴清 2015 年 10 月至 11 月电费，未给被告办理销户。被告自 2015 年 12 月及以后未再用电，但由于未销户，每月仍产生基本电费 27000 元。被告认为 11 月已申请销户，原告未予以销户为原告过错，因此承认所欠的 83298 元电费，对于 11 月以后产生的基本电费不予认可。被告至今未缴清所有电费，故原告诉至法院请求被告支付 2015 年 10 月至 11 月所欠电费 83298 元及 2015 年 12 月至 2016 年 3 月所欠基本电费 108000 元（27000 元×4 个月），合计 191298 元。

法院认为，电费未结清不能销户，符合《供电营业规则》关于销户的规定。原被告双方签订的供用电合同及被告以往缴费情况，被告每月基本电费 27000 元属于事实。但被告向原告提交销户申请后，未产生电路电费、力调电费，故在此期间产生的基本电费，应按百分之五十收取，为（27000 元×3 个月）÷2=40500 元。因此判决被告支付给原告电费 123798 元（83298 元+40500 元）。

📋 二、关键法条

> 1. 《中华人民共和国民事诉讼法》（自 1991 年 4 月 9 日起施行，2023 年 9 月 1 日第五次修订）

第六十七条 当事人对自己提出的主张，有责任提供证据。

当事人及其诉讼代理人因客观原因不能自行收集的证据，或者人民法院认为审理案件需要的证据，人民法院应当调查收集。

人民法院应当按照法定程序，全面地、客观地审查核实证据。

第六十八条 当事人对自己提出的主张应当及时提供证据。

人民法院根据当事人的主张和案件审理情况，确定当事人应当提供的证据及其期限。当事人在该期限内提供证据确有困难的，可以向人民法院申请延长期限，人民法院根据当事人的申请适当延长。当事人逾期提供证据的，人民法院应当责令其说明理由；拒不说明理由或者理由不成立的，人民法院根据不同情形可以不予采纳该证据，或者采纳该证据但予以训诫、罚款。

2.《供电营业规则》（自 2024 年 6 月 1 日起施行）

第二十五条 用户减容分为永久性减容和非永久性减容，须向供电企业提出申请。供电企业应当按照下列规定办理：

（一）高低压用户均可以办理减容业务，自减容之日起，按照减容后的容量执行相应电价政策；高压供电的用户，减容应当是整台或整组变压器（含不通过受电变压器的高压电动机）的停止或更换小容量变压器用电，根据用户申请的减容日期，对非永久性减容的用电设备进行加封，对永久性减容的用户受电设备拆除电气连接；

（二）申请非永久性减容的，减容次数不受限制，每次减容时长不得少于十五日，最长不得超过两年；两年内恢复的按照减容恢复办理，超过两年的应当按照新装或增容办理；

（三）用户申请恢复用电时，容（需）量电费从减容恢复之日起按照恢复后的容（需）量计收；实际减容时长少于十五日的，停用期间容（需）量电费正常收取；非永久性减容期满后用户未申请恢复的，供电企业可以延长减容期限，但距用户申请非永久性减容时间最多不超过两年，超过两年仍未申请恢复的，按照永久性减容办理；

（四）申请永久性减容的，应当按照减容后的容量重新签订供用电合同；永久性减少全部用电容量的，按照销户办理；办理永久性减容后需恢复用电容量的，按照新装或增容办理。

第三十四条 用户销户，应当供电企业提出申请。供电企业应当按照下列规定办理：

（一）销户必须停止全部用电容量的使用；

（二）供用电双方结清电费；

（三）查验用电计量装置完好性后，拆除接户线和电能计量装置。

办完上述事宜，即完成销户，解除供用电关系。

第八十六条 容（需）量电费以月计算，但新装、增容、变更与终止用电当月的容（需）量电费，应当按照实用天数计算，每日按照全月容（需）量电费除以当月日历天数收取，日用电不足二十四小时的，按照一天计算。事故停电、检修停电、有序用电不扣减容（需）量电费。

三、要点简析

1. 什么是销户

销户指用户与供电企业解除供用电关系，取消用电户号。

2. 存在欠费无法销户

费用结清是用户销户流程中的重要一环，按照《供电营业规则》第三十四条第二款规定供用电双方结清电费是完成销户，解除供用电关系的前置条件。如本节案例 2 中，被告某公司向原告供电公司申请销户，因被告未缴清2015 年 10 月至 11 月电费，故原告未给被告办理销户，法院认为，电费未结清不能销户，符合供电营业规则销户的规定。

3. 销户推定为已结清电费，供电公司垫付的欠费无法主张

若供电公司为用户垫付电费，一旦用户完成销户，再来追溯垫付欠费将非常不利。如本节案例 1 中，被告某公司已销户，法院依据《供电营业规则》第三十四条规定推定，被告已结清所有电费，同时原告供电公司也未向法院提交留存的被告原始交费凭证及欠费情况等证据，因证据不足，法院关于供电公司垫付的欠费的主张不予支持。

4. 欠费不能销户所产生的容（需）量电费需全月计收

根据原《供电营业规则》第八十四条规定，"基本电费以月计算，但新

装、增容、变更与终止用电当月的基本电费，可按实用天数（日用电不足 24 小时的，按一天计算）每日按全月基本电费三十分之一计算"，即对于完成销户的当月，容（需）量电费仍然要按照实际用电天数按全月容（需）量电费折算计收，对于销户在途的包括因欠费无法完成销户的，容（需）量电费应全月计收。用户为了规避因销户在途或因欠费无法销户，导致容（需）量电费产生的问题，可以提前根据用户自身用电情况，先选择办理减容，将用电容量减至 315 千伏安以下。

四、管理建议

1. 电费未结清不能办理销户

本节案例 2 中，法院支持未结清电费不能销户的规定，同时也认为用户只需承担销户未用电期间百分之五十的基本电费，主要依据原《供电营业规则》第二十三条规定，"新装、增容用户，二年内不得申办减容或暂停。如确需继续办理减容或暂停的，减少或暂停部分容量的基本电费应按百分之五十计算收取"。但根据国家发展改革委新修订的《供电营业规则》，该规则已删除，因此自 2024 年 6 月 1 日起，出现欠费销户在途的情况，容（需）量电费应足额收取。供电企业要进一步强化基层业务人员业务培训，规范销户流程流转，严格按照规定程序办理销户手续，在业务受理时，核验用户往期欠费情况，做好业务办理流程、办理说明及注意事项告知。用户销户清算费用出账后，及时通过短信、电话方式提醒用户缴纳电费。用户电费长期未结清，不能继续向下流转销户流程。

2. 用电业务办理各环节相扣

供电企业若存在垫付电费的，应及时将垫付信息传递至营业窗口。受理人员在业务受理时，先查验该用户在营销系统内往期欠费信息，以及是否存在被垫付情况，对用户做好费用结清才能办理销户等注意事项的充分告知，并请用户在告知书上签字确认。销户清算费用出账后，及时将电费金额、户号、费用类型等传递至催费班组，组织工作人员做好销户用户催收工作，以免影响用户销户流程流转。

3. 垫付电费做好证据收集及保存

本节案例 1 中，法院不支持供电公司垫付欠费主张，一方面是该户已完成销户，原则上存在欠费无法办理销户；另一方面是供电公司对该户缴费凭证和欠费情况举证不力。因此，供电公司要严格落实电费催收管理，严格执行电费违约金制度、欠费停复电流程，做好催费过程相应记录留存。同时避免垫付电费，若确实存在垫付，要做好相关证据的收集及保存。

第七节　垫电费拉闸可能存在赔偿停电损失风险

📋 一、案例简介

案例：垫付电费后拉闸可能存在赔偿停电损失风险

案号：（2017）豫 01 民终 9391 号

2016 年 6 月 26 日，因原告杨某欠电费 31.36 元，被告某供电公司向其催款并在电表处张贴了催交电费通知单，原告未交费后，被告工作人员代其缴纳了所欠电费。2016 年 6 月底，原告发现催交电费通知单并发现电闸被关掉，认为停电系被告所为，停电致使冰箱及内部药品等物品受损。故原告诉至法院要求被告修复原告的冰箱或向原告赔偿损失 10000 元。

一审法院认为，现有证据虽不能证明电闸的关闭行为由被告方工作人员作出，但因维护问题被告负一定的法律责任。原告主张损失 10000 元，没有提供有效证据材料证明冰箱受损部分的价值及受损药品的名称和受损价值。停电发生后，原告一直未将电闸推上，对本应避免的损失，没有采取适当措施防止发生。综上，原告要求被告赔偿 10000 元损失无事实和法律依据，裁决驳回原告诉讼请求。二审维持原判。

二、关键法条

1.《中华人民共和国民事诉讼法》（自 1991 年 4 月 9 日起施行，2023 年 9 月 1 日第五次修订）

第六十七条　当事人对自己提出的主张，有责任提供证据。

当事人及其诉讼代理人因客观原因不能自行收集的证据，或者人民法院认为审理案件需要的证据，人民法院应当调查收集。

人民法院应当按照法定程序，全面地、客观地审查核实证据。

2.《中华人民共和国民法典》（自 2021 年 1 月 1 日起施行）

第五百九十一条　当事人一方违约后，对方应当采取适当措施防止损失的扩大；没有采取适当措施致使损失扩大的，不得就扩大的损失请求赔偿。

当事人因防止损失扩大而支出的合理费用，由违约方负担。

第六百五十四条　用电人应当按照国家有关规定和当事人的约定及时支付电费。用电人逾期不支付电费的，应当按照约定支付违约金。经催告用电人在合理期限内仍不支付电费和违约金的，供电人可以按照国家规定的程序中止供电。

供电人依据前款规定中止供电的，应当事先通知用电人。

3.《电力供应与使用条例》（自 1996 年 9 月 1 日起施行，2019 年 3 月 2 日第二次修订）

第二十七条　供电企业应当按照国家核准的电价和用电计量装置的记录，向用户计收电费。用户应当按照国家批准的电价，并按照规定的期限、方式或者合同约定的办法，交付电费。

第三十九条　违反本条例第二十七条规定，逾期未交付电费的，供电企业可以从逾期之日起，每日按照电费总额的 1‰至 3‰加收违约金，具体比例由供用电双方在供用电合同中约定；自逾期之日起计算超过 30 日，经催交仍未交付电费的，供电企业可以按照国家规定的程序停止供电。

4.《供电营业规则》（自 2024 年 6 月 1 日起施行）

第五十条 供电设施的运行维护管理范围，按照产权归属确定。产权归属不明确的，责任分界点按照下列各项确定：

（一）公用低压线路供电的，以电能表前的供电接户线用户端最后支持物为分界点，支持物属供电企业；

（二）10（6、20）千伏以下公用高压线路供电的，以用户厂界外或配电室前的第一断路器或第一支持物为分界点，第一断路器或第一支持物属供电企业；

（三）35 千伏以上公用高压线路供电的，以用户厂界外或用户变电站外第一基电杆为分界点，第一基电杆属供电企业；

（四）采用电缆供电的，本着便于维护管理的原则，分界点由供电企业与用户协商确定；

（五）产权属于用户且由用户运行维护的线路，以公用线路分支杆或专用线路接引的公用变电站外第一基电杆为分界点，专用线路第一基电杆属用户。

在电气上的具体分界点，由供用双方协商确定。

第七十条 除因故需要中止供电和可以立即中止供电的情形外，供电企业需对用户停止供电时，应当按照下列程序办理：

（一）在停电前三至七日内，将停电通知书送达用户，对重要用户的停电，应当将停电通知书报送同级电力管理部门；

（二）在停电前三十分钟，将停电时间再通知用户一次，方可在通知规定时间实施停电。

第七十二条 引起停电或限电的原因消除后，供电企业应当在二十四小时内恢复供电。不能在二十四小时内恢复供电的，供电企业应当向用户说明原因。

三、要点简析

1. 系统正常时供电企业可以停电的情形

根据《供电营业规则》第六十九条规定，在发供电系统正常情况下，供电企业应连续向用户供应电力。但是，有下列情形之一的，可以按照规定的程序中止供电：①危害供用电安全，扰乱供用电秩序的；②逾期未交付电费超过三十日，经催交在合理期限内仍未交付的；③受电装置经检验不合格，在指定期间未改善的；④用户注入电网的谐波电流超过标准，以及冲击负荷、非对称负荷等对电能质量产生干扰与妨碍，在规定限期内不采取措施的；⑤拒不在限期内拆除私增用电容量的；⑥拒不在限期内交付违约用电引起的费用的；⑦违反安全用电、计划用电有关规定，拒不改正的；⑧私自向外转供电力的。有下列情形之一的，可立即中止供电：①发生不可抗力和紧急避险的；②发现确有窃电行为并已告知将中止供电的。

本节案例中用电方存在拖欠电费行为，属于须经批准方可中止供电的情形。

2. 供电企业对欠费用户停电时应履行法定程序

根据《电力供应与使用条例》第三十九条、《供电营业规则》第七十条规定，对逾期未交清电费，且自逾期之日起计算超过 30 日，经催交仍未交清电费的，供电企业可以按照规定的程序停止供电。供电企业应在停电前三至七天内，将停电通知书送达用户，对重要用户的停电，应将停电通知书报送同级电力管理部门；在停电前 30 分钟，将停电时间再通知用户一次，方可在通知规定时间实施停电。

3. 未履行相关程序前，抄表员不应以拉闸的方式提醒用户缴费

根据《电力供应与使用条例》第三十九条，自逾期之日起计算超过 30 日，经催交仍未交付电费的，供电企业可以按照国家规定的程序停止供电。为尽快回收电费，部分供电公司工作人员往往在用户欠费不满 30 日前，就采取偷偷拉闸断电方式进行违规催费。国家电网有限公司低压供用电合同范本约定，计费电能表的出线端处为双方产权分界点，双方按其产权归属，各自承担运行维护等责任，因此供电公司对非正常拉闸断电引起的后果应当承担法律责任风险。

本节案例中，一审和二审法院均认为现有证据虽不能证明电闸的关闭行为由供电公司工作人员作出，但因电闸和电表处于开放状态，供电公司对涉案的电闸负有日常维护职责，对电闸的不正常关闭供电公司应当负有管理过失责任。但杨某要求供电公司修复冰箱或赔偿 10000 元损失无事实和法律依据，且停电发生后，杨某一直未将电闸推上，对本应避免的损失，没有采取适当措施防止发生。因此，杨某要求供电公司赔偿损失的主张，一审和二审法院不支持。也就是说，如果用户有确凿证据证明催费人员有拉闸且未按规定的程序履行通知义务，则供电公司应当承担原告因停电造成的损失。

四、管理建议

1. 严格停电报批管理

供电企业应针对不同电压等级、不同用户类型，详细制定欠费停电审批程序及操作流程，明确各环节重点事项及问题注意点，做好催费业务人员的定期宣贯及考试，确保基层业务人员应知尽知，严格履行欠费停电手续。在内部管理上应落实责任人，加强对欠费停电用户的掌握和控制，对逾期之日起计算超过 30 日不交或经催交仍未交的用户，可按规定发起欠费停电流程，经审批同意后方可实施停电。

2. 强化停电现场管理

经审批同意后，工作人员在欠费停电通知书发出之前，必须再次核实欠费，欠费停电通知书应由客户签收。对无法签收的通过公证或带回执的邮政公函等送达停电通知书。实施停电前 30 分钟应再通知客户一次，方可实施停电。停电后，工作人员应及时关注欠费停电客户交费情况，并做好电费结清后的送电准备，送电时间按照各供电企业内部业务规定，但最迟不能超过《供电营业规则》规定的 24 小时。如不能在规定时间内复电的，要及时向客户说明情况取得理解，避免客户投诉。

3. 加强不规范停电行为的考核

供电企业应加强电费催收全过程管理，建立电费催缴、欠费停复电业务规范性监督考核机制。不论客户大小，均应按规定严格履行欠费停复电程序及审批手续，凡未经审批同意，私自拉闸断电或先断电后报备的，以及在责任时间内没有及时送电等不规范行为，按考核制度落实处罚。

第八节　各类停电后容（需）量电费是否扣缴存在争议

一、案例简介

案例1：窃电数额应计算基本电费

案号：（2021）粤 01 民终 10046 号

2018 年 6 月 20 日，原告（供电公司）根据政府函件对违规超排的被告（某厂）采取现场停电措施，并当场向被告送达停电通知。2018 年 12 月 29 日，原告在现场例行检查时发现被告擅自开启电箱用电。原告报警并向被告送达客户违约用电、窃电通知书，但被告拒绝签收。原告诉请被告补交基本电费 138000 元，违约使用电费 276000 元，窃电电量电费 452171.33 元，违约使用电费 1356513.99 元，合计 2222685.32 元。

一审法院认为，被告对补交基本电费 138000 元无异议，予以支持。原告诉请的三倍违约使用电费过高，依据公平合理、等价有偿原则将原告主张的三倍违约金调整为一倍。

二审法院认为，对于违约用电行为是否构成窃电，已超出了本案民事诉讼的范围，本院不作审查认定。关于涉案补交基本电费，双方对涉案基本电费 138000 元无异议。关于违约使用电费确认问题，原告作为具有专业资格的电力供应企业，负有对用电设备设施安全及用电计量装置的准确性进行检查的义务，其在被告擅自用电后未及时排查发现并采取相应措施，亦存在日常管理疏漏，对造成对方违约用电长达六个多月，具有一定的过错。违约金调整为基本电费的一倍，符合公平原则。判决驳回上诉，维持原判。

案例2：应收基本电费未告知无法追缴

案号：（2021）冀04民终4233号

2018年4月27日与2020年9月24日，原告（供电公司）与被告（某公司）先后分别签订了两份高压供用电合同。2020年11月11日，原告发现被告存在"一址两户"漏交基本电费问题，经计算，认为被告应补交2008年8月8日至2020年11月11日基本电费合计113.22万元，并于12月12日向被告送达电费催缴通知书。后因被告未予缴纳，原告遂诉至一审法院。

一审法院认为，原告与被告分别签订了两份供用电合同，其中的供电变压器均在同一用电地址，原告在2020年9月24日签订合同时应当明知这一事实。原告作为供电部门，具有签订供用电合同及执行国家定价的主动权，但在2020年9月24日与被告签订合同时选择按照普通工业用电收取电度电价，未告知被告应交基本电费，也一直未向被告催收基本电费，直至2020年12月12日向被告送达电费催缴通知书。故被告在履行合同时对是否需要交基本电费并不清楚，原告也未提交证据证实此前已经告知被告应当缴纳基本电费。同时双方签订的《高压供用电合同》第十一条第二项第二款约定为格式条款，原告未履行提示或者说明义务，被告可以主张该条款不成为合同的内容。且原告计算补缴基本电费的时间始于2008年8月8日，未提供2018年4月27日前双方的供用电合同以证实其计算方法的合理性，故本案原告应承担举证不能的不利后果，判决驳回原告诉讼请求。

二审法院判决驳回上诉，维持原判。

案例3：按政府要求停电后基本电费无法追缴

案号：（2021）豫16民终3721号

2019年9月23日，原告（供电公司）与被告（某公司）签订高压供用电合同，双方合同约定电费采取电度电费+基本电费的形式。原告接到镇政府关于对"小散乱污"企业停业供电的通知，2020 年 8 月份之后，原告停止为被告提供电力服务。2020 年 8 月至 2021 年 1 月期间被告未向原告申请报停，亦未支付基本电费。故原告诉至法院，要求被告支付拖欠的基本电费及其违约金。

一审法院认为，供用电合同是供电人先供电，用电人后付费。原告停止为被告提供电力服务，违反了合同约定中止供电的事由，依据《中华人民共和国民法典》第五百二十六条规定，被告可以行使后履行抗辩权，有权拒绝支付停止供电期间的电费。判决驳回原告诉讼请求。

二审法院认为，原告主张的合同约定基本电费计价方式只是用电人用电后的费用如何计算问题，其能够收费的前提都必然建立在原告供电义务的正常履行之上。原告所称的供用电合同中关于"用电人减容、暂停和恢复用电按《供电营业规则》有关规定办理。事故停电、检修停电、计划限电不扣减基本电费"的描述，没有关于被告"报停义务"的内容，且原告也无充分证据佐证《供电营业规则》属于双方合同的组成部分。此外，原告基于镇政府的通知停止对被告的供电，仅涉及其对自身是否构成违约能否行使抗辩权的问题，并不能产生其停止供电后却仍然得以享有权利的后果。判决驳回上诉，维持原判。

案例 4：违规欠费停电不属于事故停电、检修停电、计划限电不扣减基本电费的情况

案号：（2019）藏 01 民终 55 号

2018 年 5 月 3 日，供电公司依照纸业公司的申请，履行了恢复供电义务，2018 年 5 月以目录电度电价 0.64 元/千瓦时计算，纸业公司共产生电费 194699.2 元。2018 年 5 月 22 日，自治区人民政府出台文件，要求自 2018 年 5 月 1 日起，按照工商业及其他用电为 0.73 元/千瓦时（10 千伏）的收费标准计收电费。根据文件规定，供电公司需向纸业公司加收 5 月份的电费补差价款共计 5316.08 元。因纸业公司对电价收费标准变化有异议未及时支付所欠电费，2018 年 6 月 4 日，供电公司向纸业公司发出《欠费停电通知单》，纸业公司收取上述通知单后，未按供电公司要求缴纳电费，供电公司于 6 月

7 日 15：30 起中止向纸业公司供电。同年 6 月底，纸业公司在未用电的情况下，供电公司按照文件规定应计收纸业公司基本电费金额为 60000 元，向纸业公司催要 6 月电费 65316.08 元。

一审法院认为，依法成立的合同受法律保护，判决纸业公司向供电公司支付所欠电费 260015.28 元。

二审法院认为，纸业公司自 2018 年 6 月 4 日收到《欠费停电通知单》后未按指定时间交付电费，2018 年 6 月 7 日 15 点 30 分供电公司中止供电，期间逾期交费时间并未超过 30 日，供电公司中止供电不符合规定程序。根据《供电营业规则》第八十四条规定，供电公司未按规定程序中止供电的情形并未包含在上述不扣减基本电费的范围之内，并且供电公司中止供电造成整台变压器停止运行，故供电公司不应再收取基本电费 60000 元。改判纸业公司向供电公司支付所欠电费 200015.28 元，驳回其他诉讼。

案例 5：欠费不能销户的基本电费按 50%收取

案号：（2016）新 3227 民初 113 号

2015 年 11 月 23 日，被告（某公司）向原告（某供电公司）申请销户，原告根据《供电营业规则》第三十二条规定，因被告未缴清 2015 年 10 月至 11 月电费，未给被告办理销户。被告自 2015 年 12 月及以后未再用电，但由于未销户，每月仍产生基本电费 27000 元。被告认为 11 月已申请销户，原告未予以销户为原告过错，因此承认所欠的 83298.4 元电费，对于 11 月以后产生的基本电费不予认可。被告至今未缴清所有电费，故原告诉至法院请求被告支付 2015 年 10 月至 11 月所欠电费 83298.4 元及 2015 年 12 月至 2016 年 3 月所欠基本电费 108000 元（27000 元×4 个月），合计 191298 元。

法院认为，电费未结清不能销户，符合供电营业规则销户的规定。原被告双方签订的供用电合同及被告以往缴费情况，被告每月基本电费 27000 元属于事实。但被告向原告提交销户申请后，未产生电路电费、力调电费，根据《供电营业规则》第二十三条规定，在此期间产生的基本电费，应按百分之五十收取，应为（27000 元×3 个月）÷2=40500 元。因此判决被告于本判决生效后十日内支付给原告电费 123798 元（83298 元+40500 元）。

二、关键法条

1.《中华人民共和国民法典》（自 2021 年 1 月 1 日起施行）

第四百九十六条　格式条款是当事人为了重复使用而预先拟定，并在订立合同时未与对方协商的条款。

采用格式条款订立合同的，提供格式条款的一方应当遵循公平原则确定当事人之间的权利和义务，并采取合理的方式提示对方注意免除或者减轻其责任等与对方有重大利害关系的条款，按照对方的要求，对该条款予以说明。提供格式条款的一方未履行提示或者说明义务，致使对方没有注意或者理解与其有重大利害关系的条款的，对方可以主张该条款不成为合同的内容。

第五百二十六条　当事人互负债务，有先后履行顺序，应当先履行债务一方未履行的，后履行一方有权拒绝其履行请求。先履行一方履行债务不符合约定的，后履行一方有权拒绝其相应的履行请求。

第六百四十八条　供用电合同是供电人向用电人供电，用电人支付电费的合同。

2.《供电营业规则》（自 2024 年 6 月 1 日起施行）

第二十五条　用户减容分为永久性减容和非永久性减容，须向供电企业提出申请。供电企业应当按照下列规定办理：

（一）高低压用户均可以办理减容业务，自减容之日起，按照减容后的容量执行相应电价政策；高压供电的用户，减容应当是整台或整组变压器（含不通过受电变压器的高压电动机）的停止或更换小容量变压器用电，根据用户申请的减容日期，对非永久性减容的用电设备进行加封，对永久性减容的用户受电设备拆除电气连接；

（二）申请非永久性减容的，减容次数不受限制，每次减容时长不得少于十五日，最长不得超过两年；两年内恢复的按照减容恢复办理，超过两年的应当按照新装或增容办理；

（三）用户申请恢复用电时，容（需）量电费从减容恢复之日起按照恢复后的容（需）量计收；实际减容时长少于十五日的，停用期间容（需）量电费正常收取；非永久性减容期满后用户未申请恢复的，供电企业可以延长减容期限，但距用户申请非永久性减容时间最多不超过两年，超过两年仍未申请恢复的，按照永久性减容办理；

（四）申请永久性减容的，应当按照减容后的容量重新签订供用电合同；永久性减少全部用电容量的，按照销户办理；办理永久性减容后需恢复用电容量的，按照新装或增容办理。

第三十四条 用户销户，须向供电企业提出申请。供电企业应当按照下列规定办理：

（一）销户必须停止全部用电容量的使用；

（二）供用电双方结清电费；

（三）查验用电计量装置完好性后，拆除接户线和电能计量装置。

办完上述事宜，即完成销户，解除供用电关系。

第八十六条 容（需）量电费以月计算，但新装、增容、变更与终止用电当月的容（需）量电费，应当按照实用天数计算，每日按照全月容（需）量电费除以当月日历天数收取，日用电不足二十四小时的，按照一天计算。事故停电、检修停电、有序用电不扣减容（需）量电费。

第一百零一条 供电企业对用户危害供用电安全、扰乱正常供用电秩序等行为应当及时予以制止。用户有下列违约用电行为的，应当承担相应的责任，双方另有约定的除外：

（一）在电价低的供电线路上，擅自接用电价高的用电设备或私自改变用电类别的，应当按照实际使用日期补交其差额电费，并承担二倍差额电费的违约使用电费。使用起讫日期难以确定的，实际使用时间按照三个月计算；

（二）私增或更换电力设备导致超过合同约定的容量用电的，除应当拆除私增容设备外，属于两部制电价的用户，应当补交私增设备容量使用月数的容（需）量电费，并承担不高于三倍私增容量容（需）量电费的违约使用电费；其他用户应当承担私增容量每千瓦（千伏安视同千瓦）五十元的违约使用电费。如用户要求继续使用者，按照新装增容办理；

（三）擅自使用已在供电企业办理减容、暂拆手续的电力设备或启用供电企业封存的电力设备的，应当停用违约使用的设备；属于两部制电价的用户，应当补交擅自使用或启用封存设备容量和使用月数的容（需）量电费，并承担不高于二倍补交容（需）量电费的违约使用电费；其他用户应当承担擅自使用或启用封存设备容量每次每千瓦（千伏安视同千瓦）三十元的违约使用电费，启用属于私增容被封存的设备的，违约使用者还应当承担本条第二项规定的违约责任；

（四）私自迁移、更动和擅自操作供电企业的电能计量装置、电能信息采集装置、电力负荷管理装置、供电设施以及约定由供电企业调度的用户受电设备者，属于居民用户的，应当承担每次五百元的违约使用电费；属于其他用户的，应当承担每次五千元的违约使用电费；

（五）未经供电企业同意，擅自引入（供出）电源或将备用电源和其他电源私自并网的，除当即拆除接线外，应当承担其引入（供出）或并网电源容量每千瓦（千伏安视同千瓦）五百元的违约使用电费。

3.《国家发展改革委办公厅关于完善两部制电价用户基本电价执行方式的通知》

一、放宽基本电价计费方式变更周期限制

（一）基本电价按变压器容量或最大需量计费，由用户选择。基本电价计费方式变更周期从现行按年调整为按季变更，电力用户可提前 15 个工作日向电网企业申请变更下一季度的基本电价计费方式。

（二）电力用户选择按最大需量方式计收基本电费的，应与电网企业签订合同，并按合同最大需量计收基本电费。合同最大需量核定值变更周期从现行按半年调整为按月变更，电力用户可提前 5 个工作日向电网企业申请变更下一个月（抄表周期）的合同最大需量核定值。电力用户实际最大需量超过合同确定值 105% 时，超过 105% 部分的基本电费加一倍收取；未超过合同确定值 105% 的，按合同确定值收取；申请最大需量核定值低于变压器容量和高压电动机容量总和的 40% 时，按容量总和的 40% 核定合同最大需量；对按最大需量计费的两路及以上进线用户，各路进线分别计算最大需量，累加计收基本电费。

二、放宽减容（暂停）期限限制

（一）电力用户（含新装、增容用户）可根据用电需求变化情况，提前 5 个工作日向电网企业申请减容、暂停、减容恢复、暂停恢复用电，暂停用电必须是整台或整组变压器停止运行，减容必须是整台或整组变压器的停止或更换小容量变压器用电。电力用户减容两年内恢复的，按减容恢复办理；超过两年的按新装或增容手续办理。

（二）电力用户申请暂停时间每次应不少于十五日，每一日历年内累计不超过六个月，超过六个月的可由用户申请办理减容。减容期限不受时间限制。

（三）减容（暂停）后容量达不到实施两部制电价规定容量标准的，应改为相应用电类别单一制电价计费，并执行相应的分类电价标准。减容（暂停）后执行最大需量计量方式的，合同最大需量按照减容（暂停）后总容量申报。

（四）减容（暂停）设备自设备加封之日起，减容（暂停）部分免收基本电费。

4.《国家发展改革委关于降低一般工商业电价有关事项的通知》

（三）进一步规范和降低电网环节收费

一是提高两部制电价的灵活性。完善两部制电价制度，两部制电力用户可自愿选择按变压器容量或合同最大需量缴纳电费，也可选择按实际最大需量缴纳电费。逐步实现符合变压器容量要求的一般工商业及其他用电选择执行大工业两部制电价……

2024 年 6 月 1 日开始施行的新版《供电营业规则》，将"基本电费"改为"容（需）量电费"。

三、要点简析

1. 容（需）量电费的概念

容（需）量电费反映企业用电成本中的容量成本，这个固定成本是电网企业为用户随时用电配备专门装备而耗用的费用。目前，容（需）量电费有三种计收方式，分别为按变压器容量、按合同最大需量、按实际最大需量，其中按合同最大需量的，电力用户用电最大需量超过合同确定值 105%时，超出部分的容（需）量电费加一倍收取，未超过合同确定值 105%的，按合同确定值收取。申请最大需量核定值低于变压器容量和不通过该变压器的高压电动机容量总和的 40%时，按容量总和的 40%核定合同最大需量；按实际最大需量的，按实际抄见最大需量值计收容（需）量电费。

2. 容（需）量电费的必要性、公平性

由于电能不易存储，电能的生产、输送和消费是同时进行的，通过容（需）量电费可以引导用户用电时选取合理的变压器，避免使用过大容量的变压器从而造成电能供给大于需求，促进电力用户节约公共电网变压器固定成本及运行成本，提高电力系统整体效率。容（需）量电费是由政府部门制定并执行的收费标准，不同地区和不同类型的用户的容（需）量电费标准可能会有所不同，收费标准往往与所在地区的消费水平、发展经济程度等因素有关。

3. 容（需）量电费收取的相关规定演变

2005 年，《国家发展改革委关于印发电价改革实施办法的通知》，基本电价按变压器容量或按最大需量计费，由用户选择，但在一年之内保持不变。基本电价按最大需量计费的用户应和电网企业签订合同，按合同确定值计收基本电费，如果用户实际最大需量超过核定值 5%，超过 5%部分的基本电费加一倍收取。用户可根据用电需求情况，提前半个月申请变更下一个月的合同最大需量，电网企业不得拒绝变更，但用户申请变更合同最大需量的时间间隔不得少于六个月。2016 年，《国家发展改革委办公厅关于完善两部制电

价用户基本电价执行方式的通知》，为降低实体经济运行成本，采取放宽基本电价计费方式变更周期限制、放宽减容（暂停）期限限制等措施，完善两部制电价用户基本电价执行方式，其中基本电价计费方式变更周期从现行按年调整为按季变更，合同最大需量核定值变更周期从现行按半年调整为按月变更。2018 年，《国家发展改革委关于降低一般工商业电价有关事项的通知》，为降低企业用能成本和降低一般工商业电价的要求，采取提高两部制电价灵活性，两部制电力用户可自愿选择按变压器容量或合同最大需量缴纳电费，也可选择按实际最大需量缴纳电费。2023 年，《国家发展改革委关于第三监管周期省级电网输配电价及有关事项的通知》，扩大两部制电价执行范围，执行工商业（或大工业、一般工商业）用电价格的用户，用电容量在 100 千伏安至 315 千伏安之间的，可选择执行单一制或两部制电价；315 千伏安及以上的，执行两部制电价。选择执行需量电价计费方式的两部制电价用户，每月每千伏安用电量达到 260 千瓦时及以上的，当月需量电价按本通知核定标准 90% 执行。2024 年，新版《供电营业规则》第八十七条规定，容（需）量电费按照变压器容量或最大需量计收，同一计费周期内用户可以选择其中一种。以变压器容量计算容（需）量电费的用户，其备用的变压器（含不通过变压器的高压电动机），属冷备用状态并经供电企业加封的，不收容（需）量电费；属热备用状态的或未经加封的，不论使用与否都计收容（需）量电费。用户专门为调整用电功率因数的设备，如电容器、调相机等，不计收容（需）量电费。在受电设施一次侧装有连锁装置互为备用的变压器（含不通过变压器的高压电动机），按照可能同时使用的变压器（含不通过变压器的高压电动机）容量之和的最大值计算其容（需）量电费。以最大需量方式计收需量电费的用户，计收方式按照相关电价政策规定执行。

4. 合同要明确约定容（需）量电费

供用电合同要准确约定电价策略，例如单一制或两部制、是否执行分时、是否被功率因数考核等，若未约定明确，将承担不利后果，造成电费回收损失。如本节案例 2，原告供电公司与被告某公司分别先后签订了两份高压供用电合同，其中的供电变压器均在同一用电地址。被告虽然存在"一址两户"漏交基本电费问题，但原告作为供电部门，在与被告签订合同时选择按照普通工业用电收取电度电价，未告知被告应交基本电费，也一直未向被告催收基本电费，故法院判定原告应承担举证不能的不利后果，驳回原告要求被告补交基本电费的诉求。

5. 停电后容（需）量电费较难收取

根据《供电营业规则》第八十六条规定，"容（需）量电费以月计算，但新装、增容、变更与终止用电当月的容（需）量电费，应当按照实用天数计算，每日按照全月容（需）量电费除以当月日历天数收取，日用电不足二十四小时的，按照一天计算。事故停电、检修停电、有序用电不扣减容（需）量电费。"但是除事故停电、检修停电、有序用电以外，供电公司对用户中止供电后，供电公司关于全月计收容（需）量电费的主张可能不受支持。如本节案例3，法院认为基本电费计价方式只是用电人用电后的费用如何计算问题，供用电合同第十一条关于"用电人减容、暂停和恢复用电按《供电营业规则》有关规定办理。事故停电、检修停电、计划限电不扣减基本电费"的描述，没有关于原告"报停义务"的内容，驳回供电公司关于基本电费的诉求。本节案例4中，法院认为供电公司未按规定程序中止供电的情形并未包含在"事故停电、检修停电、计划限电不扣减基本电费"的范围之内，判决供电公司不应再收取停电后月份的基本电费。

四、管理建议

1. 容（需）量电费的合同约定

对于新装用户，供电企业要组织做好用户现场查勘，结合用户报装需求，制定准确的计费方案，并将计费条款在供用电合同中明确约定。此外对于存量用户，供电企业要组织做好供用电合同合规性以及"一址多户"问题的排查，加强小微权力管控，对于电价执行与用户用电类别及实际变压器容量不符合的，要及时做好供用电合同条款变更。

2. 用电变更与容（需）量电费正确计算

企业用户由于生产经营状况变化会申请用电变更，对于减容（恢复）、增容、暂换等引起运行容量变化的业务，将直接影响其容（需）量电费计收策略变更。为了确保容（需）量电费计算准确，一方面供电业务人员受理用户用电变更申请时，要根据业务规范及时准确地做好系统电价策略变更；另一方面，核算人员要重点关注当月走过变更流程的用户，严格落实事前试算及事中审核，确保电费结算无误。

3. 为用户提供优化用电方案服务

供电企业要持续提升优质服务水平，一方面要通过营业厅、网上国网、微信公众号等线上线下渠道，主动做好用户两部制电价政策告知，确保用户应知尽知；另一方面积极向用户提供能效诊断、用电优化建议等延伸服务，研发比价工具数字产品开发应用，引导用户合理选择电价计费方式、科学调整生产计划，实现降本增效。

4. 特殊情况的正确处理

在政府要求停电及欠费停电执行过程中，供电企业一方面要严格落实停电审批流程，中止供电要符合规定程序，避免违规操作引起的法律纠纷；另一方面要提前做好用户告知，解释《供电营业规则》及供用电合同中关于容（需）量电费减免相关条款，明确用户报停义务，并做好过程留痕。

第九节　供电公司应当配合公安部门反洗钱调查

一、案例简介

案例1：推广电费代缴协助洗钱触犯帮助信息网络犯罪活动罪

2021年6月，曹某通过网站代缴电费的广告弹窗认识了陈某。随后，曹某通过陈某多次代缴电费，在实际电费的基础上省下4%～6%的费用。这些代缴电费资金主要来源电信网络诈骗或境外赌博等违法犯罪所得，通过代缴电费打折的方式将钱"洗白"。曹某在了解到代缴电费实情后，为牟利积极开拓本地市场，推广代缴电费业务赚取差价，并向工商部门申请注册了"某电充商行"。同时为了扩大经营，曹某通过网络又结识了另一名上线崔某。在注册尚未成立情况下，曹某便以商行的名义与部分企业签订了所谓的代缴电费合同，按照九五折收取企业支付的电费款，扣除 2% 左右的提成后将钱款打给上线陈某、崔某。2021 年 6 月至 2022 年 5 月，经曹某代缴的电费总额高达 1078 万余元，曹某从中获利至少 30 万元。

2022 年 6 月，市公安局在侦办代缴电费洗黑钱案件中，将曹某抓获。2023 年 7 月，市检察院依法介入并引导侦查，查明曹某等人通过违法代缴电费牟利事实。讯问过程中，曹某还供述了他在 2016 年 2 月至 9 月，曾介绍他人虚开增值税专用发票，税额共计 50 余万元的事实。2023 年 12 月 20 日，市检察院以曹某涉嫌帮助信息网络犯罪活动罪、虚开增值税专用发票罪提起公诉。

案例 2：注册空壳公司承接大额电费代缴进行洗钱

2022 年 4 月，徐某通过朋友了解到一家电费代缴公司，该公司以 98 折为各大企业代缴电费。当年 5 月开始，徐某便把钱转入该公司账户，由该公司为其代缴企业电费。公安机关注意到并初步调查后发现，该公司打入徐某的企业电力账户的钱款为诈骗资金，因此第一时间将涉案账户进行冻结。随后当地检察院依法介入并引导侦查。公安机关梳理出该"代缴电费"洗钱模式，并由此挖出了一个以何某、覃某等人为上线，陈某、柳某、傅某等人为下线的洗钱犯罪团伙。该犯罪团伙通过注册空壳公司，专门承接代缴电费业务，并用公司对公账户进行大额走账。实现"黑钱变白"。短短四个月时间，该空壳公司对公账户流水达上千万元。

经检察院提起公诉，5 月 30 日，法院以帮助信息网络犯罪活动罪分别判处陈某、柳某、傅某有期徒刑十个月，缓刑一年四个月，并处罚金 7 万元。其余涉案人员还在进一步侦办中。

案例3：明知洗黑钱仍参与触犯掩饰、隐瞒犯罪所得、犯罪所得收益罪

2022年8月19日晚，以配合税务机关稽查的名义，某公司财务人员王女士通过公司账户向诈骗分子转账456万元。经侦查，当日王女士所在公司被骗资金中有2万元被转入某商贸有限公司（上游犯罪分子注册的空壳公司），随后，该商贸有限公司将这笔资金用于给另一家公司充电费。经了解，该笔电费系该商贸有限公司经孙某搭线以97折的价格为下家缴纳。公安局认为孙某有重大作案嫌疑，随后将其抓获归案。到案后，孙某对自己在明知上家涉嫌电信网络诈骗犯罪的情况下，仍为犯罪分子转移资金的事实供认不讳。

2023年8月，该案移送区检察院审查起诉。该院经审查认为，犯罪嫌疑人孙某明知上家资金系电信网络诈骗犯罪所得，仍然帮助犯罪分子转移资金并从中获利，其犯罪事实清楚，证据确实充分，应以掩饰、隐瞒犯罪所得罪追究其刑事责任。

二、关键法条

1.《中华人民共和国刑法》（自1980年1月1日起施行，2023年12月29日第十二次修正）

第一百九十一条【洗钱罪】 为掩饰、隐瞒毒品犯罪、黑社会性质的组织犯罪、恐怖活动犯罪、走私犯罪、贪污贿赂犯罪、破坏金融管理秩序犯罪、金融诈骗犯罪的所得及其产生的收益的来源和性质，有下列行为之一的，没收实施以上犯罪的所得及其产生的收益，处五年以下有期徒刑或者拘役，并处或者单处罚金；情节严重的，处五年以上十年以下有期徒刑，并处罚金：

（一）提供资金账户的；

（二）将财产转换为现金、金融票据、有价证券的；

（三）通过转账或者其他支付结算方式转移资金的；

（四）跨境转移资产的；

（五）以其他方法掩饰、隐瞒犯罪所得及其收益的来源和性质的。

单位犯前款罪的，对单位判处罚金，并对其直接负责的主管人员和其他直接责任人员，依照前款的规定处罚。

第二百零五条【虚开增值税专用发票、用于骗取出口退税、抵扣税款发票罪】 虚开增值税专用发票或者虚开用于骗取出口退税、抵扣税款的其他发票的，处三年以下有期徒刑或者拘役，并处二万元以上二十万元以下罚金；虚开的税款数额较大或者有其他严重情节的，处三年以上十年以下有期徒刑，并处五万元以上五十万元以下罚金；虚开的税款数额巨大或者有其他特别严重情节的，处十年以上有期徒刑或者无期徒刑，并处五万元以上五十万元以下罚金或者没收财产。

单位犯本条规定之罪的，对单位判处罚金，并对其直接负责的主管人员和其他直接责任人员，处三年以下有期徒刑或者拘役；虚开的税款数额较大或者有其他严重情节的，处三年以上十年以下有期徒刑；虚开的税款数额巨大或者有其他特别严重情节的，处十年以上有期徒刑或者无期徒刑。

虚开增值税专用发票或者虚开用于骗取出口退税、抵扣税款的其他发票，是指有为他人虚开、为自己虚开、让他人为自己虚开、介绍他人虚开行为之一的。

第二百八十七条之二【帮助信息网络犯罪活动罪】 明知他人利用信息网络实施犯罪，为其犯罪提供互联网接入、服务器托管、网络存储、通讯传输等技术支持，或者提供广告推广、支付结算等帮助，情节严重的，处三年以下有期徒刑或者拘役，并处或者单处罚金。

单位犯前款罪的，对单位判处罚金，并对其直接负责的主管人员和其他直接责任人员，依照第一款的规定处罚。

有前两款行为，同时构成其他犯罪的，依照处罚较重的规定定罪处罚。

第三百一十二条【掩饰、隐瞒犯罪所得、犯罪所得收益罪】 明知是犯罪所得及其产生的收益而予以窝藏、转移、收购、代为销售或者以其他方法掩饰、隐瞒的，处三年以下有期徒刑、拘役或者管制，并处或者单处罚金；情节严重的，处三年以上七年以下有期徒刑，并处罚金。

单位犯前款罪的，对单位判处罚金，并对其直接负责的主管人员和其他直接责任人员，依照前款的规定处罚。

2.《最高人民法院、最高人民检察院关于办理非法利用信息网络、帮助信息网络犯罪活动等刑事案件适用法律若干问题的解释》（自 2019 年 11 月 1 日起施行）

第十二条　明知他人利用信息网络实施犯罪，为其犯罪提供帮助，具有下列情形之一的，应当认定为刑法第二百八十七条之二第一款规定的"情节严重"：

（一）为三个以上对象提供帮助的；

（二）支付结算金额二十万元以上的；

（三）以投放广告等方式提供资金五万元以上的；

（四）违法所得一万元以上的；

（五）二年内曾因非法利用信息网络、帮助信息网络犯罪活动、危害计算机信息系统安全受过行政处罚，又帮助信息网络犯罪活动的；

（六）被帮助对象实施的犯罪造成严重后果的；

（七）其他情节严重的情形。

实施前款规定的行为，确因客观条件限制无法查证被帮助对象是否达到犯罪的程度，但相关数额总计达到前款第二项至第四项规定标准五倍以上，或者造成特别严重后果的，应当以帮助信息网络犯罪活动罪追究行为人的刑事责任。

三、要点简析

1. 电费洗钱的操作方式

洗钱是一种通过转移、转换等各种方式掩饰、隐瞒毒品犯罪、黑社会性质的组织犯罪、恐怖活动犯罪、走私犯罪、贪污贿赂犯罪、破坏金融管理秩序犯罪、金融诈骗犯罪（七类上游犯罪）的所得及其收益的来源和性质的犯罪行为。通俗地说，就是将"脏"钱变成"干净"钱，使其难以追踪，进而合法地流入正常经济体系。如本节案例 2 中，柳某、傅某专门注册了一家空壳公司承接代缴电费业务，两人会要求客户向公司对公账户转入优惠后的电费金额，之后联系上线何某、覃某等人将犯罪所得资金汇入客户提供的电力账户内，同时将收到的电费款项层层向上转移。就这样，全额赃款以电费形式被电力公司扣除，折扣电费则流入犯罪团伙的口袋，实现"黑钱变白"。

洗钱的手段和手法层出不穷，金融犯罪分子不断更新他们的手段，以躲避监管的追踪。以电费洗钱为例，常见操作方式为：第一步诈骗分子利用大额电费折扣为噱头发布广告或商品链接，诱导有交电费需求的用户上当。第二步用户看到广告，进行"电费买卖"交易，向骗子转账，并提供用电户号。第三步骗子以刷单、奖励、套现等理由，诱骗受害者为用户的户号进行付款。第四步诈骗团伙骗取受害者的钱给用户充值电费，用户的钱进诈骗团伙的口袋，一进一出之间便"洗白"了黑钱。

2. 利用电费洗钱涉及的刑事责任

不法分子利用电费代缴等渠道，存在：提供资金账户的；将财产转换为现金、金融票据、有价证券的；通过转账或者其他支付结算方式转移资金的；跨境转移资产的；以其他方法掩饰、隐瞒犯罪所得及其收益的来源和性质的行为。如本节案例 2，何某、覃某作为上线，在收到下线提供的信息后，通过电费代缴方式将犯罪所得资金汇入客户提供的电力账户内，赃款以电费形式被电力公司扣除，真正的电费则流入犯罪团伙的口袋，实现洗钱目的，触犯了《中华人民共和国刑法》第一百九十一条洗钱罪。

虽未直接参与诈骗，但明知电费代缴资金来源于电信网络诈骗或境外赌博等违法犯罪所得，仍为其犯罪提供广告推广、支付结算等帮助。如本节案例 1 中，曹某起初只是为了省钱，在不知情的情况下被动参与了"电费洗钱"，但在了解到代缴电费实情后，为谋利积极推广代缴电费业务赚取差价，2021年6月至2022年5月，曹某从中获利至少30万元，触犯《中华人民共和国刑法》第二百八十七条之二帮助信息网络犯罪活动罪。

明知是犯罪所得及其产生的收益，却通过各类方法掩饰、隐瞒的，如本节案例3。孙某了解到可以通过代缴大额电费抽成，便主动加入电费话费折扣交流群等一些专门从事代缴业务的微信群，在"明知"这些钱是电信网络诈骗所得，打折代缴电费其实是种洗钱手段，仍抱着侥幸心理，做起了表面代缴电费实为帮上游犯罪分子洗钱的业务，触犯《中华人民共和国刑法》第三百一十二条掩饰、隐瞒犯罪所得、犯罪所得收益罪。

3. 供电公司在反洗钱上的责任

本节案例1中，市检察院向市供电公司制发了检察建议，建议供电公司妥善解决系统甄别缴纳电费资金来源不完善的问题，并联合举办普法宣传活动，通过以案释法的方式提升群众的风险防范意识与能力。由于供电公司交费系统受制于银行传送的交易户号和充值金额，缺乏对付款人账户进行合规性审核的手段，电费洗钱难以察觉。因此，供电公司主要责任在于要不断加强电费支付渠道反洗钱防范能力及宣传引导，即一方面通过信息技术，识别跨省交费、多次交费异常情况，做好客户洗钱风险提醒。二是编制防范代交电费诈骗告知书，提醒广大用户不要相信任何第三方平台的电费折扣返利活动，依法合规通过官方渠道缴纳电费，同时注意户号等用电信息的保密。

4. 供电公司配合公安机关反洗钱工作内容

若电费资金涉及电费网络诈骗、洗钱等违法犯罪行为，公安机关有权依法冻结涉案账户和资金，供电公司应配合公安机关对涉案资金依法处置。如本节案例2中，经公安机关初步调查，该电费代缴公司打入徐某的企业电力账户的钱款为诈骗资金，第一时间对徐某的企业电力账户进行冻结。需要注意的是，供电公司在配合过程中，要提醒公安部门对所属客户做好告知，否则未经客户同意冻结账户，容易引发投诉风险。

四、管理建议

1. 供电公司应当加强电费反洗钱宣传

在诈骗分子利用电费渠道缴费诈骗行为频发高发的情况下，供电公司作为公用事业企业，以服务人民美好生活为己任，要不断强化电费反洗钱宣传，一方面要做好内部员工《中华人民共和国反洗钱法》宣贯学习，加强财会制度、电费抄核收工作规范、数据安全要求的执行监督，对泄露客户信息、帮客户直接或联系第三方实施代缴电费等参与电费洗钱行为，要坚决予以打击，严格树牢工作红线。另一方面要加强对社会大众反洗钱宣传，通过主动上门、短信电话等方式向客户广泛宣传，明确购买打折电费就是参与洗钱，并可能面临资金损失、违法犯罪等严重后果，并在客户交费记录查询等场景设置自动提醒用户相关风险的功能。

2. 提高系统甄别能力

供电公司要充分利用信息技术，不断完善电费反洗钱系统甄别能力，一是电费转账界面新增反洗钱反诈骗弹窗预警，增加电费户号和户主名称确认功能，当系统检测到同一转账客户短期内向多个电力户号进行交费时，通过短信及时提醒银行业务人员进行核实。二是新增跨省交费检测功能，实时匹配付款银行卡开户行所在省份和转入电费专户所在省份是否一致，若匹配为不一致时，支付界面自动弹出预警窗口，提醒客户注意防洗钱和防诈骗。三是针对交费无限制的金融机构，推动相关交费渠道管理部门上线风控措施，如单个账户单月交费次数限制，单笔交费金额限制，累计金额限制等。当客户缴纳电费超限时，自动触发反洗钱反诈骗预警。

3. 构建联合防范风控体系

为保护广大电力用户财产安全和电力公司的资金安全，要全维度优化策略，全链条做好跟踪，多部门联合发力，一是联合公安和金融机构发布宣传"关于防范电费网络洗钱的公告"，宣传介绍洗钱相关知识，包括反洗钱概念，洗钱方式、洗钱的危害及防范措施等，同时宣传网上国网 App、电费网银、支付宝、微信等正规交费渠道。二是当电力方、银行方检测到异常交费行为，及时联系公安机关向客户核实交易行为，核实为洗钱或诈骗事件，及时冻结异常账户，保护电力客户资金安全。三是充分利用公安"金钟罩"反诈软件、银行反诈反洗钱模型、电力反洗钱风控体系、移动通信号码标记等多种反诈反洗钱平台，实现预警信息、用户资料等信息共享和信息联动。

第四章 计 量 纠 纷

第一节 发现变比差错应及时维权
避免时效纠纷

一、案例简介

案例1：二审改判变比差错追补电费未过诉讼时效

案号：（2020）川 07 民终 2656 号

2017 年 1 月 17 日，原告某供电公司在为德某广场安装电能表、登记互感器型号和出厂编号时，因疏忽大意将现场实际互感器变比 1500/5 错误登记为 1000/5。2019 年 10 月，原告发现互感器变比问题，于 10 月 22 日在内部使用的系统中将原档案电流互感器变比由 1000/5 改为 1500/5，并提出追补电量电费合计 162301.57 元。

一审法院认为，原告作为计量设施提供方，应对自己的设施设备和内部系统参数设置进行检查核对，其知道或应当知道权利受到侵害之日应为 2017 年 1 月 18 日，原告 2020 年 4 月 28 日诉至法院，已过向人民法院请求保护民事权利的诉讼时效。被告在履行各自的合同中均不存在过错或违约行为，原告也未提交充分有效的证据证明实际供电量和被告用电量存在差异，因此对原告的主张不予支持，判决驳回原告诉讼请求。

二审法院认为，2019 年 10 月 11 日，原告才发现现场互感器变比与其档案记录中的互感器变比不一致，即出具《用电检查结果通知书》要求用电人补交电费，其诉讼时效从 2019 年 10 月 11 日起重新计算，故原告起诉主张电费的请求未超过诉讼时效。改判被告向原告支付电费 162301.56 元。

案例 2：换过表计变比差错追补诉讼时效分段计算，部分支持

案号：（2020）川 13 民终 1166 号

2007 年 8 月 6 日，原告某供电公司和被告一李某建立供用电关系，2012 年 5 月被告一李某将用电的房屋出租给被告二某酒店经营者蒲某。2019 年 6 月 27 日，原告对某酒店用电计量装置进行检查时，发现计量装置所带低压穿心与互感器少穿一匝，计算电量的倍率与实际不符，造成电表少计电量二分之一，原告通过系统后台将倍率调整准确。二被告否认私自更改穿心匝数，无证据证明存在窃电行为，故原告诉至法院，要求二被告补交 2007 年 8 月至 2019 年 6 月电费 649639.78 元。

一审法院认为，被告一与被告二是租赁合同关系，作为用电方及受益人，应由被告一承担按实缴纳电费的义务。原告直到 2019 年 6 月 27 日才发现用电计量装置实际倍率与国网营销系统核算倍率不符，视为从 2019 年 6 月 27 日才主张权利，因此对 2016 年 6 月 27 之前已经超过 3 年诉讼时效少交的电费不受法律保护。判决被告一向原告返还不当得利 161752.33 元。

二审法院认为，不当得利的返还主体应是取得了财产利益的人，2012 年 5 月租用后的用电不当得利，应由被告二返还。原告一审请求了资金占用期间的利息应以其实际主张之日即 2019 年 6 月 27 日起计算资金占用利息为宜。改判被告二向原告返还不当得利 161752.33 元，并支付资金占用期间的利息。

案例 3：发现接线错误后一直主张追补电费，未超过法定诉讼时效

案号：（2021）湘 12 民终 2861 号

2017 年 8 月 23 日，原告某供电公司发现被告某部队医院供电线路线损偏高，经现场计量核查，初步判定该计量装置执行倍率错误。8 月 28 日、9 月 12 日，原告分别进行核查、现场检验，并于 10 月 23 日，向被告出具《用电检查处理通知书》，载明计费计量装置接线错误。2018 年 3

月 30 日，原告向被告发出《关于请求支持补交计量装置接线错误造成少收电费的函》，要求补交自 2014 年 7 月 10 日换装至 2017 年 9 月 12 日更正期间的少收电费 382.59 万元。2018 年 11 月 5 日，原告代理律师事务所向被告发出《律师催告函》，督促被告补交电费。2020 年 6 月 4 日，市工业和信息化局根据市政府的安排，召集原、被告双方就电能计量差错电量追补召开协调会。因双方协商未果，原告遂诉至法院。另查明，某电力技术鉴定有限公司受法院委托出具《技术鉴定意见书》，鉴定被告电能计量装置存在接线错误，接线错误期间，造成原告损失 6752945.18 千瓦时，电费损失 4159817.71 元。

　　一审法院认为，本案系不当得利纠纷。被告应当向原告支付因计费计量装置接线错误造成计量差错而少交的电费 4159817.7 元。被告辩称本案已经超过诉讼时效。因原告自发现存在接线错误的事实后一直积极向被告主张追补电费，并未超过法定诉讼时效，故对被告主张已过诉讼时效的辩解意见，法院依法不予采纳。判决被告中支付原告电费 4159817.7 元。二审维持原判。

二、关键法条

1.《中华人民共和国民法典》（自 2021 年 1 月 1 日起施行）

第一百八十八条 向人民法院请求保护民事权利的诉讼时效期间为三年。法律另有规定的，依照其规定。

诉讼时效期间自权利人知道或者应当知道权利受到损害以及义务人之日起计算。法律另有规定的，依照其规定。但是，自权利受到损害之日起超过二十年的，人民法院不予保护，有特殊情况的，人民法院可以根据权利人的申请决定延长。

第一百九十五条 有下列情形之一的，诉讼时效中断，从中断、有关程序终结时起，诉讼时效期间重新计算：

（一）权利人向义务人提出履行请求；

（二）义务人同意履行义务；

（三）权利人提起诉讼或者申请仲裁；

（四）与提起诉讼或者申请仲裁具有同等效力的其他情形。

三、要点简析

1. 诉讼时效的定义及情形

诉讼时效是指权利人请求人民法院保护其合法权益而提起诉讼的法定有效期限。通俗讲，超过这个期限，权利人合法权益将不再受法律保护。根据《中华人民共和国民法典》规定，诉讼时效为三年，自权利人知道或者应当知道权利受到损害以及义务人之日起计算。

关于诉讼时效，两个特殊点需要注意，一是假如权利人很长时间才知道权利受到侵害，这会将诉讼时间点拉得很长，很不利于法院搜集证据和正确解决纠纷，因此规定，自权利受到损害之日起超过二十年的，人民法院不予保护，有特殊情况的，人民法院可以根据权利人的申请决定延长。二是诉讼时效可以中断，从中断、有关程序终结时起，诉讼时效期间重新计算，中断情形包括权利人向义务人提出履行请求、义务人同意履行义务、权利人提起诉讼或者申请仲裁、与提起诉讼或者申请仲裁具有同等效力的其他情形等。

2. 计量差错的追补诉讼时效性质和适用

根据供用电合同及《供电营业规则》规定，用电计量装置的安装、移动、更换、校验、拆除、加封、启封由供电人负责，属于供电公司资产。作为计量设施提供方，供电公司应对自己的设施设备和内部系统参数设置进行检查核对，因此常规情况下，供电企业知道或应当知道权利受损的起始日应为计量差错发生之日。如本节案例1，供电公司在为德某广场新装立户安装计量装置时，系统档案的计量参数登记错误造成量费漏算问题，一审法院就认为诉讼时效起始日应为新装立户日，即差错发生之日。

3. 计量差错的追补诉讼时效中断情况

对照《中华人民共和国民法典》，计量差错诉讼时效中断，从中断、有关程序终结时起，诉讼时效期间重新计算的场景总结为：一是供电企业在发现计量差错后，向义务人明确提出要求其履行补交电费的意思通知，这类意思通知要于事后能证明，如本节案例 1 中，二审法院认为 2019 年 10 月 11 日，供电公司才发现现场互感器变比与其档案记录中的互感器变比不一致，即出具《用电检查结果通知书》要求用电人补交电费，其诉讼时效应从 2019 年 10 月 11 日起重新计算；二是义务人表示知悉该计量差错，同意补交电费。三是供电企业提起民事诉讼或仲裁，请求法院或仲裁庭保护其权利的行为。

需要特别注意的是，供电公司即使主张了权利，也不是所有差错年月都可追溯，仍会按照 3 年时效进行判定。如本节案例 2，供电公司上诉用电人需补交 2007 年 8 月至 2019 年 6 月电费，但法院认为原告直到 2019 年 6 月 27 日才发现计量差错，视为从 2019 年 6 月 27 日才主张权利，因此对 2016 年 6 月 27 之前已经超过 3 年诉讼时效少交的电费不受法律保护。

四、管理建议

1. 供电公司发现变比差错应及时维权，注意留有证据

计量差错无法避免，且存在长期延续性，差错量费往往涉及数月甚至数年。供电公司需要及时采取相应措施，避免超出 3 年诉讼时效：一方面要做好表计安装及更换过程中的过程资料留档，便于追溯计量差错；另一方面规范科学核验差错情况后，要及时向用电人主张追补电费，并做好书面证据保全，这样即使表计差错发生时间较早，仍然可根据供电人主张情况进行中断并重新计算诉讼时效。

2. 加强计量装置投运前管理

各类电能表装置的设计方案应经有关电能计量专业人员审查通过。电能计量器具选型与订货符合国家或行业标准，具有型式报告、订货方所提出的

其他资质证明和出厂检验合格证等。电能计量器具由电能计量技术机构做好验收，验收合格的办理入库手续，验收不合格的订货单位负责更换或退货。供电企业应制定电能计量装置安装与竣工验收管理办法。电能计量装置的安装应严格按照审查通过的施工设计或批复的电力用户供电方案进行，投运前进行全面验收，验收不合格的电能计量装置不得投入使用，由验收人员出具整改建议意见书，待整改后再行验收。

3. 加快计量差错处理速度

强化各专业协同配合，建立计量故障处理责任制度和工作机制，从装表、用检、核抄等不同工作中，梳理明确计量管理标准和职责，明确计量差错、故障责任追究和调查机制。同时提高计量装置监测水平，全面掌握不同类型装置在各线路中的使用情况，及时确定检修维护方案，有效减少故障的产生。

第二节　计量差错少收电费可能会影响企业决策

一、案例简介

案例1：变比差错多付水电站购电费返还现存利益

案号：（2015）杭民初字第 2104 号、（2016）闽 08 民终 869 号

2010 年 3 月，被告某电力公司所有的苏家坡 2 号电站并网至原告某供电公司，合同约定电流互感器变比为 150/5（即 3000 倍率）。并网时，双方未委托有资质的机构对电能计量装置进行检测。2014 年 5 月 24 日，因高压计量雷击烧坏，原告在更换互感器时查明现场电流互感器变比为 100/5（即 2000 倍率）。原告诉至法院，要求被告返还多支付的购电费 2798069.46 元及利息。

一审法院将本案认定为供用电合同纠纷不当，二审法院纠正定性为不当得利纠纷，认为在受益人为善意的情况下，返还的范围仅以现存利益为限，被告多收取的上网电费应扣除多支付给电站承包方的承包款 679105.84 元，

多缴纳税款 295554.15 元。原告诉请要求支付利息，因双方未约定且原告在此过程中存在一定的过错，法院不予支持。一审和二审均判决被告返还原告上网电费 1823409.47 元，驳回原告其余诉讼请求。

案例 2：误接线多表计鉴定等复杂计量纠纷

案号：（2021）黔 05 民终 4924 号

2012 年 3 月，原告某供电局为被告金某城酒店安装了计量装置（即第一块电能表），双方建立了供用电合同关系。由于计量装置存在问题，双方对电量计收存在争议，于 2018 年 3 月 13 日、2019 年 4 月 18 日分别安装了第二、三块电能表，并签订了《电费缴纳协议》，约定 2018 年 3 月以前少计电量分六期交清。被告根据协议约定缴纳了五期的少计电量分摊电费后，仍对计量存疑，因此对于第六期分摊电费 29506.05 元以及 2018 年 8 月起用电电费未再缴纳。原告诉至法院，要求被告履行缴纳电费的义务并承担相应违约责任。另诉讼中，因需对涉案第一、二、三块电能表进行检测，于 2020 年 10 月 29 日安装了第四块电能表。2020 年 12 月 22 日作出鉴定意见，涉案第一块电能表不合格，第二块、第三块电能表合格；第一块、第二块电能表接线方式不正确，其错误接线方式会导致计量的电量少于正常情况下所计的电量，第三块电能表接线方式正确，该电能表所计电量准确。

一审法院认为，根据第一块表计鉴定结果及双方签订的《电费缴纳协议》，该协议系双方的真实意思表示，合法有效，被告应按协议约定履行义务。另外由于过错责任在于原告，故 2018 年 2 月前少计电费不计算违约金。除应缴纳旧存分摊电费外，被告未按其使用电量按期缴纳电费已构成违约，其应承担继续履行缴纳电费的义务及未按期缴纳电费所产生的违约金，违约金计算标准按全国银行间同业拆借中心公布的同期贷款市场报价利率的 1.3 倍计算，其中 2018 年 3 月至 2020 年 11 月期间电费违约金从鉴定意见次日起算，2020 年 12 月电费违约金从 2021 年 1 月起算。判决被告向原告支付 2018 年 2 月前的分摊电费 29506.05 元、2018 年 2 月起至 2020 年 12 月止的电费共计金额 2944230.93 元及其相应违约金。二审维持原判。

案例 3：变比差错少收电费 1700 多万影响企业决策，供电公司承担次要责任

案号： （2019）川 07 民终 1250 号

2011 年 10 月 16 日，原告某供电公司发现因 2009 年 10 月更换收费系统，被告海某公司的计费倍率从 10000 变为 1000 倍，造成 2009 年 12 月至 2011 年 8 月期间少收被告电量电费共计 17444874.28 元。被告对差错不予认可，并称差错属实则将给被告造成巨大经济损失，原告也应给予其相应赔偿，双方因此未能达成确切的处理意见。2011 年底，被告停产。2018 年 5 月 10 日，某律师事务所受原告委托向被告发出律师函，协商处理电费补交事宜未果。同年 12 月 27 日，某会计师事务所受原告委托出具审计报告，确认差错事实。原告诉至法院，要求被告偿还少用电量对应电费及相应资金利息。

一审法院认为，依据在卷证据及当事人无争议事实，差错情况属实。由于双方对差错相关事宜均未作约定，且被告亦无明确拒绝承担差错电量电费交付义务的意思，故本案未超诉讼时效。由于造成计量差错的直接原因及造成涉案纠纷拖延至今的主要责任均在于原告，对原告提出的资金占用利息给付请求不予支持，判决被告补交少计电费 17446938.97 元。

二审法院认为，原告错误少收电费的行为，使被告误以为其生产可继续，给被告生产决策造成了影响。被告在明知未按合同缴纳电费却继续生产，放任自己生产亏损的加大，应为自己的亏损承担主要责任。原告对被告的合理损失应承担次要责任。被告向本院作出了书面承诺，自愿向原告补交 10100000 元，表明被告已承担了其损失的主要责任，亦与原告只应承担次要责任的自认吻合。故撤销一审判决，改判被告向原告补交电费 10100000 元。

案例 4：不能以无过错为由主张免除其责任

案号： （2021）湘 1026 民初 2196 号

原告某供电公司在电能数据计费、采集系统中将被告某幼儿园的计量变比"20/5"误录为"10/5"，倍率由 400 变为 200，导致 2016 年 10 月起原告应收电费错误，并一直延续到 2021 年 11 月。因双方就错误计量产生的费用

无法协商一致，诉至法院。

诉讼过程中，被告提出原告起诉追缴电费部分年限存在超出诉讼时效的问题。法院认为，原告在发现漏计、错计电表用电量后，及时采取相应措施主张权利，涉案应补缴电费并不存在超出法定诉讼时效主张权利的问题，故对该诉讼主张法院依法不予支持。判决被告某幼儿园补交少交的电费160567.36 元。

二、关键法条

1.《中华人民共和国民法典》(自 2021 年 1 月 1 日起施行)

第五百一十一条　当事人就有关合同内容约定不明确，依据前条规定仍不能确定的，适用下列规定：

（一）质量要求不明确的，按照强制性国家标准履行；没有强制性国家标准的，按照推荐性国家标准履行；没有推荐性国家标准的，按照行业标准履行；没有国家标准、行业标准的，按照通常标准或者符合合同目的的特定标准履行。

（二）价款或者报酬不明确的，按照订立合同时履行地的市场价格履行；依法应当执行政府定价或者政府指导价的，依照规定履行。

（三）履行地点不明确，给付货币的，在接受货币一方所在地履行；交付不动产的，在不动产所在地履行；其他标的，在履行义务一方所在地履行。

（四）履行期限不明确的，债务人可以随时履行，债权人也可以随时请求履行，但是应当给对方必要的准备时间。

（五）履行方式不明确的，按照有利于实现合同目的的方式履行。

（六）履行费用的负担不明确的，由履行义务一方负担；因债权人原因增加的履行费用，由债权人负担。

第九百八十五条　得利人没有法律根据取得不当利益，受损失的人可以请求得利人返还取得的利益，但是有下列情形之一的除外：

（一）为履行道德义务进行的给付；

（二）债务到期之前的清偿；

（三）明知无给付义务而进行的债务清偿。

第九百八十六条 得利人不知道且不应当知道取得的利益没有法律根据，取得的利益已经不存在的，不承担返还该利益的义务。

2.《中华人民共和国民事诉讼法》（自 1991 年 4 月 9 日起施行，2023年 9 月 1 日第五次修正）

第二百六十四条 被执行人未按判决、裁定和其他法律文书指定的期间履行给付金钱义务的，应当加倍支付迟延履行期间的债务利息。被执行人未按判决、裁定和其他法律文书指定的期间履行其他义务的，应当支付迟延履行金。

3.《供电营业规则》（自 2024 年 6 月 1 日起施行）

第八十三条 电能计量装置接线错误、互感器故障、倍率不符等原因，使电能计量或者计算出现差错时，供电企业应当退补从差错发生之日起至差错更正之日止相应电量的电费，并按照下列规定执行：

（一）计算电量的倍率或铭牌倍率与实际不符的，以实际倍率为基准，按照正确与错误倍率的差值退补电量；退补时间无法确定的，以抄表记录为准确定；

（二）因计费电能计量装置接线错误、互感器故障的，以考核能耗用的电能计量装置或者其他电能量测量装置记录为基准计算；无上述装置的，可以按照以下方法计算：

1.计费电能计量装置接线错误的，以其实际记录的电量为基数，按照正确与错误接线的差额率退补电量；退补时间无法确定的，从上次校验或换装投入之日起至接线错误更正之日止；

2.互感器故障的，按照电工理论计算方法确定的差额率计算退补电量；无法计算的，以用户正常月份用电量为基准，按照正常月与故障月的差额计算退补电量。

退补电量未正式确定前,用户仍应当先按照正常月用电量如期交纳电费。

4.《最高人民法院关于审理民事案件适用诉讼时效制度若干问题的规定》(自 2008 年 9 月 1 日起施行,2020 年 12 月 29 日修正)

第四条　未约定履行期限的合同,依照民法典第五百一十条、第五百一十一条的规定,可以确定履行期限的,诉讼时效期间从履行期限届满之日起计算;不能确定履行期限的,诉讼时效期间从债权人要求债务人履行义务的宽限期届满之日起计算,但债务人在债权人第一次向其主张权利之时明确表示不履行义务的,诉讼时效期间从债务人明确表示不履行义务之日起计算。

第六条　返还不当得利请求权的诉讼时效期间,从当事人一方知道或者应当知道不当得利事实及对方当事人之日起计算。

5.《最高人民法院关于适用〈中华人民共和国民法典〉时间效力的若干规定》(自 2021 年 1 月 1 日起施行)

第一条　民法典施行后的法律事实引起的民事纠纷案件,适用民法典的规定。

民法典施行前的法律事实引起的民事纠纷案件,适用当时的法律、司法解释的规定,但是法律、司法解释另有规定的除外。

民法典施行前的法律事实持续至民法典施行后,该法律事实引起的民事纠纷案件,适用民法典的规定,但是法律、司法解释另有规定的除外。

三、要点简析

1. 用户成本支出与税收的关系

生产成本是计算产品销售收入的基础,税收是按照用户生产利润进行缴税,而利润则是用户生产总收入扣减成本支出所得。成本和税收以"利润"为核心纽带,动态的相互影响,是互为倚仗的关联关系。在生产收入不变的情况下，成本支出的高低会影响到利润水平，并最终影响用户所得税的税负情况。

2. 变比差错供电公司未及时催收，可能影响税收入账

本节案例 1 中，由于供电公司多计购电费，企业总体利润增加，导致多缴税款和承包款，法院以现存利益为限为由，认为被告返还的购电费应扣除多支付给电站承包方的承包款和多缴纳的税款。实际上，承包款多支付问题，应由承包双方根据合同自行确定处理方式，属于承包双方问题，同时对于税款多缴纳问题，当事人也可根据实际情况向税务部门办理退税。供用电双方签约的供用电合同依法合规，因计量差错引起的电费退补以合同为依据，不应将承包款和税款多支出情况夹杂到电费追补中。虽然案例 1 中的法院判定追补电费扣除了承包款和税款，但这只是个别法院的意见，实际上应当据实计费追补。在案例 3 中，法院认为，变比差错导致少收电费 1700 多万，确实存在影响企业决策的情况，供电公司应对被告的合理损失承担次要责任。

3. 计量差错未及时处理影响电费全额追补

计量差错存在长期延续性，差错量费往往涉及数月甚至数年，若差错产生为供电公司责任，用户会以差错期间误以为用电成本支出减少，影响企业当时的生产经营决策，进而造成企业经济损失为由，提出减免或者扣减部分追补电费，这类情况下全额追补电费往往较为困难。如本节案例 3 中，二审法院认为，供电公司错误少收电费的行为，使用户误以为其生产可继续，给用户生产决策造成了影响，供电公司对用户的合理损失应承担次要责任，最后将少收 1700 多万电费减至 1000 多万元。

四、管理建议

1. 加强技术管理培训

目前电能计量装置的种类繁多，就电能表而言，有单相、三相四线、三相三线，有直接接入，有经互感器接入，有国产和进口电能表，其安装接线

也各有不同。电能计量装置由于设备本身的特殊性，对安装的技术要求很高，在特殊条件下，甚至可能要求带电作业。因此，应落实各类场景计量装置安装标准梳理，建立统一化、规范化的实操指导手册，做好相关人员业务培训宣贯，全面提升技术人员装表接电技术水平。

2. 加强表计运行管理

供电企业应及时收集、存储电能计量装置各类基础信息、验收检定数据、历次现场检验数据、临时检定数据、运行质量检验数据、故障处理情况记录、电能表记录数据和运行工况等信息，开展电能计量装置运行的全过程管理；借助电能信息采集与管理系统、电能量计费系统以及与电能计量装置有关的各类信息实现电能计量装置的动态管理；推广应用现代检测技术、通信技术、大数据技术等信息化、智能化技术，建立并不断完善电能计量管理信息系统及其电能计量装置运行数据库，实现对电能计量装置运行工况的在线监测、动态分析与管理。

3. 强化差错管理水平

供电公司应建立差错考核机制，从源头上重视装表工作，从而减少因业务疏漏引起的计量差错问题。同时强化现场稽查、用电检查、电费结算等专业协同，落实老旧表计轮换，对于用户电量异常、线损异常等情况及时开展现场核实，制定差错事故防范措施，确保差错及时发现、及早应对，规范处理。

第三节　变比差错更换互感器未经用户确认无效

一、案例简介

案例：变比差错更换互感器时未经用户确认不被采信

案号：（2015）新商初字第 00084 号、（2016）内 01 民终 801 号

原告某纺织公司与被告某供电局旧城分局 2011 年 1 月 17 日、2014 年 1 月 17 日签订的《高压供用电合同》均约定计量倍率为 30 倍。合同履行期间，

原告发现总电表和分电表使用电量存在很大误差，导致电费差额，向旧城分局反映该问题。2015 年 1 月 6 日，供电局下属旧城分局经用电检查核实，2011 年 12 月更换终端计费器时，将互感器倍率改为 80 倍，但供电局工作人员按照 120 倍率错录系统，遂向纺织公司退回 2011 年 12 月后按照倍率 120 倍与 80 倍多收的电费差额 91888 元。但纺织公司认为应当按照合同约定的互感器倍率为 30 倍率，再退回差额 114860.45 元。双方在无法达成一致的情况下，纺织公司诉至法院，要求供电局双倍赔偿纺织公司人民币 413496.9 元的请求。

法院认为，双方在 2014 年 1 月 17 日签订的《高压供用电合同》约定，互感器倍率为 150/5，说明供电局主张已于 2011 年 12 月将纺织公司使用电表的互感器倍率由 30 倍率更换为 80 倍率与事实不符，供电局提供的"供电局客户用电业务变更申请表"是单方制作的，纺织公司亦不认可，该变更申请表也不能证明供电局已于 2011 年 12 月将纺织公司使用电表的互感器倍率由 30 倍更换为 80 倍，判决供电局应按 30 倍率的电表收费，按 80 倍率的电表多收取的电费 114860.45 元，应向纺织公司退还。对于纺织公司请求的双倍赔偿，由于供电局并未有欺诈行为，该项请求不予支持。二审维持原判。

▤ 二、关键法条

1. 《中华人民共和国民法典》（自 2021 年 1 月 1 日起施行）

第五百零九条 当事人应当按照约定全面履行自己的义务。

当事人应当遵循诚信原则，根据合同的性质、目的和交易习惯履行通知、协助、保密等义务。

当事人在履行合同过程中，应当避免浪费资源、污染环境和破坏生态。

第五百七十七条 当事人一方不履行合同义务或者履行合同义务不符合约定的，应当承担继续履行、采取补救措施或者赔偿损失等违约责任。

第六百四十八条 供用电合同是供电人向用电人供电，用电人支付电费的合同。

向社会公众供电的供电人，不得拒绝用电人合理的订立合同要求。

第六百四十九条　供用电合同的内容一般包括供电的方式、质量、时间，用电容量、地址、性质，计量方式，电价、电费的结算方式，供用电设施的维护责任等条款。

第六百五十一条　供电人应当按照国家规定的供电质量标准和约定安全供电。供电人未按照国家规定的供电质量标准和约定安全供电，造成用电人损失的，应当承担赔偿责任。

2.《供电营业规则》（自 2024 年 6 月 1 日起施行）

第八十三条　电能计量装置接线错误、互感器故障、倍率不符等原因，使电能计量或者计算出现差错时，供电企业应当退补从差错发生之日起至差错更正之日止相应电量的电费，并按照下列规定执行：

（一）计算电量的倍率或铭牌倍率与实际不符的，以实际倍率为基准，按照正确与错误倍率的差值退补电量；退补时间无法确定的，以抄表记录为准确定；

（二）因计费电能计量装置接线错误、互感器故障的，以考核能耗用的电能计量装置或者其他电能量测量装置记录为基准计算；无上述装置的，可以按照以下方法计算：

1. 计费电能计量装置接线错误的，以其实际记录的电量为基数，按照正确与错误接线的差额率退补电量；退补时间无法确定的，从上次校验或换装投入之日起至接线错误更正之日止；

2. 互感器故障的，按照电工理论计算方法确定的差额率计算退补电量；无法计算的，以用户正常月份用电量为基准，按照正常月与故障月的差额计算退补电量。

退补电量未正式确定前，用户仍应当先按照正常月用电量如期交纳电费。

三、要点简析

1. 应按照供用电合同约定准确安装电流互感器，不能单方随意更换

电流互感器是根据电磁感应原理和变压器结构模式，把用户现场的工作大电流，通过变流的方式将它缩小 N 倍到可以随时监测的小电流的装置，通过监测到的小电流可以计算出正常工作大电流的电量。电流互感器的铭牌值或变比值是一个固定值，在配合电能表计安装使用中，电表显示的读数是已经被缩小 N 倍后的指示数量，要想确定用户实际使用的电量总和，必须将缩小的电量再放大 N 倍的计算过程，才能计算出用户的用电量总和。

某纺织公司与某供电局签订的《高压供用电合同》是双方真实的意思表示，应当受法律保护，双方应当按照约定履行各自的权利义务。合同中约定电能表计量倍率为 150/5，供电局未依约定的计量倍率收取电费，违反了双方合同约定。供电局虽然辩称为了工作便利，在给纺织公司重新安装电表时安装了大于合同约定的计量倍率的电表，但供电局相当于变更合同重要条款而没有明确告知纺织公司，纺织公司对此并不知晓。由于合同约定安装在用电方的用电计量装置及电力负荷装置管理由供电方即供电局运行维护管理，供电局没有告知纺织公司更换了大于合同约定的计量倍率的电表，已经构成违约。法院认为供电局应当按照双方签订的《高压供用电合同》约定的计量倍率 150/5 收取电费，对于超出合同约定费用，应当退还纺织公司。事实上无论是使用更换前的 30 倍率互感器还是 80 倍率互感器，最终计算出的用户用电量是不变的，即客观上不会增加用户的任何负担，一审判决关于供电局更换了大于合同约定倍率的互感器，导致增加了用户电费的认定，应属认定事实不清，违反公平原则。

2. 变比差错少计电费，用户构成不当得利

本节案例中某供电局辩称在正确安装和使用的条件下，采用任何变比或倍率的电流互感器对同一用电量的测量结果都一样。本案的一个基本事实

是，在某纺织公司用电现场，供电局实际为电能表计安装使用了一套 400/5 的电流互感器，在一定时间内（约 4 年时间），该电能表显示读数为"3595"，所以按照 400／5 的倍率采用再放大 80 倍的计算方法，就可以计算出这段时间内纺织公司实际使用的 287600 千瓦时电能，即：3595×80（倍率值）=287600 千瓦时。法院判决纺织公司对配套使用 400/5 的电流互感器时在电表上显示的读数，按照合同约定倍率 30 倍计算使用电量：3595×30（倍率值）=107850 千瓦时计算电费。纺织公司实际使用了 287600 千瓦时电能，经过法院判决支付 107850 千瓦时电量电费，对已经使用的 179750 千瓦时电量不支付任何费用。那么本案中纺织公司是否构成不当得利值得进一步探讨。

不当得利指没有合法根据，或事后丧失了合法根据而被确认为是因致他人遭受损失而获得的利益。如售货时多收货款，拾得遗失物据为己有等。取得利益的人称受益人，遭受损害的人称受害人。不当得利的取得，不是由于受益人针对受害人而为的违法行为；而是由于受害人或第三人的疏忽、误解或过错所造成的。受益人与受害人之间因此形成债的关系，受益人为债务人，受害人为债权人。不当得利构成要件有三个：①双方当事人必须一方为受益人，他方为受害人。②受益人取得利益与受害人遭受损害之间必须有因果关系。③受益人取得利益没有合法根据，即既没有法律上、也没有合同上的根据，或曾有合法根据，但后来丧失了这一合法根据。受益人在得知自己的受益没有合法根据或得知合法根据已经丧失后，有义务将已得的不当利益返还受害人。

本节案例中供电局作为受害方未获得纺织公司已经使用的 179750 千瓦时电量电费，纺织公司作为受益人未支付已经使用的 179750 千瓦时电量电费，且存在因果关系，符合不当得利的要件。

四、管理建议

1. 加强计量装置现场管控，规范装接，避免差错

本节案例中法院未采纳供电局辩护意见"根据《供电营业规则》第八十

三条计算电量的倍率或铭牌倍率与实际不符的，以实际倍率为基准，按正确与错误倍率的差值退补电量，退补时间以抄表记录为准确定。"原因在于当时依据的《中华人民共和国合同法》相较于《供电营业规则》为上位法，法律效力高于《供电营业规则》。所以电力企业工作人员在现场作业中要严格按照系统流程以及供用电合同相关条款，加强现场管控，规范安装计量设备，防止程序差错导致后续不利的法律后果。

2. 表计更换要及时告知用户确认

通知用户确认表计更换，可以确保新表计的准确性和正常运行，用户可以核实更换后的表计是否正常记录电量，以避免因表计故障或错误带来的电费计算不准确问题。及时通知用户并征得确认，可以避免因未经用户同意而进行的更换引发的纠纷和争议。用户确认表计更换，意味着用户承认并接受了电力部门或相关服务提供者的行动，有助于维护双方的合法权益。供电企业作为服务型企业，要提升服务意识与服务水平，更换表计等涉及供用电合同变更等事项要及时与用户沟通协商，保障用户的知情权。所有材料要按程序规范办理提交存档，为后续可能存在的法律纠纷提供支撑。

第四节　供用电双方对变比差错有异议应按鉴定

一、案例简介

案例1：二审改判计量差错的鉴定费由供电公司负担

案号：（2019）赣10民终81号

2011年6月8日，原告某供电公司与被告某塑业公司签订了一份《高压供用电合同》。合同签订后，原告为被告安装高压计量箱装置并进行校验、加封及表计接线后提供给被告使用。2014年11月为配合线路工程，原告将被告高压计量装置及线路从其公司门口移至马路对面并重新安装了计量装置。2015年10月3日晚，被告高压计量装置突然发生故障。10月5日原告对被告使用的计量装置进行检查，发现被告与原告营销系统的高压计量装置存在倍率不一致的问题。在各方人员见证下，原告将被告使用的高压计量装置吊装下来进行封存，后原告要求被告追补电费，被告予以拒绝，供电公司诉至法院。

一审法院认为，原告与被告于 2011 年 6 月 8 日签订的《高压供用电合同》合法有效。经司法鉴定认定少计电量的原因为实际安装的电流互感器变比与供用电合同约定的变比不符、接线错误导致计量倍率存在偏差。被告在原告供电过程中虽无过错，但原告已按合同约定向被告供电，被告理应按合同约定支付相应的电费，对少计的电量理应向原告补缴相应的电费。原告提供的少计电费计算清单中序号 2 少计电量金额有误，其余正确。判决被告给付原告应补缴的电费 1259341 元；驳回原告的其他诉讼请求；案件受理费 20262 元，由原告负担 4128 元、被告负担 16134 元；鉴定费 80000 元，由被告负担。

二审法院认为，一审对诉讼费和鉴定费的负担问题处理不当。原告主张少计电量，根据谁主张谁举证的原则，相应的证明责任应当由原告承担，故本案的鉴定费用应当由原告承担。本案讼争主要因原告接线错误引起，诉讼费应根据引起讼争的过错程度来负担。另本案在发回重审时，当事人已变更诉讼请求，应根据变更后的诉讼请求确定案件受理费数额，一审未予调整应予纠正。判决驳回上诉，维持原判；一审案件受理费 16170 元，由原告负担 15000 元，被告负担 1170 元；鉴定费 80000 元，由原告负担；二审案件受理费 16134 元，由原告负担 8067 元，被告负担 8067 元。

案例 2：误接线多表计等复杂计量纠纷，有异议按鉴定意见处理

案号：（2021）黔 05 民终 4924 号

2012 年 3 月，原告某供电局为被告金某城酒店安装了计量装置（即第一块电能表），双方建立了供用电合同关系。由于计量装置存在问题，双方对电量计收存在争议，于 2018 年 3 月 13 日、2019 年 4 月 18 日分别安装了第二、三块电能表，并签订了《电费缴纳协议》，约定 2018 年 3 月以前少计电量分六期交清。但被告仍对计量存疑，根据协议约定缴纳了五期的少计电量分摊电费后，对于第六期分摊电费 29506.05 元以及 2018 年 8 月起用电电费未再缴纳。原告诉至法院，要求被告履行缴纳电费的义务并承担相应违约责任。另诉讼中，因需对涉案第一、二、三块电能表进行检测，于 2020 年 10 月 29 日安装了第四块电能表。2020 年 12 月 22 日作出鉴定意见，涉案第一块电能表不合格，第二、三块电能表合格；第一、二块电能表接线方式不正确，其错误接线方式会导致计量的电量少于正常情况下所计的电量，第三块电能表接线方式正确，该电能表所计电量准确。

一审法院认为：根据第一块表计鉴定结果及双方签订的《电费缴纳协议》，该协议系双方的真实意思表示，合法有效，被告应按协议约定履行义务。另外由于过错责任在于原告，故 2018 年 2 月前少计电费不计算违约金。除应缴纳旧存分摊电费外，被告未按其使用电量按期缴纳电费已构成违约，其应承担继续履行缴纳电费的义务及未按期缴纳电费所产生的违约责任。第三块表计经鉴定能准确计量实际使用电量，但被告在第三块电能表安装后仍拒不缴纳电费，有一定的过错，因此承担三分之一鉴定费。判决被告向原告支付 2018 年 2 月前的分摊电费 29506.05 元、2018 年 2 月起至 2020 年 12 月止的电费共计金额 2944230.93 元及其相应违约金、鉴定费 200407 元。二审维持原判。

案例3：发现接线错误后一直主张追补电费，未超过法定诉讼时效

2017 年 8 月 23 日，原告某供电公司发现被告某医院供电线路线损偏高，经现场计量核查，初步判定该计量装置执行倍率错误。8 月 28 日、9 月 12 日，原告分别进行核查、现场检验，并于 10 月 23 日，向被告出具《用电检查处理通知书》，载明计费计量装置接线错误。2018 年 3 月 30 日，原告向被告发出《关于请求支持补交计量装置接线错误造成少收电费的函》，要求补交自 2014 年 7 月 10 日换装至 2017 年 9 月 12 日更正期间的少收电费 382.59 万元。2018 年 11 月 5 日，原告代理律师事务所向被告发出律师催告函，督促被告补交电费。2020 年 6 月 4 日，市工业和信息化局根据市政府的安排，

召集原、被告双方就电能计量差错电量追补召开协调会。因双方协商未果，原告遂诉至法院。另查明，某电力技术鉴定有限公司受法院委托出具《技术鉴定意见书》，鉴定被告电能计量装置存在接线错误，接线错误期间，造成原告损失 6752945.18 千瓦时，电费损失 4159817.71 元。

一审法院认为，本案系不当得利纠纷。被告应当向原告支付因计费计量装置接线错误造成计量差错而少交的电费 4159817.7 元。被告辩称本案已经超过诉讼时效，因原告自发现存在接线错误的事实后一直积极向被告主张追补电费，并未超过法定诉讼时效，故对被告主张已过诉讼时效的辩解意见，法院依法不予采纳。判决被告支付原告电费 4159817.7 元。二审维持原判。

二、关键法条

1.《诉讼费用交纳办法》（自 2007 年 4 月 1 日起施行）

第十二条　诉讼过程中因鉴定、公告、勘验、翻译、评估、拍卖、变卖、仓储、保管、运输、船舶监管等发生的依法应当由当事人负担的费用，人民法院根据谁主张、谁负担的原则，决定由当事人直接支付给有关机构或者单位，人民法院不得代收代付。

2.《最高人民法院关于民事诉讼证据的若干规定》（自 2002 年 4 月 1 日起施行，2019 年 12 月 25 日修正）

第三十一条　当事人申请鉴定，应当在人民法院指定期间内提出，并预交鉴定费用。逾期不提出申请或者不预交鉴定费用的，视为放弃申请。

对需要鉴定的待证事实负有举证责任的当事人，在人民法院指定期间内无正当理由不提出鉴定申请或者不预交鉴定费用，或者拒不提供相关材料，致使待证事实无法查明的，应当承担举证不能的法律后果。

3.《供电营业规则》（自 2024 年 6 月 1 日起施行）

第六十一条　供电企业和用户应当共同加强电能质量管理。对电能质量有异议的可以由具有相应资质的技术检测机构进行技术判断。

第八十一条 供电企业必须按照规定的周期校验、轮换计费电能表，并对计费电能表进行不定期检查。发现计量失常的，应当查明原因。电能表运行出现问题的，应当更换。

用户认为供电企业装设的计费电能表不准时，有权向供电企业提出校验申请。供电企业受理申请后，应当在五个工作日内检验，并将检验结果通知用户。计费电能表的误差超出允许范围时，供电企业应当按照本规则第八十二条规定退补电费。用户对检验结果有异议时，可以向有资质的计量检定机构申请检定。用户在申请验表期间，其电费仍应当按期交纳，验表结果确认后，再行退补电费。

4.《中华人民共和国民事诉讼法》(自 1991 年 4 月 9 日起施行，2023 年 9 月 1 日第五次修正)

第七十九条 当事人可以就查明事实的专门性问题向人民法院申请鉴定。当事人申请鉴定的，由双方当事人协商确定具备资格的鉴定人；协商不成的，由人民法院指定。

当事人未申请鉴定，人民法院对专门性问题认为需要鉴定的，应当委托具备资格的鉴定人进行鉴定。

三、要点简析

1. 计量差错的鉴定规定

根据《供电营业规则》《中华人民共和国电力法》规定，用户应当安装计量检定机构依法认可的用电计量装置，供电企业必须按规定的周期校验、轮换计费电能表，并对计费电能表进行不定期检查。当发现电能计量装置失常时，由供电企业负责检定、查明原因，并对造成的电量差错，认真调查以认定、分清责任，并根据《供电营业规则》的有关规定进行差错电量计算。用户若对检验结果有异议，可以向有资质的计量检定机构申请检定。

2. 计量差错的鉴定流程

在诉讼过程中，如果当事人对计量差错问题需要鉴定，可以按以下流程启动鉴定程序：①当事人可以直接向法院提交书面申请，请求对计量装置进行司法鉴定；②原被告双方协商确定具备资格的鉴定人；③如果在协商阶段无法达成共识，法院有权介入，并指定适当的鉴定机构来进行鉴定；④当人民法院认为有必要进行鉴定时，也可以直接聘请独立的鉴定机构来完成鉴定工作。

3. 鉴定费用支付规定

根据《诉讼费用交纳办法》规定，人民法院根据谁主张、谁负担的原则，决定由当事人直接支付鉴定费给有关机构或者单位。本节案例1中，一审法院判定鉴定费 80000 元由被告负责支付，但二审法院认为原告主张少计电量，根据谁主张谁举证的原则，相应的证明责任应当由原告承担，故改判鉴定费用由原告承担。需要注意，即使是一方主张举证，但也可能存在另一方承担部分鉴定费的情况，如本节案例2中，因第三块电能表经鉴定合格，其接线方式正确，能准确计量实际使用电量，但被告在第三块电能表安装后仍拒不缴纳电费，其亦有一定的过错，因此判定需承担 1/3 鉴定费。

四、管理建议

1. 保存证据确保有效鉴定

供电企业在现场计量核查过程中，一是要注意人员工作组织，安排至少两名业务人员进行现场核查，必要时联系电力执法相关部门陪同；二是要注意现场检查的过程取证留档，按照规程开展计量装置外观及内部检查，做好过程文字记录、拍照、录像；三是要及时做好结论定性，现场核查完毕后认真分析总结，向用户正式出具现场检验记录书面材料，并做好现场送达或告知过程留痕。

2. 提高计量工作质量

供电企业工作人员的疏忽大意，引起计量差错，后期追补牵涉大量财力物力。供电公司应从源头抓起，切实提高计量工作质量。变比差错较为常见，引起差错的主要原因有：一是供电企业工作人员安装时未准确装设规定的计量装置；二是供电企业工作人员在结算系统维护用户档案时疏忽大意设置了错误的变比参数，归根结底是业务人员作业质量不到位引起。供电企业应严格按照规范，提升表计安装工作质量，从源头上减少因业务疏漏引起的计量差错问题。同时落实表计周期校验、轮换及不定期检查工作机制，认真核对表计现场与合同、系统参数一致性情况，发现差错后及早更新合同相应条款，在结算系统中维护正确参数，规范因处理差错引起的电费退补工作。

3. 强化计量工作统计评价

积极探索大数据、云计算技术在电能计量装置技术管理中的应用，并依托电能计量信息数据库和电能计量管理信息系统，采用科学的统计分析方法，进行多维度、加权、定量化的综合统计与分析，开展电能计量器具产品质量和寿命周期评价、供应商评价、电能计量装置配置和运行工况评价以及技术管理工作质量评价，验证和评价电能计量装置技术管理的符合性，制定并实施预防和纠正措施，持续改进和提升电能计量装置技术管理水平。

第五章　违约用电与窃电纠纷

第一节　供电公司发现用户私自转供应及时维权

📋 一、案例简介

案例：大型用能单位"以气抵电"私自转供电被有效纠正

某金属制品有限公司是某地大型用能单位，用电变压器容量 10 万千伏安。该公司建有自备电厂，2016 年度自发自用电量 11.47 亿千瓦时。该地供电公司在安全检查中发现，该公司在供电企业不知情的情况下，向邻近厂区的某制氧公司私自转供电，双方通过"以气抵电"的方式进行费用结算。截至 2017 年 8 月，私自转供的电费差价达 5 亿元。供电公司行文上报市政府，要求某金属制品有限公司停止转供，某制氧公司由供电公司供电。

该事件经市政府协调解决，未形成诉讼。

📋 二、关键法条

1.《中华人民共和国电力法》（自 1996 年 4 月 1 日起施行，2018 年 12 月 29 日第三次修正）

第二十五条　供电企业在批准的供电营业区内向用户供电。

供电营业区的划分，应当考虑电网的结构和供电合理性等因素。一个供电营业区内只设立一个供电营业机构。

供电营业区的设立、变更，由供电企业提出申请，电力管理部门依据职责和管理权限，会同同级有关部门审查批准后，发给《电力业务许可证》。供电营业区设立、变更的具体办法，由国务院电力管理部门制定。

第六十三条 违反本法第二十五条规定，未经许可，从事供电或者变更供电营业区的，由电力管理部门责令改正，没收违法所得，可以并处违法所得五倍以下的罚款。

2.《电力供应与使用条例》（自 1996 年 9 月 1 日起施行，2019 年 3 月 2 日第二次修订）

第三十八条 违反本条例规定，有下列行为之一的，由电力管理部门责令改正，没收违法所得，可以并处违法所得 5 倍以下的罚款：

（一）未按照规定取得《供电营业许可证》，从事电力供应业务的；

（二）擅自伸入或者跨越供电营业区供电的；

（三）擅自向外转供电的。

3.《供用电监督管理办法》（自 1996 年 9 月 1 日起施行）

第二十五条 违反《电力法》和国家有关规定，擅自向外转供电者，电力管理部门应以书面形式责令其拆除转供电设施，作出书面检查，没收其非法所得，并处以违法所得三倍以下的罚款。

4.《供电营业规则》（自 2024 年 6 月 1 日起施行）

第十六条 用户不得自行转供电。在公用供电设施尚未到达的地区，供电企业征得该地区有供电能力的直供用户同意，可以采用委托方式向其附近的用户转供电力，但不得委托重要的国防军工用户转供电。

第九十一条 在供电营业区内建设的各类发电厂，未经许可，不得从事电力供应与电能经销业务。

并网运行的发电厂，应当在发电厂建设项目立项前，与并网的电网经营企业联系，就并网容量、发电时间、上网电价、上网电量等达成电量购销意向性协议。

第九十三条　用户自备电厂应当自发自供厂区内的用电，自发自用有余的电量可以与供电企业签订购售电合同。

用户自备电厂应当公平承担发电企业社会责任、政府规定的基金和费用，在成为合格市场主体情况下，可以按照交易规则参与市场化交易。

5.《有序放开配电网业务管理办法》（自 2016 年 10 月 8 日起施行）

第二十一条　配电网运营者不得超出其配电区域从事配电业务。

发电企业及其资本不得参与投资建设电厂向用户直接供电的专用线路，也不得参与投资建设电厂与其参与投资的增量配电网络相连的专用线路。

6.《关于加强和规范燃煤自备电厂监督管理的指导意见》

八、确定市场主体，参与市场交易

（一）确定市场主体。满足下列条件的拥有并网自备电厂的企业，可成为合格发电市场主体。

（1）符合国家产业政策，达到能效、环保要求；

（2）按规定承担国家依法合规设立的政府性基金，以及与产业政策相符合的政策性交叉补贴；

（3）公平承担发电企业社会责任；

（4）进入各级政府公布的交易主体目录并在交易机构注册；

（5）满足自备电厂参与市场交易的其他相关规定。

三、要点简析

1. 私自转供电行为扰乱电力市场秩序

2015 年 3 月《中共中央　国务院关于进一步深化电力体制改革的若干意见》开启新一轮电力体制改革，要求加快构建有效竞争的市场结构和市场体系，形成主要由市场决定能源价格的机制。在进一步完善政企分开、厂网分开、主辅分开的基础上，按照管住中间、放开两头的体制架构，有序放开输配以外的竞争性环节电价，有序向社会资本开放配售电业务，有序放开公益性和调节性以外的发用电计划。

私自转供电行为，造成了实质上的发输配售一体化，不但违反了国家相关法律法规，给国有资产造成巨额损失，也扰乱了当前电力市场改革的有序环境，不符合电力体制改革方向。国家发展改革委、国家能源局印发的《有序放开配电网业务管理办法》明确规定发电企业及资本不得参与投资建设电厂向用户直接供电的专用线路。《中共中央　国务院关于进一步深化电力体制改革的若干意见》配套文件《关于加强和规范燃煤自备电厂监督管理的指导意见》也要求拥有并网自备电厂的企业，须满足"承担政府性基金和政策性交叉补贴；公平承担发电企业社会责任；进入政府公布的交易主体目录并在交易机构注册"等规定才能成为合格的发电市场主体。某金属制品有限公司将自发自用以外电量供给其他独立法人单位，违反了上述规定，形成事实上的违规交易，扰乱了电力市场秩序。

2. 私自转供逃避交叉补贴和社会责任，扰乱电力市场秩序

配电区域内的电力用户应当承担国家规定的政策性基金及附加费，目前此类基金及附加费用由供电企业代收代缴。在某金属制品有限公司自备电厂向某制氧公司转供的行为中，私自转供的自备电厂作为供电方，未向供电企业缴纳输配电价费用，未承担交叉补贴的社会责任；用电企业则漏缴农网还贷、大中型水库移民等基金以及容（需）量电费（系统备用费）、辅助服务费等。该行为实质是以逃避社会责任为代价营造低成本优势，影响市场竞争公平性。

3. 私自转供电影响电网安全稳定运行

依托电厂私自转供电形成自供区，或者是电改后增量配网私自扩大供电范围，不仅扰乱正常的供用电秩序，也会影响电网安全稳定运行。一是电网重复建设，易形成交叉供电和事实上的网中网，而且统一规划、统一调度难以落实，无序发展将给电网的安全运行、用户的用电质量埋下隐患。二是这类供电区域内供配电设施投入往往不足，建设标准低，不能满足地方经济长期发展需要和保障电力用户正常的用电增长需求，尤其是面对灾害性天气、极端气候条件、突发地质灾害等事件的应急处理能力不足，不具备普遍服务

和保底供电的能力。三是电网备用容量高，增大设备投资，造成资源浪费并会提高输配电价水平，最终损害用户利益，不利于构建竞争的市场格局。需要从政策与法律两个方面着手，维护正常的供用电秩序，形成健康、有序和规范的电力供应环境。

4. 转供电应符合法定情形并由供电企业委托

根据《中华人民共和国电力法》第二十五条规定，供电经营实行行政许可制度，一个供电营业区域内只设立一个供电营业机构。另根据《供电营业规则》第十六条之规定，在公用供电设施尚未到达的地区，供电企业征得该地区有供电能力的直供用户同意，可以采用委托方式向其附近的用户转供电力，但不得委托重要的国防军工用户转供电。非经供电企业委托，任何单位不得擅自向外供电，即未经供电企业同意，其他非供电企业不得与用户签订供用电合同。

本案中某金属制品有限公司与某制氧公司之间的转供电没有得到供电方的同意，并未签署三方协议，期间的转供电关系不受法律保护。供电企业可根据《中华人民共和国电力法》第六十三条、《电力供应与使用条例》第三十八条、《供用电监督管理办法》第二十五条等规定，要求当地电力主管部门作出处罚。

5. 私自转供电可由电力管理部门处以5倍以下罚款

根据《中华人民共和国电力法》第六十三条、《电力供应与使用条例》第三十八条，自备电厂擅自向外转供电的行为，由电力管理部门责令改正，没收违法所得，可以并处违法所得5倍以下的罚款。《供用电监督管理办法》第二十五条则明确为，擅自向外转供电者，电力管理部门应以书面形式责令其拆除转供电设施，作出书面检查，没收其非法所得，并处以违法所得三倍以下的罚款。《供用电监督管理办法》把"三倍以下"明确为"三倍"，但把"可以并处"也明确为"并处"，其实质是更严厉地规定了擅自向外转供电者应承担的法律责任。

四、管理建议

如本节所述案例，一般此类事件会在政府或相关部门的主持下协调解决，不至于形成诉讼。但在电改背景下，各路资本跃跃欲试，想从配电网业务中分得一杯羹。发电企业直供电的愿望尤其强烈。发电企业通过直供电获取的利益，很大程度上以逃避交叉补贴、政府基金等社会责任为基础，获得低电价优势。因此，供电企业应特别关注未经许可，从事电力供应与销售业务或者擅自变更供电营业区、擅自伸入或者跨越供电营业区供电、擅自向外转供电等行为，自觉维护电力市场秩序。供电企业不仅应谨慎处理转供电事宜，尽量不要产生转供电情况，避免配售电市场流失，还应加强用电检查，有效防控非法转供电行为。

1. 把好电量分析关

电量是生产行业的晴雨表，企业的设备、产量与电量息息相关。企业是否存在违法转供电行为，很容易从其用电量中体现出来。相关用电检查人员应从电量分析入手，定期对比分析，重点关注突增电量，发现异常即开展调查，及时查处非法转供电行为。供电企业发现违章违规用电、转供电时，应及时制止转供电方停止违章供用电行为，督促被转供电方及时到供电企业办理用电申请。

2. 把好定期巡查关

根据《中华人民共和国电力法》第六十三条规定，针对非法转供电的行为，电力管理部门有权依法进行监督检查。实务中该检查行为一般由供电企业承担。为了杜绝非法转供电行为，供电人应建立严密的巡查制度，如乡镇供电所人员每月对重点部位巡查一次，用电检查人员每三个月开展一次专业检查等。巡查人员要对用电方配电室、变压器和管理制度等方面进行专业检查，义务给予安全用电技术指导，及时指出安全隐患，为企业安全用电保驾护航，也要查看有没有非法转供电或窃电行为等。此外还应该针对检查到的情况建立日常巡视档案，以便及时发现问题。除了加强巡查外，供电企业还应加强宣传，发动群众积极举报揭发，做到有报必查、有报即奖、有查必纠。

第二节　综合体向终端用户转供电不应违法加价

一、案例简介

案例：向转供电终端用户收取政府定价外电费构成违法行为

2020年5月11日，某区市场监管局执法人员对当事人某投资控股有限公司开展检查。经查，当事人用电类型为一般工商业用电，采用分时电价计费，而其向园区内终端用户实际以每千瓦时1.07～1.83元不等的单价收取电费，同时向部分承租单位收取每月300～4500元不等的容量电费。2018年4月至2020年4月，共向供电企业缴纳电费1135538.15元，向终端用户收取电费1881738.91元，共计多收电费746200.76元，多收占比高达65.7%。当事人上述行为构成不执行政府定价的违法行为，鉴于其积极配合调查取证，并及时全部退还多收价款746200.76元，区市场监管局决定对该公司处以罚款人民币746201元的行政处罚。

二、关键法条

1.《供电营业规则》（自2024年6月1日起施行）

第十七条　非电网供电主体对具备表计条件的终端用户，应当按照政府规定的电价政策执行，不得在终端用户的电费中加收物业公共部位、共用设施和配套设施的运行维护费等费用。

本条所指非电网供电，是指在公用供电设施已到达的地区，非电网供电主体将用电地址内配用电设施向供电企业申请整体报装并建立供用电关系，再由其通过内部配电设施向内部终端用户供电的情形。

2.《浙江省电力条例》（自2023年1月1日起施行）

第四十九条　商品交易市场、商业综合体、商业办公用房、产业园区等转供电主体向工商业用户转供电的，不得收取除电费和省规定的损耗费用外的其他费用。

3.《国家发展改革委办公厅关于清理规范电网和转供电环节收费有关事项的通知》

二、全面清理规范转供电环节不合理加价行为

转供电是指电网企业无法直接供电到终端用户，需由其他主体转供的行为。目前，一些地方的商业综合体、产业园区、物业、写字楼等转供电环节存在不合理加价现象，国家多次降低一般工商业电价的措施未能得到有效传递和落实，必须采取有力措施清理规范，确保降价成果真正惠及终端用户。

对于具备改造为一户一表条件的电力用户，电网企业要主动服务，尽快实现直接供电，并按照目录销售电价结算。不具备直接供电条件，继续实行转供电的，转供电主体要将今年以来的降价政策措施全部传导到终端用户。省级价格主管部门要会同电网企业采取有效措施，清理规范转供电环节加收的其他费用，纠正转供电主体的违规加价、不执行国家电价政策的行为。

4.《国家发展改革委关于降低一般工商业电价有关事项的通知》

一、主要措施

（三）进一步规范和降低电网环节收费。一是提高两部制电价的灵活性。完善两部制电价制度，两部制电力用户可自愿选择按变压器容量或合同最大需量缴纳电费，也可选择按实际最大需量缴纳电费。逐步实现符合变压器容量要求的一般工商业及其他用电选择执行大工业两部制电价。二是全面清理规范电网企业在输配电价之外的收费项目。重点清理规范产业园区、商业综合体等经营者向转供电用户在国家规定销售电价之外收取的各类加价。产业园区经营的园区内电网，可自愿选择移交电网企业直接供电或改制为增量配电网。商业综合体等经营者应按国家规定销售电价向租户收取电费，相关共用设施用电及损耗通过租金、物业费、服务费等方式

协商解决；或者按国家规定销售电价向电网企业缴纳电费，由所有用户按各分表电量公平分摊。

5.《国家发展改革委办公厅关于切实做好清理规范转供电环节加价工作有关事项的通知》

二、提高降价政策传导的可操作性

各地要综合已出台的各项降价措施，明确具体降价标准，简化操作程序，确保降价措施可操作、可传导。转供电主体向所有终端用户（含转供电主体经营者办公、共用部位、共用设施设备、停车场等用电，下同）收取的电费总和，以不超过其向电网企业缴纳的总电费为限。转供电主体应按国家规定的销售电价向电网企业缴纳电费，其缴纳的电费由所有终端用户按各分表电量公平分摊。按照《物业管理条例》及物业服务收费管理办法有关规定，物业共用部位、共用设施设备的日常运行、维护费用应当通过物业费收取，转供电单位不得以用电服务费等名义向终端用户重复分摊收取。执行峰谷分时电价或随电费一并收取线损电价的地区，要进一步简化计价方式，可参照当地全年一般工商业平均电价等方式直接明确降价后终端用户执行的具体电价标准，提高降价政策的可操作性，便于转供电主体和终端用户落实执行。

三、要点简析

1. 非电网供电现象成因与不利影响

根据 2024 年新版《供电营业规则》第十七条，非电网供电是指在公用供电设施已到达的地区，非电网供电主体将用电地址内配用电设施向供电企业申请整体报装并建立供用电关系，再由其通过内部配电设施向内部终端用户供电的情形。对这部分非电网供电的终端用户，供电企业无法做到销售到户、抄表到户、服务到户、收费到户。

非电网直供问题有着复杂的历史原因，一直伴随着我国的电力工业发展而存在。根据《电力供应与使用条例》，在公用供电设施未到达的地区，供电企业可以委托有供电能力的单位就近供电。在计划经济时期，由于电力工业投资不足，除电网企业外的社会资本投资建设了供配电设施，一方面解决自身用电问题，一方面还承担了就近其他用户的供电。改革开放以后，特别是经历了电力体制改革和城乡电网的改造，转供电的问题得到了部分解决，例如20世纪90年代进行的农村电网的改造，农村电网全部收归为电网企业直管，实行"四到户"管理和城乡同网同价，彻底解决了乡镇电管站转供加价的农村高电价问题。2005年前后进行的"两电分离"改造，解决了部分老企业生产用电和生活用电的分离问题，生活用电由供电公司直供，降低生产用电和生活用电费用。但由于供配电设施的投资建设界面的划分，形成了产业园区、综合体、小区物业、写字楼等新的主体。这类主体拥有配电设施产权，以自主经营的方式对终端用户供电、收取电费，将配电设施建设投入、日常运行维护、线损公摊等成本以电价加价方式向被转供电的用户分摊，可能存在不合理加价现象，使终端用户未能享受到电网企业直供服务。弥补转供电成本和获取超额利润是转供电主体违规加价的两类主要动机。由于国家没有严格管制，再加上转供电主体大多没有足够的计量、测算能力，导致转供电和公用电中的电能成本、线损成本、运维折旧和财务费用都被打包计入转供电加价中，形成"成本黑箱"。转供电主体此举的首要目的是通过加价形式回收上述部分成本或全部成本。

转供电加价会形成一系列不利影响。一是国家降电价红利被转供电主体截留，使终端用户缺少用能成本降低的获得感。目前电网企业直供的一般工商业用户享受到了国家降价红利，但部分转供电主体没有宣传政府的降电价政策也没有降价措施，大部分降价红利被转供电主体截留没有落实到终端用户。二是转供电违规加价将麻痹被转供户用电行为，不利于电力市场化理念推广和分时电价政策执行，对提高电能利用效率形成阻碍。转供电主体普遍按照单一电价形式转供，其自主定价导致没有动力优化和引导转供区内被转供户用电行为。特别是目前正处于全面放开经营性行业电量、推进电力市场发展的关键阶段，鼓励售电侧用户主动参与电力市场化交易已然成为至关重要的一环。若不打破转供电违规加价这一"藩篱"，无法从根本上解放中小工商业用户束缚，不利于构筑电力市场发展的用户基础。此外，转供电违规加价也难以充分发挥分时电价政策优化峰谷负荷的作用，有碍于进一步提高电能利用效率。

2. 商业综合体等转供电加价违法违规

电力能源是经济增长和社会发展的重要物质基础，具有准公共品的属性。电价是电能商品的价格。与一般商品价格相比，电价承载的功能更为复杂，除了一般的经济性和社会性要求外，电价还有较强的政治性和技术性要求，其常常作为国家宏观调控的手段。

由于转供电主体承担了转供电区域内的配电网投资、建设和运营的职能，部分转供电主体在对终端用户收取电费的过程中存在不合理的加价现象。转供电违规加价是指在"电价"上的加价，而不是其他加价形式。《中华人民共和国电力法》第四十四条规定，"禁止任何单位和个人在电费中加收其他费用；但是，法律、行政法规另有规定的，按照规定执行"。《电力供应与使用条例》第二十七条规定，"供电企业应当按照国家核准的电价和用电计量装置的记录，向用户计收电费"。即《中华人民共和国电力法》与《电力供应与使用条例》要求电费按照国家核准电价计收，不得在电费中加收其他费用（法律法规另有规定除外）。

因此，法律法规已经明确转供电中的"电价"是不允许被加价的。2024年新版《供电营业规则》第十七条规定，"非电网供电主体对具备表计条件的终端用户，应当按照政府规定的电价政策执行，不得在终端用户的电费中加收物业公共部位、共用设施和配套设施的运行维护费等费用。"该条规定将原仅针对商业用户的转供电限制，扩大为所有终端用户。即，对人才公寓这一类居民用电，也不允许上一级专变业主随意加价。

3. 关于清理规范商业综合体等经营者转供电行为的具体要求

清理规范该类转供电环节不合理加价是落实国家减税降费、确保国家政策红利及时足额落实到位的重大举措，也是优化营商环境、推进企业复工复产的重要保障。2018年3月28日，《国家发展改革委关于降低一般工商业电价有关事项的通知》印发，明确提出"重点清理规范产业园区、商业综合体等经营者向转供电用户在国家规定销售电价之外收取的各类加价"。为贯彻落实会议精神，2018年7月4日，《国家发展改革委办公厅关于清理规范电网和转供电环节收费有关事项的通知》印发，要求必须采取有力措施清理规范，确保降价成果真正惠及终端用户。2020年12月底，《国务院办公厅转发国家发展改革委等部门关于清理规范城镇供水供电供气供暖行业收费促进行业高质量发展意见的通知》，要求供电企业应抄表到户、服务到户，严格按照政府规定的销售价格向终端用户收取电费。对供电企业暂未直抄到户的终端用户，任何单位或个人不得在电费中加收其他费用，对具备表计条件的终端用户，应按照政府规定的销售价格执行；对不具备表计条件的终端用户，电费应由终端用户公平分摊。物业公共部位、共用设施和配套设施的运行维护费用等，应通过物业费、租金或公共收益解决，不得以电费为基数加收服务类费用。经营者要建立健全各项收费及费用分摊相关信息的公示制度，及时向终端用户公开。严禁以强制服务、捆绑收费等形式收取不合理费用。

各地方政府也采取措施大力整治转供电加价行为，如浙江省以地方立法的形式，明确了各商品交易市场、商业综合体、商业办公用房、产业园区等转供电主体不得收取除电费和省规定的损耗费用外的其他费用。具体到"省规定的损耗费用外的其他费用"，根据《省发展改革委省市场监管局关于进一步规范转供电价格行为有关事项的通知》的相关规定，主要有以下三种情况。

终端用户安装分时计量电表的，电价执行我省目录峰谷分时电价。转供电主体执行两部制电价的，容（需）量电费根据终端用户电量据实分摊。转供电主体自用电费由自身承担，物业公共部位、共用设施和配套设施的运行维护费等通过物业费、租金或公共收益等途径解决。

终端用户安装非分时计量电表的，电价按"基准电价×（1+最大上浮幅度）"方式形成。基准电价的确定。转供电主体不执行峰谷分时电价的，基准电价按转供电主体向电网企业购电对应电压等级的电价确定；转供电主体执行峰谷分时电价的，基准电价按转供电主体月度平均购电价确定，月度平均购电价由其向电网企业缴纳的月度总电费和总购电量计算确定。最大上浮幅度的确定。最大上浮幅度根据转供电主体供电的合理损耗等因素确定，由转供电主体与终端用户协商明确，最大上浮幅度不超过 10%。有条件的转供电主体可选择不上浮，其供电的合理损耗等通过物业费、租金或公共收益等途径解决。存在多层转供电情况的，终端用户执行的电价上浮幅度合计不得超过 10%。

未安装电表用户。未安装电表的终端用户和转供电主体通过协商约定各自用电量分摊方式，由各自公平承担。物业公共部位、共用设施和配套设施的运行维护费等通过物业费、租金或公共收益等途径解决。

关于损耗费用的额度，浙江省为允许收取"省规定的损耗费用外的其他费用"，与《供电营业规则》第十七条规定略有出入，需要当地物价部门及时出台文件，明确执行标准。

四、管理建议

1. 推进"一户一表"改造，以直供电代替转供电

《国家发展改革委办公厅关于清理规范电网和转供电环节收费有关事项的通知》要求，对于具备改造为"一户一表"条件的电力用户，电网企业要增强责任感，主动服务，加大改造力度实现直接供电，相关改造成本纳入输配电成本适时疏导。需要注意的是，产权不明晰可能导致"一户一表"改造产生法律风险。某些转供电区域只存在转供电主体单一产权，内部没有独立产权，"一户一表"改造应由转供电主体提出申请并承担相应改造费用；拥有单一产权的转供电主体也可以选择将产权移交电网企业，此时的改造成本

才可纳入输配电成本疏导。但也有些转供电区域产权分散在多个主体间，属于公共产权，这种情况下电网企业需要确定申请改造或产权移交的多个主体有全部产权，否则将产生法律风险。

2. **区分转供电主体、被转供户类型，针对性采取措施规范加价行为**

不具备改造为"一户一表"条件的电力用户，可综合考虑转供电主体特征、被转供户经营生产的电费敏感度等具体情况，采取针对性措施规范加价行为：①对于配电资产规模较大的产业及工业园区，鼓励改制为增量配电网，完善配电基础设施建设，执行政府规定的配电价格；②对于居民小区、商业综合体等转供电主体，可采用委托或购买服务等方式将运营权交给具备供电许可资质的专业公司，承担辖区内正常的供电运行、设备维护工作，成熟后可以参与电力市场交易；③对处于电费敏感度较高的行业企业，由电网企业优先委托有能力的主体实施转供电，并依据《供电营业规则》签订协议，加强转供电指导，规范转供电行为。

3. **重视转供电主体成本回收需求，对不同成本制定疏导措施**

本书编者认为，非电网供电的线损分担是一个无法回避的现实问题。只要转供电主体向各终端用户收取的电费总和不超过其向电网企业缴纳的电费，线损及公用电电能成本就可作为转供电"电价"的加价部分，但需要单独列示并说明。可区分转供电和公用电的，转供电电能按分表电量直接回收，公用电电能和总线损分摊回收，其他成本按照用电量分摊至终端用户，纳入租金、物业费或服务费回收。可区分线损的，在上述基础上仅对转供电线损分摊回收，公用电电能及线损连同其他成本纳入租金、物业费或服务费回收。

4. **同步加强电价政策宣传和普法宣传，提升规范转供意识**

一方面，大量被转供户对电费的敏感性不强，也缺乏基本的电价知识，甚至不了解近两年降低一般工商业电价措施，需要当地政府、电网企业以及转供电主体加大电价政策宣传力度。另一方面，部分转供电主体主观上对清理规范要求有抵触心理，存在拒不执行、百般阻挠的现象，在工作中也需要加大合规转供电、合理加价的普法宣传，提升转供电主体遵纪守法意识。

5. 完善相关法律或出台专门规章，为规范转供电及加价行为提供保障

现行法律法规、规章制度很难起到完全规范转供电行为的作用，往往政策文件要求是一套，但现实中的操作又是另一套。因此需要完善相关法律法规，或出台专门的转供电制度，实事求是界定转供电主体合法身份，对计提公用设施线损、运维标准等进行规定，约束随意定价行为。

第三节　窃电时间及电量民事与刑事认定有区别

一、案例简介

案例 1：窃电事实被认定，但电费本金和三倍违约使用电费均被调低

案号：（2022）内 07 民终 2935 号

2022 年 2 月 25 日，某供电公司营业普查时发现某贸易公司私自在计量装置上接入"U 型环"窃电。工作人员现场拍照取证后，向店主指出窃电位置，但店主否认存在窃电行为，拒绝签收《违约、窃电处理通知书》和《违章用电、窃电处理通知单》，现场有供电服务记录仪记录。供电公司向公安机关报案，公安机关未立案。2022 年 5 月，贸易公司向法院提起诉讼，要求供电公司恢复供电并赔偿营业损失 1 万元整。供电公司反诉贸易公司存在窃电事实，应支付电费及违约使用电费 3.3 万元。

一审法院认定贸易公司存在窃电行为，但对电费计算作出调整，从电费骤减的月份开始、以照明用户计算，判决贸易公司支付电费及违约使用电费 1.6 万元。

案例 2：窃电数额计算采纳电网内部系统数据，但未按三倍违约使用电费定罪

案号：（2018）皖 0603 刑初 55 号

2016 年 4 月至 7 月，为维持比特币挖矿机的运转，被告人徐某在未经电力部门许可的情况下，在某村的出租房内，私接电线窃取国家电能。供电

公司查获后，因窃电时间无法查清，按照《省电力设施和电能保护条例》有关规定，窃电日数以 180 天计算，根据现场发现的窃电设备的负荷以及违约金计算出合计损失约 596826.6 元。公安局出具的关于被盗电能价值计算的情况说明，证明：经核实案件事实，结合供电部门的电能计算说明，对徐某所盗电能价值具体计算为现场实测电流容量 44.32 千瓦，每日盗电时间为 24 小时，盗电日数为 90 日，居民生活用电价格为 0.5653 元/千瓦时，故徐某所盗电能价值为 44.32 千瓦×24 小时×90 日×0.5653 元=54116.8474 元。

法院认为，被告人徐某盗窃电能价值为 54116.8474 元，有供电公司出具的追补电费及违约使用电费的计算说明、省物价局关于调整电价有关问题的通知、关于被盗电能价值计算的情况说明及电信分公司出具的相关材料等证据相互印证，足以认定被告人徐某的行为已构成盗窃罪。判决被告人徐某犯盗窃罪，判处有期徒刑二年六个月，缓刑三年，并处罚金人民币 6 万元。

案例 3：盗窃电能按实际电费损失认定盗窃数额，未采用三倍违约使用电费

案号：（2018）黔 0423 刑初 161 号

2017 年 2 月，辜某家电表损坏，其绕越电表，私自从供电线路直接搭线用电，实施窃电行为。2018 年 6 月 18 日，县供电公司工作人员在发现辜某上述窃电行为，遂进行断电。

供电公司认为窃电用户应支付电费及违约使用电费，经现场取证记录统计，被告人辜某户居民生活用电设施负荷 18.89 千瓦，非专业用电设施负荷 28.75 千瓦；居民生活用电追补电量、追补电费及违约使用电费合计人民币 37179.16 元；非工业用电追补电量、追补电费及违约使用电费合计人民币 177456.96 元，以上共计人民币 214636.12 元。

某电力工程司法鉴定中心鉴定，2017 年 2 月 10 日至 2018 年 6 月 18 日，辜某窃电量为 12623 千瓦时，电费损失为 8344 元。法院按照鉴定意见认定窃取电量价值 8344 元。判决被告人辜某犯盗窃罪，判处有期徒刑九个月，并处罚金人民币 2000 元；责令被告人辜某退赔供电公司经济损失人民币 8344 元。

二、关键法条

1.《中华人民共和国刑法》(自 1980 年 1 月 1 日起施行，2023 年 12 月 29 日修正)

第二百六十四条【盗窃罪】 盗窃公私财物，数额较大的，或者多次盗窃、入户盗窃、携带凶器盗窃、扒窃的，处三年以下有期徒刑、拘役或者管制，并处或者单处罚金；数额巨大或者有其他严重情节的，处三年以上十年以下有期徒刑，并处罚金；数额特别巨大或者有其他特别严重情节的，处十年以上有期徒刑或者无期徒刑，并处罚金或者没收财产。

2.《中华人民共和国治安管理处罚法》(自 2013 年 1 月 1 日起施行)

第四十九条 盗窃、诈骗、哄抢、抢夺、敲诈勒索或者故意损毁公私财物的，处五日以上十日以下拘留，可以并处五百元以下罚款；情节较重的，处十日以上十五日以下拘留，可以并处一千元以下罚款。

3.《中华人民共和国电力法》(自 1996 年 4 月 1 日起施行，2018 年 12 月 29 日第三次修正)

第七十一条 盗窃电能的，由电力管理部门责令停止违法行为，追缴电费并处应交电费五倍以下的罚款；构成犯罪的，依照刑法有关规定追究刑事责任。

4.《电力供应与使用条例》(自 1996 年 9 月 1 日起施行，2019 年 3 月 2 日第二次修订)

第四十一条 违反本条例第三十一条规定，盗窃电能的，由电力管理部门责令停止违法行为，追缴电费并处应交电费 5 倍以下的罚款；构成犯罪的，依法追究刑事责任。

5.《供用电监督管理办法》(自 1996 年 9 月 1 日起施行)

第二十九条 电力管理部门对盗窃电能的行为，应责令其停止违法行为，并处以应交电费五倍以下的罚款；构成违反治安管理行为的，由公安机关依照治安管理处罚法的有关规定予以处罚；构成犯罪的，依照刑法有关规定追究刑事责任。

6.《供电营业规则》（自2024年6月1日起施行）

第一百零三条 禁止窃电行为。窃电行为包括：

（一）在供电企业的供电设施上，擅自接线用电；

（二）绕越供电企业用电计量装置用电；

（三）伪造或者开启供电企业加封的电能计量装置封印用电；

（四）故意损坏供电企业电能计量装置；

（五）故意使供电企业电能计量装置不准或者失效；

（六）采用其他方法窃电。

第一百零四条 供电企业对查获的窃电者，应当予以制止并按照本规则规定程序中止供电。窃电用户应当按照所窃电量补交电费，并按照供用电合同的约定承担不高于应补交电费三倍的违约使用电费。拒绝承担窃电责任的，供电企业应当报请电力管理部门依法处理。窃电数额较大或情节严重的，供电企业应当提请司法机关依法追究刑事责任。

第一百零五条 能够查实用户窃电量的，按已查实的数额确定窃电量。窃电量不能查实的，按照下列方法确定：

（一）在供电企业的供电设施上，擅自接线用电或者绕越供电企业计量装置用电的，所窃电量按照私接设备额定容量（千伏安视同千瓦）乘以实际使用时间计算确定；

（二）以其他行为窃电的，所窃电量按照计费电能表标定电流值（对装有限流器的，按照限流器整定电流值）所指的容量（千伏安视同千瓦）乘以实际窃用的时间计算确定。

窃电时间无法查明时，窃电日数至少以一百八十天计算。每日窃电时长，电力用户按照十二小时计算、照明用户按照六小时计算。

三、要点简析

窃电是指非法占用电能，以不交或者少交电费为目的，采用非法手段不计量或者少计量用电的行为。我国《中华人民共和国电力法》第四条明确规定："禁止任何单位和个人危害电力设施安全或者非法侵占、使用电能。"《电力供应与使用条例》第三十一条以及《供电营业规则》第一百零三条对窃电行为的主要类型进行了明确规定，具体包括：在供电企业的供电设施上，擅自接线用电；绕越供电企业的用电计量装置用电；伪造或者开启法定的或者授权的计量检定机构加封的用电计量装置封印用电；故意损坏供电企业用电计量装置；故意使供电企业的用电计量装置计量不准或者失效等。考虑到实践中窃电者采用的窃电方式多种多样，《电力供应与使用条例》第三十一条以及《供电营业规则》第一百零三条均规定了兜底条款"采用其他方法窃电"。因此，对于任何非法侵占、使用电能的行为均应认定为窃电行为。

窃电查处，是指按照相关规则，预防打击非法使用电能、非法侵占电能等违法行为的活动，是公安部门、电力管理部门和供电企业维护供用电秩序、改善电力供应与使用环境的重要工作内容。

供电企业在窃电查处方面存在的疑惑主要有：

1. 推定方式确定窃电数量认定依据不足

普通盗窃罪的定罪与量刑均以数额为依据，但电能的特殊性决定了盗窃电能的数量无法实际测量。为此，《供电营业规则》第一百零五条采用推定原则计算窃电量：

一是在供电企业的供电设施上，擅自接线用电的，所窃电量按私接设备额定容量（千伏安视同千瓦）乘以实际使用时间计算确定。该规定在窃电者实际使用的设备容量小于额定容量的情况下，扩大了盗窃电能的数量。

二是窃电时间无法查明时，窃电日数至少以一百八十天计算，每日窃电时间：电力用户按十二小时计算；照明用户按六小时计算。

审判实务中，运用推定方式计算的窃电量往往不被窃电当事人及法院认可。本节的 3 个案例均有这种情况。但从民事裁判案例看，法院认可民事协议中的三倍违约使用电费。这是因为，《中华人民共和国刑事诉讼法》明确规定，刑事证据必须具有客观性、关联性、合法性，且必须坚持疑罪从无、罪刑法定的原则。依据《供电营业规则》推定出的窃电时间和窃电量，不符合刑事证据客观真实性的要求；推定的窃电量可能超过实际的窃电量，也与刑法中"疑罪从无"的精神不相符合。

2. 供电公司内部数据作为窃电量证据的有效性不足

目前供电企业高压用户安装的负控终端、智能电表的数据采集频度和准确性都很高，低压用户安装的采集终端也正逐步改造升级，满足负荷数据按小时采集的要求，所以在技术上可以通过计算得到接近事实的窃电量，结合其他证据（如当事人供述等）形成证据链，一定程度上可以弥补窃电期间和窃电数额仅靠推定的不足。但数据属于供电企业的单方证据，较难获得其他当事各方的认可。

3. 窃电行为认定依据不足

根据《电力供应与使用条例》第三十一条、《供电营业规则》第一百零一条，窃电行为包括六种情况：

（1）在供电企业的供电设施上，擅自接线用电；

（2）绕越供电企业的用电计量装置用电；

（3）伪造或者开启法定的或者授权的计量检定机构加封的用电计量装置封印用电；

（4）故意损坏供电企业用电计量装置；

（5）故意使供电企业的用电计量装置计量不准或者失效；

（6）采用其他方法窃电。

对实务中长期困扰供电企业的超容用电逃避容（需）量电费、通过科技手段改变变比等明显以少交容（需）量电费为目的之行为，以及传授窃电方法和提供窃电装置的第三人是否可以作为窃电共犯处理，无明确规定。

4. 三倍违约使用电费与上位法及合同现状有冲突

原《供电营业规则》第一百零二条，窃电者应按所窃电量补交电费，并承担补交电费三倍的违约使用电费。该规定在具体执行中存在较大冲突：一是无权约定。窃电也是盗窃，盗窃行为不能由双方约定处理。供用电合同中可以对窃电量的计算、处理程序作出约定，但不能对如何处罚作出约定。二是数额过大。根据《最高人民法院关于适用〈中华人民共和国合同法〉若干问题的解释（二）》第二十九条，约定的违约金超过 30% 视为"过分高于造成的损失"，因此三倍的违约使用电费可能存在"过分高于造成的损失"而被法院调整的风险。新版《供电营业规则》已将承担补交电费三倍的违约使用电费改为承担不高于应补交电费三倍的违约使用电费的表述。

四、管理建议

窃电行为严重扰乱了供用电市场秩序，因此必须依法严厉查处、打击窃电行为。为维护供电企业的合法权益，保持良好的供用电秩序，切实保护国有资产不被非法侵犯，建议从立法和合约等方面，加强窃电法律关系的研究。同时，结合具体窃电行为、窃电量、行为后果、次数、窃电者主观恶意程度以及法定裁量情节（从重、从轻、减轻）等多种因素具体确定惩罚措施。

湖北、山东等地，以地方立法的形式，明确了使用非法用电充值卡或者非法使用用电充值卡占用电能的、实行两部制电价用户私自增加电力容量的、擅自变更计量用电压互感器和电流互感器变比等计量设备参数造成电费损失等行为属于窃电。但是，依据《中华人民共和国立法法》第七、八、九条规定，犯罪与刑罚作为刑事法律制度的一个有机组成部分，对其进行相关规定的立法权限为全国人大与人大常委会的专属立法权，地方立法机关并不具备相应的立法权，以上地方立法也不符合《中华人民共和国立法法》关于专属立法权的原则。因此，建议在更高层面慎重考虑六种以外窃电行为的现实危害性，在立法层面解决确系窃电的行为入刑问题。

第四节 违约用电处理通知单应填写准确并送达

一、案例简介

1. 窃电刑事案例

案例1：供电部门提供的用电信息采集表可以作为窃电刑事案件的定案依据

案号：（2021）冀02刑终75号

2018年12月15日至2019年3月5日，被告人霍某通过比特币"挖矿"方式获利，并租用了某住宅作为窃电场所，总窃电量为87129.60千瓦时。经鉴定，居民用电87129.60千瓦时于2018年12月15日至2019年3月5日的市场价格为人民币70023.95元。

一审判处被告人霍某犯盗窃罪，判处有期徒刑三年，并处罚金人民币5万元。霍某上诉称，窃电量缺乏证据证实，案涉机器不可能全天满负荷运转，亦不能排除因机器故障未用电的情形，并且价格认定结论书不能作为定案依据。

二审法院认为，根据上诉人霍某及同案犯李某的供述、供电部门提供的用电信息采集表、租房合同等证据，能够证实本案中上诉人霍某及其他同案犯的窃电时间和窃电天数，并依据该省《打击盗窃电能违法行为若干规定》第三、五条的规定计算得出窃电电量，结论客观真实。判决驳回上诉，维持原判。

案例2：法院司法委托入选专业机构作出的窃电鉴定意见，可以作为定案依据

案号：（2019）粤5122刑初213号

2015年至2018年9月期间，被告人张某通过四处变压器进行窃电，后供电给某养殖户以赚取电费。经某价格鉴证财产评估有限公司鉴定：涉案10千伏东溪线四处窃电点窃电的总量为1155233千瓦时，窃电金额738194元。被告人辩护人辩称，本案价格鉴定报告不能作为定案依据。

法院认为，该价格鉴证财产评估有限公司系该省高级人民法院确定的法院司法委托入选专业机构，具有评估资质，鉴定人员具有相关资质，鉴定程序合法，鉴定意见客观公正。判决被告人张某犯盗窃罪，判处有期徒刑十年，并处罚金 50000 元；退赔供电公司损失 738194 元；用于作案的电力设备予以没收，上缴国库。

案例3：窃电被告人支付了违约使用电费后，仍判处刑罚

案号：（2020）粤 1502 刑初 338 号

2020 年 8 月 25 日 13 时许，公安机关在联合供电局进行的反窃电专项行动中，发现被告人姚某存在窃电行为，遂通过电话传唤被告人姚某到现场接受处理，被告人姚某到达现场后被传唤到公安机关接受调查，如实供述了窃取电能的经过。经供电局计量部门核算，被告人姚某窃取的电能共 58320 千瓦时，窃电金额人民币 36034.1 元。案发后被告人姚某家属缴纳了窃电金额 36034.1 元及缴纳罚款 108102.3 元。

法院认为，被告人姚某经公安机关电话传唤，自动到案接受调查，并如实供述自己的犯罪行为，是自首，依法可以从轻处罚。判决被告人姚某犯盗窃罪，判处有期徒刑九个月，并处罚金人民币 5000 元。

案例4：窃电被判处有期徒刑的缓刑期不能少于一年

案号：（2022）苏 12 刑抗 2 号

被告人陈某于 2015 年 6 月 1 日，伙同他人以改装电能表的方式窃电。经鉴定，改装后的电能表基本误差为-76.5%，截至 2021 年 6 月 17 日，陈某以此方式窃取电力费用合计人民币 17105.45 元。陈某归案后，如实供述了自己的犯罪事实，并已补缴所窃电费。

原审法院结合陈某犯罪情节、悔罪表现等因素综合考量，酌情对其从轻处罚，判处陈某有期徒刑八个月，缓刑十个月，并处罚金人民币 15000 元。市人民检察院抗诉认为，原审判决违反了刑法关于有期徒刑缓刑不能少于一年的明确规定，属适用法律错误，量刑不当。法院改判原审被告人陈某犯盗窃罪，判处有期徒刑八个月，缓刑一年，并处罚金人民币 15000 元。

2. 窃电民事案例

案例5：租户窃电应由合同相对人即房东先承担违约责任

案号：（2023）沪0118民初4246号

2020年9月25日，被告某供电公司在查验时发现涉案房屋的电能表在2017年3月10日存在开盖记录，开盖时间长约3分钟，该电能表内部存在"焊接、短接"的事实。同日，向原告黄某开具《违章用电（违约、窃电）现场检查单》并告知对涉案电表采取停电措施。2022年11月17日，原告至被告处缴纳了补收电费4190.59元、违约使用电费12571.77元，共计16762.36元。原告诉至法院称，被告是一个企业，没有行政处罚权，涉案房屋一直处于对外出租状态，租赁期间的电费等均由承租人自行承担，要求被告退回补收的电费及罚款。

法院认为，原告作为房屋产权人之一，与被告形成供用电合同关系。原告作为用户，对其处的用电计量装置即涉案电表负有保护其功能完整、准确的义务，根据合同相对性原则，当涉案电表存在窃电行为时，应首先由原告承担相应法律责任。原告在承担补收电费、违约使用电费后，可向实际窃电人主张权利。判决驳回原告的诉讼请求。

案例6：发现窃电未通知当事人，承担50%的断电损失责任

案号：（2013）东民商初字第640号、（2014）张商终字第218号

2011年12月18日，被告某供电公司工作人员更换智能电表时发现原告赵某所购房屋的电表电压钩人为脱落，在未通知用户到场的情况下，自行拍照取证，并认定该用户存在窃电行为。更换新电表之后供电公司对该用户断电，并作出补交电费及罚金的决定。后双方对断电及罚款事项未达成一致意见。2012年3月原告将房屋出租。因该房屋一直不能通电，原告退还房租8万元，赔偿违约金2万元。原告诉请供电公司赔偿10万元。

一审法院认为，被告工作人员在只有其单方面在场的情况下自行拍摄照片取证，认定原告赵某窃电行为存在程序瑕疵，应承担原告经济损失的70%，即7万元。

二审法院认为，在用电问题没有解决之前，原告赵某明知房屋不能通电而将房屋出租他人，导致租赁合同不能履行是可预见的，因此租金损失应自行承担。但供电公司发现有窃电行为时应及时通知用电人。结合双方的过错程度，由供电公司承担因租赁合同不能履行产生违约金 2 万元的 50%，即赔偿 1 万元的经济损失。

案例 7：签妥窃电通知单，电费本金和三倍违约使用电费获全额支持

案号：（2013）苏商申字第 451 号

2011 年 4 月 1 日，供电公司在用电检查时发现某机械厂存在窃电行为，遂向公安机关报警，并对机械厂中止供电和出具窃电处理通知单。2011 年 4 月 18 日，供电公司与机械厂签订付款协议，载明机械厂采用分期付款方式补交电费 607072 元，并处三倍违约使用电费 1821216 元。机械厂向供电公司支付 1821216 元后，诉至法院，认为司法机关未对窃电者和窃电金额作出认定，供电公司无权要求民事赔偿；签订付款协议和交款均受供电公司中止供电的胁迫，请求撤销双方签订的付款协议。

一审法院认为，付款协议是双方当事人的真实意思表示，合法有效。中止供电是法律赋予供电企业的权力，也是供电企业应当履行的职责，供电公司中止供电不构成胁迫。判决驳回机械厂的诉讼请求。二审维持原判，驳回机械厂再审申请。

案例 8：未签窃电通知单，电费本金和三倍违约使用电费均被调低

案号：（2022）内 07 民终 2935 号

2022 年 2 月 25 日，某供电公司营业普查时发现某贸易公司私自在计量装置上接入"U 型环"窃电。工作人员现场拍照取证后，向店主指出窃电位置，但店主否认存在窃电行为，拒绝签收《违约、窃电处理通知书》和《违章用电、窃电处理通知单》，现场有供电服务记录仪记录。某供电公司向公安机关报案，公安机关未立案。2022 年 5 月，贸易公司向法院提起诉讼，要求供电公司恢复供电并赔偿营业损失 1 万元整。供电公司反诉被告（原告）存在窃电事实，应支付电费及违约使用电费 3.3 万元。

一审法院认定原告存在窃电行为，但对电费计算作出调整，从电费骤减的月份开始、按照明用户计算，判决原告支付电费及违约使用电费1.6万元。

案例9：供电公司对计量装置的准确性负维修检查义务，三倍违约使用电费调整为一倍

案号：（2021）粤01民终10046号

2018年6月20日，某供电公司根据政府函件对违规超排的某五金厂采取现场停电措施，并当场向五金厂送达停电通知。2018年12月29日，供电公司在现场例行检查时发现五金厂擅自开启电箱用电。供电公司报警并向五金厂送达客户违约用电、窃电通知书，但五金厂拒绝签收。供电公司诉请五金厂补交电费及违约使用电费2222685.32元。

一审法院认为，供电公司诉请的三倍违约使用电费过高，依据公平合理、等价有偿原则将供电公司主张的三倍违约金调整为一倍。二审法院认为，供电公司作为具有专业资格的电力供应企业，负有对用电设备设施安全及用电计量装置的准确性进行检查的义务，其在五金厂擅自用电后未及时排查发现并采取相应措施，亦存在日常管理疏漏，对造成对方违约用电长达六个多月，具有一定的过错。违约金调整为基本电费的一倍，符合公平原则。判决驳回上诉，维持原判。

📋 二、关键法条

1.《中华人民共和国刑法》（自1980年1月1日起施行，2023年12月29日修正）

第二百六十四条【盗窃罪】 盗窃公私财物，数额较大的，或者多次盗窃、入户盗窃、携带凶器盗窃、扒窃的，处三年以下有期徒刑、拘役或者管制，并处或者单处罚金；数额巨大或者有其他严重情节的，处三年以上十年以下有期徒刑，并处罚金；数额特别巨大或者有其他特别严重情节的，处十年以上有期徒刑或者无期徒刑，并处罚金或者没收财产。

2.《最高人民法院、最高人民检察院关于办理盗窃刑事案件适用法律若干问题的解释》（自 2013 年 4 月 4 日起施行）

第一条　盗窃公私财物价值一千元至三千元以上、三万元至十万元以上、三十万元至五十万元以上的，应当分别认定为刑法第二百六十四条规定的"数额较大""数额巨大""数额特别巨大"。

3.《中华人民共和国民法典》（自 2021 年 1 月 1 日起施行）

第六百五十二条　供电人因供电设施计划检修、临时检修、依法限电或者用电人违法用电等原因，需要中断供电时，应当按照国家有关规定事先通知用电人；未事先通知用电人中断供电，造成用电人损失的，应当承担赔偿责任。

4.《全国法院贯彻实施民法典工作会议纪要》

约定的违约金超过根据民法典第五百八十四条规定确定的损失的百分之三十的，一般可以认定为民法典第五百八十五条第二款规定的"过分高于造成的损失"。

5.《中华人民共和国电力法》（自 1996 年 4 月 1 日起施行，2018 年 12 月 29 日第三次修正）

第二十九条　供电企业在发电、供电系统正常的情况下，应当连续向用户供电，不得中断。因供电设施检修、依法限电或者用户违法用电等原因，需要中断供电时，供电企业应当按照国家有关规定事先通知用户。

用户对供电企业中断供电有异议的，可以向电力管理部门投诉；受理投诉的电力管理部门应当依法处理。

第七十一条　盗窃电能的，由电力管理部门责令停止违法行为，追缴电费并处应交电费五倍以下的罚款；构成犯罪的，依照刑法第一百五十一条或者第一百五十二条的规定追究刑事责任。

6.《电力供应与使用条例》（自 1996 年 9 月 1 日起施行，2019 年 3 月 2 日第二次修订）

第四十一条　违反本条例第三十一条规定，盗窃电能的，由电力管理部门责令停止违法行为，追缴电费并处应交电费 5 倍以下的罚款；构成犯罪的，依法追究刑事责任。

7.《供电营业规则》（自 2024 年 6 月 1 日起施行）

第六十九条 在发供电系统正常情况下，供电企业应当连续向用户供应电力。

有下列情形之一的，事先通知用户后可以按照规定的程序中止供电：

（一）危害供用电安全，扰乱供用电秩序的；

（二）逾期未交付电费超过三十日，经催交在合理期限内仍未交付的；

（三）受电装置经检验不合格，在指定期间未改善的；

（四）用户注入电网的谐波电流超过标准，以及冲击负荷、非对称负荷等对电能质量产生干扰与妨碍，在规定限期内不采取措施的；

（五）拒不在限期内拆除私增用电容量的；

（六）拒不在限期内交付违约用电引起的费用的；

（七）违反安全用电、有序用电有关规定，拒不改正的；

（八）私自向外转供电力的。

有下列情形之一的，可立即中止供电：

（一）发生不可抗力和紧急避险的；

（二）发现确有窃电行为并已告知将中止供电。

三、要点简析

1. 供电企业有权查处窃电和追回违约使用电费

窃电是以少交或者不交电费为目的，采取不计量或少计量的手段非法占有电能的行为。根据供用电双方签订的供用电合同，供电公司应按约定向用户提供电力，用户也应向供电公司缴纳用电费用，并对相关电力设施负责运行维护管理。故供电公司可以依据相关法律法规的规定，以及供用电合同的约定，向用户主张违约使用电力的权利。

2. 租户窃电应由合同相对人即房东先承担违约责任

如果用户以窃电行为系第三人所为，其不应承担责任作为抗辩，则应对刑事和民事责任分别处理。在民事责任上，依据合同相对性原则，应由供用电合同中的用电方首先承担赔偿责任。如本节案例 5，法院认为原告作为房屋产权人，对其处的用电计量装置即涉案电表负有保护其功能完整、准确的义务，用电方在承担补收电费、违约使用电费后，可向实际窃电人主张权利。在刑事责任上，如果用电方与实施窃电行为的第三人没有串通窃电，对第三人窃电并不知情，应由该第三人独立承担相应的刑事责任。

3. 供电企业查处窃电应履行通知和证明义务

（1）依规事先通知的义务。《中华人民共和国民法典》第六百五十二条、《中华人民共和国电力法》第二十九条均明确规定，供电人因用电人违法用电等原因，需要中断供电时，供电企业应当按照国家有关规定事先通知用电人；未事先通知用电人中断供电，造成用电人损失的，应当承担赔偿责任。用电人窃电，属于违法用电行为，查处后如需停电，也应通知用电人。如本节案例 6，一审法院认为，被告工作人员在只有其单方面在场的情况下自行拍摄照片取证，就认定赵某的窃电行为存在程序瑕疵。供电公司应承担 70%的经济损失。二审法院认为供电公司工作人员发现有窃电行为未及时通知用电人，存在过错，并结合双方的过错程度判决供电公司承担 50%的经济损失。

（2）确有窃电的证明义务。供电企业用电检查人员查到窃电可以当场中止供电，但并非只要查到窃电，就可以任意停电。根据 2024 年新版《供电营业规则》第六十九条，查到窃电后，事先通知用户后可以按照规定的程序中止供电，但有一个前提条件是"确有窃电行为"。关于"确有窃电行为"，按照"谁主张，谁举证"的原则，应由供电企业负责举证。但是实务中发现窃电现场，不一定能证明"确有窃电行为"。因为供电企业不具有行政管理职能，也不是具有窃电行为认定资质的第三方机构，因此即使发现了窃电现场，也不能单方面认定用户"确有窃电行为"。现场工作时，应当请用户签妥《窃电（违约用电）现场处理单》或《窃电（违约用电）处理通知单》，以达到用户"自认确有窃电行为"的证明力，方可当场中止供电。如本节案例6，供电公司工作人员更换智能电表时发现原告房屋的电表电压钩人为脱落，自行拍照取证，即认定该用户存在窃电行为，存在过错，需要承担部分经济损失。

4. 窃电刑事案件办理应注意金额认定与办案进度

（1）窃电刑事案件金额认定更为严格。根据最高人民法院、最高人民检察院司法解释，盗窃公私财物价值一千元至三千元以上，即属于《中华人民共和国刑法》第二百六十四条盗窃罪的"数额较大"，可以判处三年以下有期徒刑、拘役或者管制，并处或者单处罚金。民事上，供电企业可以依据供用电合同，要求用电人按照合同约定，支付三倍的违约使用电费。但在刑事上，窃电金额不包括违约使用电费，且本金的认定，也更为严格。如本节案例1，对窃电刑事案件金额的认定需要综合考虑霍某及同案犯的供述、供电部门提供的用电信息采集表、租房合同等证据。

（2）刑事案件的办理进度不影响民事权益的主张。涉案窃电行为是否构成刑事犯罪，并不影响供电公司根据供用电合同主张用电人承担相应的民事责任。如本节案例7，机械厂认为公安机关已经对涉案窃电行为立案侦查，且在司法机关未对窃电者和窃电金额作出认定时，供电公司无权要求民事赔偿。机械厂申请再审理由缺乏法律依据，未获法院支持。

5. 违约金过分高于损失，当事人可申请调整

本节案例8、9中，违约使用电费金额均被人民法院调低。主要依据是《中华人民共和国民法典》约定的违约金过分高于造成的损失的，法院或者仲裁机构可以根据当事人的请求予以适当减少。根据相关司法解释，约定的违约金"累计超过造成损失的百分之三十"的，即有可能被人民法院依据当事人的申请调整。当然，违约金的下调或上调应当依据当事人的请求作出。如果当事人无异议，法院一般不主动调整当事人约定的事先约定的违约金。

四、管理建议

1. 查处窃电应有证据意识

供电企业主张用户存在窃电行为，应提交有效的证据予以证明。如果没有证据证明确有窃电、违法或违约用电的情况下，供电企业自行拆除用电计量装置，强行中止供电，则不符合举证及停电程序的要求，如本节案例6。

（1）注意现场调查取证。一是要及时封存现场或提取损坏的电能计量装置，保全窃电痕迹，收集伪造或开启的加封计量装置的封印；收缴窃电工具。二是要正确采取现场拍照、摄像、录音等手段。如本节案例8，供电公司在发现窃电时，没有在进屋时打开供电服务记录仪记录，在后期与用户交流时才打开供电服务记录仪记录，导致证据不够完整。三是要及时收集用电客户产品、产量、产值统计和产品单耗数据，以及窃电设备容量、窃电时间等相关信息。四是要及时进行专业试验、专项技术鉴定。

（2）相关单据应有效签收。供电企业查处窃电后应履行通知和证明义务，而请用户签署《窃电（违约用电）现场处理单》和《窃电（违约用电）处理通知单》，可以很好地证明供电企业已经履行了通知义务，并且证明用户确有窃电行为。相关单据随意放在门卫、电表单据箱等，都不是有效的送达、签收行为。

根据《中华人民共和国民法典》规定，委托代理授权采用书面形式的，应由被代理人签名或者盖章；执行法人或者非法人组织工作任务的人员，就其职权范围内的事项，对法人或者非法人组织发生效力。结合到供用电行为，《窃电（违约用电）现场处理单》和《窃电（违约用电）处理通知单》，应由用电人本人、用电单位法定代表人、供用电合同上载明的电气联系人以及其他有合法授权的人员签收。

2. 准确填写窃电处理的相关表单

现场处理时，工作人员应当时刻保持"对方不认怎么办"的风险意识，检查相关表述是否足够明确对方"已认账"。一是要准确、详细表述窃电（违约用电）行为。二是要准确、详细表述电费本金、违约使用电费的支付方式、支付渠道。三是要注意规避胁迫、显失公平的风险。违约使用电费分期缴纳的协议，建议明确"经供用电双方协商一致"等类似表述，如本节案例7。

此外，还应注意滞纳金、电费违约金、违约使用电费、罚款的概念不同，错误表述可能造成违约使用电费无法追回。因名称问题导致用户和供电企业的电费纠纷亦不鲜见。电费违约金是用户未在规定的期限内交清电费而承担的逾期违约责任。违约使用电费是用户因超容、高价低接、私自转供、窃电等违章用电应承担的违约责任。违约使用电费不是电费收入，而是供电企业的营业外收入。罚款是政府行为，罚款应上交各级地方财政，窃电的罚款标准是5倍，应由电力管理部门收缴。此外，《中华人民共和国电力法》和《电力供应与使用条例》等法律法规均无"滞纳金"的提法。

3. 现场查处遇阻，应及时有效申请救济

（1）及时报请电力管理部门依法处理。用电检查过程中，如发现用户有窃电嫌疑，用户又拒不配合，拒绝签收《窃电（违约用电）现场处理单》，应及时通知公安、电力管理部门，对用电计量装置进行合法封存，按法定程序及时提供给有资质的机构出具测试报告，以证实用户有损坏计量装置致使计量装置计量不准、电量少计等窃电行为，否则将承担举证不能的法律后果。

（2）重大、特大事件或情节严重的，应及时报警，依法立案处理。一般来说，对现场没有冲突的窃电案件，用电检查人员事后报警的，公安机关可能不予立案，如本节案例8。因此，一旦用户拒绝签收《窃电（违约用电）现场处理单》，应及时在现场报警，以便取得出警记录，作为固定用电人窃电事实的有效证据。报警前，应按本单位合规管理要求，履行好内部报告程序。

4. 加强表计状态监测，提高防窃电水平

本节案例9中，法院认为供电公司对计量装置的准确性负维修检查义务,对用户擅自用电后未及时排查发现并采取相应措施,存在日常管理疏漏,对造成对方违约用电长达六个多月,具有一定的过错,遂将三倍违约使用电费调整为一倍。当前,窃电方式日趋多样化、窃电技术日趋隐蔽性、智能化,窃电行为日趋产业化,给供电企业防窃电工作带来很大的挑战。供电企业一方面要充分应用现有的用电采集、线损分析等系统,及时发现线损、用电量异常,有针对性地开展重点对象的日常监测、比对,发现电量异常及时安排用电检查人员赴现场检查用户线路、用电计量装置、信息采集装置、用户设备等,及时发现并制止窃电行为。另一方面,也要加大科技攻关,针对无线遥控装置表前分流、红外遥控修改表码、强磁铁、预付费卡表私自充值等高科技窃电行为,开发应用集窃电筛选、定位、取证为一体的反窃电稽查系统,有效发现并减少窃电行为。

第五节　查处窃电等违约用电停电前应事先通知

一、案例简介

案例 1:违法用电变压器停电前未通知,供电公司承担 40%鱼塘损失

案号:(2021)粤 08 民终 923 号

原告某水产养殖专业合作社于 2012 年因生产需要向被告某供电局申请安装了三台变压器,后为节能节支报停了一台变压器。2020 年 2 月份原告为了复产向被告申请恢复该变压器用电。由于该变压器的线路长时间未使用需要时间维修,被告未及时给原告恢复该变压器供电。原告因生产需要于 3 月 17 日擅自接上开关供电生产。3 月 22 日晚,原告所在片区电路因故停电,经抢修后大概于 23 日零时恢复正常供电,但在 23 日凌晨 3 时,被告认为系因原告变压器发生故障导致该片区停电且该变压器存在违法用电的情形,在未事先通知原告的情况下,切断了该台变压器的通电开关,致原告的供氧设备无法正常运行,鱼苗因缺氧大量死亡。原告向法院起诉请求:①判令被告赔偿鱼苗损失 65 万元并承担本案鱼苗死亡鉴定费；②判令被告承担本案的诉讼费。

法院认为本案属财产损害赔偿纠纷，依据《中华人民共和国电力法》，被告在未事先通知原告的情况下就对其变压器进行中断供电，造成了原告的鱼苗因缺氧而大量死亡的后果。被告的断电行为对此事故造成的财产损失存在一定过错责任。另一方面，原告在被告尚未送电的情况下擅自连接开关进行供电的行为存在违法用电的情形，且原告未能采取其他储备设施及时恢复供电供氧，从而加剧了财产的损失，同样存在一定的过失。认定原告承担本次事故所造成损失的主要责任（60%），被告承担本次事故所造成损失的次要责任（40%）。

二审维持原判。

案例 2：发现窃电未通知当事人，供电公司承担 50% 的断电损失责任

案号：（2013）东民商初字第 640 号、（2014）张商终字第 218 号

2011 年 12 月 18 日，被告某供电公司工作人员更换智能电表时发现原告赵某所购房屋的电表电压钩人为脱落，在未通知用户到场的情况下，自行拍照取证，并认定该用户存在窃电行为。更换新电表之后供电公司对该用户断电，并作出补交电费及罚金的决定。后双方对断电及罚款事项未达成一致意见。2012 年 3 月原告将房屋出租。因该房屋一直不能通电，原告退还房租 8 万元，赔偿违约金 2 万元。原告诉请供电公司赔偿 10 万元。

一审法院认为，被告工作人员在只有其单方面在场的情况下自行拍摄照片取证，认定原告赵某窃电行为存在程序瑕疵，应承担原告经济损失的 70%，即 7 万元。

二审法院认为，在用电问题没有解决之前，原告赵某明知房屋不能通电而将房屋出租他人，导致租赁合同不能履行是可预见的，因此租金损失应自行承担。但供电公司发现有窃电行为时应及时通知用电人。结合双方的过错程度，由供电公司承担因租赁合同不能履行产生违约金 2 万元的 50%，即赔偿 1 万元的经济损失。

二、关键法条

1.《中华人民共和国民法典》（自2021年1月1日起施行）

第六百五十二条 供电人因供电设施计划检修、临时检修、依法限电或者用电人违法用电等原因，需要中断供电时，应当按照国家有关规定事先通知用电人；未事先通知用电人中断供电，造成用电人损失的，应当承担赔偿责任。

2.《中华人民共和国电力法》（自1996年4月1日起施行，2018年12月29日第三次修正）

第二十九条 供电企业在发电、供电系统正常的情况下，应当连续向用户供电，不得中断。因供电设施检修、依法限电或者用户违法用电等原因，需要中断供电时，供电企业应当按照国家有关规定事先通知用户。

用户对供电企业中断供电有异议的，可以向电力管理部门投诉；受理投诉的电力管理部门应当依法处理。

3.《供电营业规则》（自2024年6月1日起施行）

第六十九条 在发供电系统正常情况下，供电企业应当连续向用户供应电力。

有下列情形之一的，事先通知用户后可以按照规定的程序中止供电：

（一）危害供用电安全，扰乱供用电秩序的；

（二）逾期未交付电费超过三十日，经催交在合理期限内仍未交付的；

（三）受电装置经检验不合格，在指定期间未改善的；

（四）用户注入电网的谐波电流超过标准，以及冲击负荷、非对称负荷等对电能质量产生干扰与妨碍，在规定限期内不采取措施的；

（五）拒不在限期内拆除私增用电容量的；

（六）拒不在限期内交付违约用电引起的费用的；

（七）违反安全用电、有序用电有关规定，拒不改正的；

（八）私自向外转供电力的。

有下列情形之一的，可立即中止供电：

（一）发生不可抗力和紧急避险的；

（二）发现确有窃电行为并已告知将中止供电的。

第一百零四条 供电企业对查获的窃电者，应当予以制止并按照本规则规定程序中止供电。窃电用户应当按照所窃电量补交电费，并按照供用电合同的约定承担不高于应补交电费三倍的违约使用电费。拒绝承担窃电责任的，供电企业应当报请电力管理部门依法处理。窃电数额较大或情节严重的，供电企业应当提请司法机关依法追究刑事责任。

三、要点简析

1. 违约用电行为的种类

违约用电是指用户违反相关电力供应合同规定，未经电力企业同意擅自用电的行为。违约用电的具体表现可能有以下几种：未按约定的电力用电容量、时间或方式用电，比如擅自增加用电设备、超负荷用电等。未按规定缴纳电费或其他有关费用，造成电力企业损失。动用、改变电力计量装置或者使用其他方法窃电，或者与电力企业之外的第三方进行非法连接，私拉乱接电源。在未取得电力公司同意的情况下，擅自改变用电性质或者用途。未经批准擅自恢复停电的用电装置。在停电、限电事件中，不遵守电力调度指令，擅自用电。其他违反电力供应合同约定的用电行为。

2. 确有窃电行为可以当场中止供电，但需要履行规定程序

窃电是否可以当场中止供电是一个一直困扰供电企业的用电检查现场工作人员的问题。不停电不能及时制止窃电行为，停了电又存在被诉风险。《供电营业规则》第六十九条、第一百零四条规定，供电企业对查获的窃电者应当予以制止并按照本规则规定程序中止供电。可见对窃电者中止供电是法律赋予供电企业的权力，也是供电企业应当履行的职责。供电公司的中止

供电行为并未违反法律法规的规定，故供电公司中止供电不构成胁迫。但是应注意，中止供电前应证明"确有"窃电行为在现场无法取得授权部门鉴定的情况下，应请用户签妥《窃电（违约用电）处理通知单》，用户"自认"有窃电行为和事实，同时保存好窃电证据。

四、管理建议

1. 查处窃电应程序到位、证据确凿

供电企业主张用户存在窃电行为，应提交有效的证据予以证明。如果没有证据证明确有窃电、违法或违约用电的情况下，供电企业自行拆除用电计量装置，强行停止供电，则不符合举证及停电程序的要求。用电检查过程中，如发现用户有窃电嫌疑，应及时通知公安、电力管理部门，对用电计量装置进行合法封存，按法定程序及时提供给有资质的机构出具测试报告，以证实用户有损坏计量装置致使计量装置计量不准、电量少计等窃电行为，否则将承担举证不能的法律后果。

2. 充分发挥社会诚信体系减少窃电行为

根据《社会信用体系建设规划纲要（2014—2020年）》，今后应加强供水、供电、供热、燃气、电信、铁路、航空等关系人民群众日常生活行业企业的自身信用建设，鼓励企业建立客户档案、开展客户诚信评价，将客户诚信交易记录纳入应收账款管理、信用销售授信额度计量，建立科学的企业信用管理流程，防范信用风险，提升企业综合竞争力。国家电网公司系统的各网省公司已将企业及个人用电交费信息纳入征信体系，明确了窃电、违约用电、欠交电费等行为将导致企业或个人的不良信用记录，对窃电行为起到了一定的震慑作用。

第六章 市场化业务纠纷

第一节 履约保险代偿后可向售电
公司代位求偿

一、案例简介

案例：原告履行保险合同约定的代偿义务后依法取得对被告的追偿权

案号：（2022）晋 0702 民初 19 号

2021 年 4 月 22 日，原告某保险公司（保险人）为被告睿某售电公司（投保人）出具《售电公司履约保证保险》，被保险人为某省电力公司，保障项目为售电公司履约保证保险责任，保险金额为 100 万元，总保险费 2 万元。

被告于 2021 年 10 月 20 日在保险期间内，未按照市场化交易合同约定足额缴纳相关电费。2021 年 11 月 1 日，省电力公司营销服务中心向被告睿某售电公司发出《关于执行履约保函的告知书》，载明该公司将依据相关文件执行睿某售电公司履约保函用于偿还睿某售电公司 2021 年 9 月份亏损电费。2021 年 11 月 10 日，省电力公司营销服务中心向原告保险公司发出《保险事故索赔证明材料》，载明其向睿某售电公司催缴电费 1178718.22 元，睿某售电公司在规定期限内未能缴纳，其公司要求执行履约保险，用于偿还亏损电费，故申请索赔 100 万元整。2021 年 12 月 24 日，原告保险公司向省电力公司银行账户转账 100 万元，用途载明非车险理赔。省电力公司营销服务中心向原告保险公司出具《权益转让书》，载明在收到原告保险公司赔付的 100 万元后，将其对第三者即睿某售电公司的索赔权自动转让给保险公司，并保证协助保险公司向第三者追偿损失。

法院认为，被告睿某售电公司在原告保险公司处投保《售电公司履约保证保险》，原告与被告之间的保险合同依法成立并合法有效。被告睿某售电公司未能依约履行对省电力公司缴纳 1178718.22 元电费的义务，原告履行了保险合同约定的代偿义务后，依法取得了对被告睿某售电公司的追偿权。判决被告睿某售电公司偿还原告保险公司代偿款 100 万元。

二、关键法条

1.《售电公司管理办法》(自 2021 年 11 月 11 日起施行)

第二十四条　售电公司参与批发和（或）零售市场交易前，应通过以下额度的最大值向电力交易机构提交履约保函或者履约保险等履约保障凭证：①过去 12 个月批发市场交易总电量，按标准不低于 0.8 分/千瓦时；②过去 2 个月内参与批发、零售两个市场交易电量的大值，按标准不低于 5 分/千瓦时。现货市场地区，地方主管部门可以根据市场风险状况，适当提高标准，具体标准由各地自行确定。

（三）履约保函、保险提交主体为售电公司，受益人为与其签署资金结算协议的电网企业。

（五）在使用履约保函、保险时，若售电公司所交履约保函、保险额度不足以支付应缴相关结算费用，售电公司须根据履约保函、保险执行告知书要求，在规定时限内足额缴纳相关结算费用。

（六）电力交易机构应于履约保函、保险执行前向市场主体公示售电公司欠费情况。

2.《中华人民共和国保险法》(自 1995 年 10 月 1 日起施行，2015 年 4 月 24 日第三次修正)

第六十条　因第三者对保险标的的损害而造成保险事故的，保险人自向被保险人赔偿保险金之日起，在赔偿金额范围内代位行使被保险人对第三者请求赔偿的权利。

前款规定的保险事故发生后，被保险人已经从第三者取得损害赔偿的，保险人赔偿保险金时，可以相应扣减被保险人从第三者已取得的赔偿金额。

保险人依照本条第一款规定行使代位请求赔偿的权利，不影响被保险人就未取得赔偿的部分向第三者请求赔偿的权利。

3.《最高人民法院关于适用〈中华人民共和国民法典〉有关担保制度的解释》（自2021年1月1日起施行）

第十八条 承担了担保责任或者赔偿责任的担保人，在其承担责任的范围内向债务人追偿的，人民法院应予支持。

4.《中华人民共和国民法典》（自2021年1月1日起施行）

第七百条 保证人承担保证责任后，除当事人另有约定外，有权在其承担保证责任的范围内向债务人追偿，享有债权人对债务人的权利，但是不得损害债权人的利益。

三、要点简析

1. 市场主体应明确知晓履行履约保障的程序

本节案例中，省电力公司与睿某售电公司签订了电力市场化交易结算合同，同时以某保险公司为保险人，省电力公司为被保险人，睿某售电公司为投保人投保了履约保证保险责任。在保险期间内，因睿某售电公司自身原因未按照电力市场化交易合同约定履行相关义务，在保险单载明的等待期结束后，给省电力公司造成损失，保险事故发生，保险公司需依照保险合同的约定，针对因睿某售电公司未履行电力市场化交易合同中的相关约定而应由省电力公司扣除的履约保证金损失，向省电力公司进行赔偿。

省电力公司营销服务中心发出书面通知催告售电公司支付电费，经过合理期间仍未按时缴纳，则确认保险事故发生，省电力公司营销服务中心依据保险合同向保险人发出《保险事故索赔证明材料》并以实际损失及保额提出索赔请求。保险人收到被保险人的赔偿保险金的请求后，在合理期限内作出是否属于保险责任的核定并将核定结果通知被保险人；对属于保险责任的，在与被保险人达成赔偿保险金的协议后约定期限内，履行赔偿保险金义务。收到理赔款项后，省电力公司将其原属权益转让给保险人，并配合保险人进行追偿事宜。

2. 投保人不得以对代位求偿权不知情进行抗辩

代位求偿权是法律规定的维护保证人实现权益、打击债务人利用市场信任恶意逃避债务的制度，并不必然以合同约定为前置适用条件。根据《中华人民共和国民法典》及相关司法解释"保证人承担保证责任后，除当事人另有约定外，有权在其承担保证责任的范围内向债务人追偿，享有债权人对债务人的权利，但是不得损害债权人的利益"。

案涉保险保证合同实质上是一种财产性保险，不具有人身专属性，其法律关系的主体有三方当事人，即省电力公司营销服务中心、保险公司及售电公司，是一种分散风险，消化损失的合同化契约关系。根据《最高人民法院关于适用〈中华人民共和国保险法〉若干问题的解释（四）》第八条就保险人对投保人的代位求偿权已经作出规定，保险人在保险单上也可以再进行约定。如本节案例中，保证保险条款载明并向各方当事人作出特别告知"保险人自向被保险人赔偿保险金之日起，在赔偿金额范围内代位行使被保险人对投保人请求赔偿的权利。被保险人应当向保险人提供必要的文件和其所知道的有关情况，并积极协助保险人追偿"。保险人在保险单上载明对投保人的代位求偿权并对投保人进行说明的，投保人以对该代位求偿权不知情为由进行抗辩的，人民法院不予支持。

庭审中，被告睿某售电公司陈述，原告保险公司并未给被告《售电公司履约保证保险条款》，也未就追偿事宜告知被告，被告对此并不知情，不应赔付。原告对被告上述陈述不予认可。法院认为，被告睿某售电公司在原告保险公司处投保《售电公司履约保证保险》，原告与被告之间的保险合同依法成立并合法有效。被告睿某售电公司未能依约履行对省电力公司缴纳1178718.22元电费的义务，原告履行了保险合同约定的代偿义务后，依法取得了对被告睿某售电公司的追偿权。关于被告睿某售电公司称其对追偿条款不知情一节，法院认为被告提供的投保单中"明示告知"中已经载明本保险适用《售电公司履约保证保险条款》，并载明保险人已就保险条款内容向投保人进行了说明。再结合常理推断，被告在投保时应对该保险的性质作初步了解，故法院对其辩解意见未予采信。

四、管理建议

1. 电力市场主体应加强保险方面的知识积累

投保人在购买保险前，应通过书籍、网络、咨询等途径加强保险和保险法方面的学习，至少应具备基本常识。对于所要购买险种的性质，尤其是保险事故发生后的处理流程、理赔条件、应当向保险人提交的材料、保险人免责条款等更要特别关注。在签订保险合同时，对于保险条款的含义须充分了解，要求保险人告知。

以本案为例，省电力公司首先应对售电公司进行风险评估，以便对保险额度作出适当判断，避免出现保单限额不足以覆盖实际损失的情况；其次省电力公司应当及时催告售电公司以明确损失金额，以便保险公司核实损失快速完成理赔支付流程；再次，重视合同的特别告知条款，配合保险人尽到如实告知义务。

2. 保险人赔偿后应取得《权益转让书》

提交《权益转让书》是保险人行使代位求偿权的必要条件。保险人在确认被保险人符合理赔条件为其办理理赔时，应当同时取得《权益转让书》，并就协助被保险人追偿达成协议。这是保险人在与被保险人、投保人签订合同时，应当特别告知的条款，也是被保险人在获取理赔款项后应尽的合同义务。

第二节　供售用三方结算合同有别于供用电合同

一、案例简介

案例：结算合同系电力直接交易结算的专门合同，另行约定结算规则无约束力

案号：（2020）皖18民终1892号

原告某纺织公司，被告1某售电公司，被告2某供电公司。

2018年12月24日，原告某纺织公司与被告1售电公司签订了《电力市场售电公司代理合同》（简称代理合同），约定双边交易与集中交易在批发市场的成交量价由售电公司参与批发市场的成交结果决定。之后，原告与被告1、2签订《售电公司代理电力客户参与电力直接交易结算合同》（简称结算合同）。该省规定"2019年，已准入且认定为钢铁、煤炭、有色金属、建材等四大行业电力用户直接交易固定比例为100%，其余准入电力用户直接交易固定比例为80%"。原告认为应当按照其参与批发市场的成交结果结算优惠电费返还款。诉至法院请求判令两被告返还结算差额129092.59元。

一审法院认为，结算合同系适用于供电人、售电人和用电人三方之间的电力直接交易结算的专门合同，故纺织公司与售电公司另行约定的结算规则无约束力，该省规定及公告均应系代理合同及结算合同的组成部分，对各方均应适用，且纺织公司委托售电公司代理购电，成为直接交易的用电人，其所用电量系通过直接交易获取，同时，纺织公司与售电公司、供电公司签订的结算合同也明确为直接交易结算合同，故纺织公司认为应当按照其实际用电量直接作为结算电量，以及只有双边交易的电量才按80%结算退补电费，无事实依据。判决：驳回纺织公司的诉讼请求。二审维持原判。

二、关键法条

1.《电力中长期交易基本规则》(自 2020 年 6 月 10 日起施行)

第十条 电网企业的权利和义务：

（一）保障电网以及输配电设施的安全稳定运行；

（二）为市场主体提供公平的输配电服务和电网接入服务，提供报装、计量、抄表、收费等各类供电服务；

（三）建设、运行、维护和管理电网配套技术支持系统，服从电力调度机构的统一调度；

（四）按照电力企业信息披露和报送等有关规定披露和提供信息，向电力交易机构提供支撑市场化交易和市场服务所需的相关数据，按照国家网络安全有关规定实现与电力交易机构的数据交互；

（五）收取输配电费，代收代付电费和政府性基金及附加等，按时完成电费结算；

（六）按照政府定价或者政府相关规定向优先购电用户以及其他不参与市场化交易的电力用户（以下统称"非市场用户"）提供供电服务，签订供用电合同；

（七）预测非市场用户的电力、电量需求等；

（八）依法依规履行清洁能源消纳责任；

（九）法律法规规定的其他权利和义务。

2.《中华人民共和国民法典》(自 2021 年 1 月 1 日起施行)

第四百六十七条 本法或者其他法律没有明文规定的合同，适用本编通则的规定，并可以参照适用本编或者其他法律最相类似合同的规定。

三、要点简析

供售用三方签订的合同有别于供用电合同。有名合同又称为典型合同，是指由法律赋予其特定名称及具体规则的合同，是为了进一步规范合同关系，促使当事人正确订约。《中华人民共和国民法典》合同编第二分编第十章对供用电合同有详细规定。供用电合同是供电人向用电人供电，用电人支付电费的合同。供用电合同的内容一般包括供电的方式、质量、时间，用电容量、地址、性质，计量方式，电价、电费的结算方式，供用电设施的维护责任等条款。

本案中电力用户、售电公司与供电企业三方签订的《售电公司代理电力客户参与电力直接交易结算合同》是一个无名合同，又称非典型合同，是指法律上尚未确定一定的名称与规则的合同。根据合同自由原则，合同当事人可以自由决定合同的内容，因此即使当事人订立的合同不属于有名合同的范围，只要不违背法律的禁止性规定和社会公共利益也仍然是有效的。根据《中华人民共和国民法典》第四百六十七条之规定，本法或者其他法律没有明文规定的合同，适用本编通则的规定，并可以参照适用本编或者其他法律最相类似合同的规定。

四、管理建议

电力市场中用户及售电公司在入市时均要进行承诺，知悉参与交易中心组织的电力交易应负的责任和可能发生的风险，严格按照相关交易规则及相关管理文件规定从事交易活动。故在代理合同以及结算合同中应对结算可能涉及相关政策调整事项进行提前约定，避免可能存在的法律纠纷。

第三节　电力公司在结算流程中的职责和定位

一、案例简介

案例：电力公司在电力市场中负责电费收取与支付

案号：（2021）鲁 0102 民初 10303 号

2017 年 4 月 14 日，原告某板材公司与被告星某电力供应公司签订《电力服务合同》和《意向性补充协议》，约定原告通过被告购买电力并享受电价优惠；被告将省电力交易中心公布指导电价收益部分全部返还给原告。原告认为，截至 2017 年 12 月 31 日，被告应支付电价收益款（电费返还款）715964.4 元，其中 413978 元现由第三人暂扣。原告诉至法院，以星某电力供应公司为被告，以省电力公司、省电力交易中心、市供电公司为第三人，请求依法判令被告立即支付原告指导电价收益款（电费返还款），其中的 413978 元由三个第三人直接支付原告。

星某电力供应公司反诉称，双方约定省电力交易中心公布的购售电价差款部分全部返还给原告后，还约定《电力服务合同》中所产生的纯利润（购售电价差款）双方平均分配。按照《意向性补充协议》规定，板材公司应返还星某电力供应公司多收取的购售电价差款 361955.94 元。板材公司认为，补充协议第 2 条和第 3 条是两条矛盾性的条款，原告、被告双方各有各的理解，但是 2017 年 1 月至 8 月的电费返还款原告、被告双方对分配方案没有异议，均予以接受且履行完毕。

法院认为，原告与被告签订的涉案《意向性补充协议》并未对差额电费的分配比例作出明确约定，且双方对 2017 年 1 月至 8 月的差额电费已经结算完毕，因此，在双方未提供有效证据证明双方对差额电费分配比例作出进一步明确约定的情况下，应认定双方对分配比例通过行为定为原告占79.56%、被告占 20.44%（即按照 2017 年 1 月至 8 月的实际分配比例进行分配）。依据上述比例，2017 年 9 月至 12 月差额电费 678532.8 元，原告应分得 539840.70 元。判决第三人市供电公司向原告板材公司支付差额电费 275286.3 元。

📋 二、关键法条

1.《售电公司管理办法》（自 2021 年 11 月 11 日起施行）

第二十一条　售电公司与电力用户零售服务关系在电力交易平台中确认后，即视同不从电网企业购电，电网企业与电力用户的供用电合同中电量、电价等结算相关的条款失效，两者的供用电关系不变，电力用户、售电公司与电网企业应签订三方电费结算补充协议，无须再签订售电公司、电力用户、电网企业三方合同，电力交易机构将电力用户与售电公司零售服务关系信息统一推送给向电力用户供电的电网企业。

第二十三条　电力交易机构负责出具售电公司以及零售电力用户等零售侧结算依据，电网企业根据结算依据对零售电力用户进行零售交易资金结算，对售电公司批发、零售价差收益、偏差考核进行资金结算。

2.《国家发展改革委　国家能源局关于印发〈电力中长期交易基本规则〉的通知》（发改能源规〔2020〕889 号）

第九十六条　电力交易机构负责向市场成员出具结算依据，市场成员根据相关规则进行电费结算。其中，跨区跨省交易由组织该交易的电力交易机构会同送受端电力交易机构向市场成员出具结算依据。

第九十七条　电网企业（含地方电网企业和配售电企业）之间结算的输配电费用，按照政府价格主管部门核定的输配电价和实际物理计量电量结算。

第九十八条　发电企业上网电量电费由电网企业支付；电力用户向电网企业缴纳电费，并由电网企业承担电力用户侧欠费风险；售电公司按照电力交易机构出具的结算依据与电网企业进行结算。市场主体可自行约定结算方式，未与电网企业签订委托代理结算业务的，电网企业不承担欠费风险。

第九十九条 电力用户的基本电价、政府性基金及附加、峰谷分时电价、功率因数调整等按照电压等级和类别按实收取，上述费用均由电网企业根据国家以及省有关规定进行结算。

第一百条 电力交易机构向各市场成员提供的结算依据包括以下内容：

（一）实际结算电量；

（二）各类交易合同（含优先发电合同、基数电量合同、市场交易合同）电量、电价和电费；

（三）上下调电量、电价和电费，偏差电量、电价和电费，分摊的结算资金差额或者盈余等信息（采用发电侧预挂牌上下调偏差处理机制的地区）；

（四）新机组调试电量、电价、电费；

（五）接受售电公司委托出具的零售交易结算依据。

3.《山东省电力中长期交易规则》(修订版)

第一百五十九条 市场用户电费由电力交易机构每月提供电量电价清分依据，由电网企业进行结算。

每月 16 日前，电力交易机构计算批发用户和售电公司上月偏差考核费用以及售电公司上月购售电价差费用，通过电力交易平台公示 2 日。批发用户和售电公司如有异议应在 2 日内通知电力交易机构，由电力交易机构给予解释，逾期则视同没有异议。

每月 18 日前，售电公司计算上月代理用户考核费用，通过电力交易平台报送电力交易机构，并经签约用户在 2 日内通过交易平台审核确认，逾期没有提出异议则视同确认。如有异议，由售电公司与异议用户自行协商，双方达成一致意见前，电力交易机构暂停对售电公司与异议用户的电费结算。异议用户暂按售电公司申报零售电价和用户考核费用支付电费，当月暂停结算售电公司异议用户应得费用。

售电公司异议用户应得费用=异议用户当月用电量×（售电公司当月申报异议用户零售电价－售电公司当月加权平均合同电价）+售电公司当月对异议用户考核费用。

每月 20 日前，电力交易机构根据公示确认的批发用户和售电公司的上月电费结算依据及考核费用，售电公司报送、确认的上月代理用户考核费用，计算上月售电公司应得费用，一并出具所有市场用户考核费用和售电公司应得费用的结算依据，提交给电网企业进行结算。

三、要点简析

1. 电力市场中的用户电费结算流程

各省交易规则对电费结算流程的规定略有差异，但总体结算流程分为以下步骤：

（1）结算电量提交。电网企业按照电力市场结算要求定期抄录发电企业和电力用户电能计量装置数据，并按照相关规定提交电力交易机构和相关市场成员。

（2）结算依据获取。交易中心每月向市场主体出具结算依据，并推送至电网企业。

（3）电费计算核对。电网企业每月对接收到的结算依据进行计算核对，并计算电费。

（4）电费结算单生成。电网企业依据电费计算结果生成电费结算单。

（5）电费结算单确认。电费结算单发布后，市场主体对电费结算单进行核对、确认。若有异议，提出反馈意见，逾期未反馈的视为确认。反馈意见经相关市场主体确认一致后，形成电费结算单确认结果，并在交易平台进行公布。

（6）电费结算单公布。电网企业按电费结算单确认结果生成正式电费结算单，由交易中心发布至相关市场主体。电网企业和市场主体按照合约或法律法规的规定完成电费收支。

2. 电力交易中心、电网企业、售电公司等各方主体在结算中的定位和应承担的责任

（1）电力交易中心。

电力交易中心负责对电网企业抄录的电量、电价进行清分，向市场主体（不含电力零售用户）出具结算依据，包括：发电企业的结算依据、批发市场用户的结算依据，零售用户的结算依据不由电力交易中心提供。负责计算批发市场交易合同偏差费用并按规定提供结算依据，反馈给市场主体。市场主体根据相关规则进行结算。电力交易中心将经公示确认后的结算依据提供给电网企业，一般包括合同结算费用、交易合同偏差费用、总结算费用等。

（2）电网企业。

电网企业负责按照电力市场结算要求定期抄录发电企业和电力用户电能计量装置数据，并按照相关规定提交电力交易机构和相关市场成员。发电企业、售电公司、批发市场用户电量电费按照电力交易机构出具的结算依据与电网企业进行结算。电网企业支付发电企业上网电量电费、售电公司售电电费，向电力用户收缴电费。市场主体因偏差电量引起的电费资金，由电网企业收取和支付，并在电费结算依据中单项列示。向电力用户开具增值税发票。

（3）售电公司。

电网企业通过线上方式向售电公司提供其代理用户分户号和电压等级的分时用电数据，售电公司按照购售电合同约定，将包括分户号和电压等级的电量、电价以及偏差情况在内的结算费用信息，与零售用户核对确认后，形成电力中长期零售用户电量结算依据，提供给电网企业进行结算。向电网企业开具增值税发票。

四、管理建议

电力交易中心是中立、独立的第三方交易平台，无任何向涉案各方支付

资金的权利和义务，只有在各方均无分歧后，公示各方无异议后，才允许各方提取资金，由供电公司进行支付。本案暂扣原因是原被告双方对分成比例发生分歧，省能源监督办公室要求暂停支付。供电公司与交易中心均无权暂停或中止支付。现有交易规则对结算事项均有明确规定，供电公司与交易中心应依规履责，避免卷入市场主体纠纷。

第四节　发用电计划放开并非鼓励电厂直供新垄断

一、案例简介

案例：停止网前供电，供电公司被判侵权

案号：（2020）赣 08 民终 1177 号

原告金某公司 2007 年成立后，经县政府办公室下发用电协调会议纪要，与第三人六家水电站（简称六个第三人）签订了用电合作协议书。2019 年 8 月 1 日，被告供电公司向六个第三人发函，以六个第三人供电业务侵权为由要求六个第三人停止网前供电业务。2019 年 12 月，六个第三人停止了对原告的网前供电业务，并与被告供电公司重新签订了合同。金某公司诉至法院请求判决被告供电公司停止干涉发电企业向金某公司售电的经营自主权，恢复输电线路上网、供电原状。

一审法院认为，原告金某公司并未提供证据证明被告供电公司拆除了原告金某公司与发电企业之间的供电线路，不能认定被告供电公司存在侵权行为。判决驳回原告诉讼请求。

二审法院认为，根据 2019 年 6 月 22 日下发的《国家发展改革委关于全面放开经营性电力用户发用电计划的通知》，经营性电力用户全面放开参与市场化交易；鼓励电力用户和发电企业自主协商签订合同时，以灵活可浮动的形式确定具体价格；鼓励经营性电力用户与核电、水电、风电、太阳能发电等清洁能源开展市场化交易，消纳计划外增送清洁能源电量。原审方第三人与金某公司自主协商签订《用电合作协议》，网前供电行为经过了县人民政府及供电公司的同意许可，亦符合国家发展改革委该通知精神。供电公司把发电企业并网的电开关切断，发电企业又出资重新修建了新的输电线路向供电公司送电，新接的输电线路不能再向金某公司供电，导致发电企业无法正常向金某公司供电，停产至今。供电公司作为一家提供电力服务的央企，应深知当前企业生存和发展之艰难，主动配合当地政府为企业发展纾难解困，促进当地经济复苏。供电公司对金某公司停止网前供电服务，不仅违反了其参与的 2007 年县政府协调会的会议纪要决定，破坏了当地政府服务招商引资政策的延续性，与《国家发展改革委关于全面放开经营性电力用户发用电计划的通知》精神相悖，而且侵害了金某公司的合法权益，依法应承担相应法律责任。改判供电公司恢复发电企业输电线路上网售电给上诉人金某公司的线路原状，恢复原审六个第三人网前供电原状。

二、关键法条

1.《中华人民共和国电力法》(自 1996 年 4 月 1 日起施行，2018 年 12 月 29 日第三次修正)

第二十五条 供电企业在批准的供电营业区内向用户供电。

供电营业区的划分，应当考虑电网的结构和供电合理性等因素。一个供电营业区内只设立一个供电营业机构。

供电营业区的设立、变更，由供电企业提出申请，电力管理部门依据职责和管理权限，会同同级有关部门审查批准后，发给《电力业务许可证》。供电营业区设立、变更的具体办法，由国务院电力管理部门制定。

2.《供电营业规则》(自 2024 年 6 月 1 日起施行)

第九十一条 在供电营业区内建设的各类发电厂，未经许可，不得从事电力供应与电能经销业务。

并网运行的发电厂，应当在发电厂建设项目立项前，与并网的电网经

营企业联系，就并网容量、发电时间、上网电价、上网电量等达成电量购销意向性协议。

3.《电力供应与使用条例》（自 1996 年 9 月 1 日起施行，2019 年 3 月 2 日第二次修订）

第三十八条　违反本条例规定，有下列行为之一的，由电力管理部门责令改正，没收违法所得，可以并处违法所得 5 倍以下的罚款：

（一）未按照规定取得《电力业务许可证》，从事电力供应业务的；

（二）擅自伸入或者跨越供电营业区供电的；

（三）擅自向外转供电的。

4.《有序放开配电网业务管理办法》（自 2016 年 10 月 8 日起施行）

第二十一条　配电网运营者不得超出其配电区域从事配电业务。

发电企业及其资本不得参与投资建设电厂向用户直接供电的专用线路，也不得参与投资建设电厂与其参与投资的增量配电网络相连的专用线路。

5.《关于制定地方电网和增量配电网配电价格的指导意见》

三、调整机制

（二）做好过渡阶段价格衔接。配电价格确定前，电力用户与配电网结算的输配电价暂按其接入电压等级对应的现行省级电网输配电价执行。配电网区域内列入试点范围的非水可再生能源或地方电网区域内既有的小水电发电项目与电力用户开展就近交易时，用户仅支付所使用电压等级的配电价格，不承担上一电压等级的输配电价。配电网区域内不得以常规机组"拉专线"的方式向用户直接供电。

6.《国家发展改革委　国家能源局关于进一步推进增量配电业务改革的通知》

（十）做好增量配电网规划统筹协调工作。增量配电业务试点项目规划需纳入省级相关电网规划，实现增量配电网与公用电网互联互通和优化布局，避免无序发展和重复建设。具备条件的，还应与分布式电源、微电网、综合能源等方面的发展相协调，允许符合政策且纳入规划的分布式电源以适当电压等级就近接入增量配电网，但试点项目内不得以常规机组"拉专线"的方式向用户直接供电，不得依托常规机组组建局域网、微电网，不得依托自备电厂建设增量配电网，禁止以任何方式将公用电厂转为自备电厂。规划编制过程中，地区配电网规划和输电网规划经论证确需调整的，省级能源主管部门应按电力规划管理办法履行相应程序后予以调整。

7.《国家发展改革委　国家能源局关于促进西南地区水电消纳的通知》

二、完善价格机制，提高水电竞争力

（六）调整富余水电消纳的价格机制。在保证跨省区送受水电一定优先发电计划的基础上，富余水电通过参与受电地区市场竞价扩大外送比例。鼓励四川、云南等省利用富余水电边际成本低的优势，积极开展水电与载能企业专线供电试点，增加本地消纳和外送。

8.《国家发展改革委关于全面放开经营性电力用户发用电计划的通知》

（十一）对于已按市场化交易规则执行的电量，价格仍按照市场化规则形成。鼓励电力用户和发电企业自主协商签订合同时，以灵活可浮动的形式确定具体价格，价格浮动方式由双方事先约定。

（十九）鼓励经营性电力用户与核电、水电、风电、太阳能发电等清洁能源开展市场化交易，消纳计划外增送清洁能源电量。电力交易机构要积极做好清洁能源消纳交易组织工作，进一步降低弃水、弃风、弃光现象。

（二十三）发电企业、电力用户、售电公司等市场主体要牢固树立市场意识、法律意识、契约意识和信用意识，直接交易合同达成后必须严格执行，未按合同条款执行需承担相应违约责任并接受相关考核惩罚。

三、要点简析

1. 网前供电即常规电厂拉专线向用户供电不符合电改政策

网前供电指发电企业绕开电网公司向用户进行专线专供，电量就近就地消纳，无须缴纳输配电费与政府基金等费用，从而大幅降低用电成本。在资源丰富但"弃电"问题突出的四川、云南等地，富余电量可以就近利用，提高能源利用效率。有鉴于此，国家发展改革委、国家能源局、四川省政府在促进四川水电消纳的政策中均有鼓励尝试"专线供电"的相关表述，以利于符合条件的清洁能源就地消纳，缓解"弃水弃光"等问题。

但现行法律规则没有赋予常规发电企业"拉专线"的合法性。发电企业必须先拥有供电网络，拥有《电力业务许可证》（供电类）。2002 年启动的电力体制改革的核心内容就是实现"厂网分离"，目的就是让发电企业与供电网络分离。2015 年新一轮电力体制改革以来，国家虽然大力推广增量配电试点，鼓励社会资本投资运营配电网，但是在相关指导意见与管理办法中均明确规定发电企业及其资本不得参与投资建设电厂向用户直接供电的专用线路，也不得参与投资建设电厂与其参与投资的增量配电网络相连的专用线路，在规则设计上关闭了发电企业"拉专线"的大门。

2019 年，国家能源局四川监管办公室发布的两则行政处罚决定书显示，某水电开发有限责任公司、某水电投资经营公司在未取得《电力业务许可证》（供电类）的情况下进行非法供电，国家能源局四川监管办公室根据《电力监管条例》《电力业务许可证管理规定》的相关规定，责令两公司立即改正，没收违法所得并处罚款，共计罚没人民币 101.4572 万元。该行政处罚进一步佐证了只有符合条件的发电企业才能参与专线供电业务，目的是促进富余电量消纳，而不是允许打着响应改革旗号牟取非法利益的电厂拉专线行为。

2. 电网企业应向直接交易的发用双方提供输配电服务

直接交易（直购电）是指较高电压等级或较大用电量的电力用户向发电

企业直接购电，由电网企业向直接交易双方提供输配电服务，并根据国家批复的输配电价收取输配电费用。直接交易价格由大用户与发电企业通过协商自主确定，不受第三方干预。

大用户向发电企业直购电一般通过现有公用电网线路实现，确需新建、扩建或改建线路的，应符合电网发展规划，由电网企业按投资管理权限申请核准、建设和运营。大用户已有自备电力线路并符合国家有关规定的，经电力监管机构组织安全性评价后，委托电网企业调度、运行，可用于输送直接交易的电力。大用户直接交易的电力电量，限于生产自用，不得转售或者变相转售给其他用户。

直接交易与网前供电看似都是电力用户向发电企业直接购电，但有着本质的区别。直接交易是电力市场化交易的一种方式，发电企业发电上网，由具有供电营业许可资质的供电公司将电能输配给用户，并收取相应的输配电价与代征基金，且电力用户与发电企业获得直接交易资格需要到行政主管部门备案并获得许可。网前供电（拉专线）则是发电企业在上网表计前直接通过私自架设的专线向用户供电，发电企业并不具有供电营业许可且未缴纳交叉补贴、代征基金，大多数情况也未向行政主管部门备案，是违法行为。

3. 放开发用电计划并非允许网前供电行为

在电力发展相对滞后的情况下，政府制定发用电计划，根据国民经济发展的实际需要和轻重缓急对电能统一分配，在解决电力短缺和保障电网稳定方面发挥了积极作用。随着社会主义市场经济体制的建立和电力工业的发展，计划经济模式下的电力管理方式，逐渐表现出它对不同时段、不同区域的电力供求状况无法形成正确的市场和价格信号；不能对电源优化布局和用户资源投入实施有效的引导。为了充分发挥市场在电力资源配置中的作用，必须有序放开发用电计划，增加直接交易、市场电量份额，加速电力市场化改革落地。

2015 年，《中共中央　国务院关于进一步深化电力体制改革的若干意见》提出推进发用电计划改革，有序放开公益性和调节性以外的发用电计划。

《国家发展改革委　国家能源局关于有序放开发用电计划的实施意见》进一步明确了发用电计划改革的总体思路：通过建立优先购电制度保障无议价能力的用户用电；通过建立优先发电制度保障清洁能源发电、调节性电源发电优先上网；通过直接交易、电力市场等市场化交易方式，逐步放开其他的发用电计划。

发用电计划有序放开的内容主要是明确全面放开发用电计划的范围，支持中小用户参与市场化交易，健全全面放开经营性发用电计划后的价格形成机制，做好公益性用电的供应保障工作，做好规划内清洁能源的发电保障工作，加强电力直接交易履约监管；做好跨省跨区市场化交易协调保障工作。

全面放开经营性电力用户发用电计划的范围是除城乡居民生活用电、公共服务及管理组织、农林牧渔等行业电力用户以及电力生产所必需的厂用电和线损之外，其他大工业和一般工商业电力用户原则上均属于经营性电力用户范畴，均应该全面放开。

国家放开发用电计划主要是为了建立市场决定价格的机制，推动电力用户参加市场化交易。《国家发展改革委关于全面放开经营性电力用户发用电计划的通知》第十九条明确规定，国家鼓励经营性电力用户与核电、水电、风电、太阳能发电等清洁能源开展市场化交易。可见，清洁能源消纳要通过电力交易机构参与电力交易，而不是如前文案例中的直接拉专线向用户供电。笔者认为，拉专线的行为恰恰与国家有序放开发用电计划的目标背道而驰，本节案例中的判决值得商榷。

四、管理建议

1. 加强与司法部门、社会各界的沟通，消除对发用电计划放开的错误理解

供电公司作为专业供电机构，应准确领悟国家相关文件精神，及时向用户、社会宣传、普及相关政策知识，及时联合行政主管部门发布政策文件权

威解读，消除社会的错误理解。

2. 改革政策措施制定时要充分考虑与现有法律法规的衔接，对特殊情况明确限定

法律法规是立法者过往经验的总结，稳定的法律法规存在一定的滞后性；而改革就是要根据现实情况对规则进行调整和完善，使其更好地适应社会发展的新情况、新变化。如何赋予改革政策适当的法律效力、如何实现现行规则与改革措施之间的衔接与过渡，这是改革推进过程中各级政府、主管部门在制定改革措施时值得思考的问题。

第七章 其 他 纠 纷

第一节 供电营业场所经营者应尽
安全保障义务

一、案例简介

案例：供电营业厅未设置安全提醒致顾客跌倒骨折承担 70%的责任

案号：（2021）皖 0802 民初 777 号

2020 年 1 月 10 日上午 10 时，原告梁某在被告某供电公司营业厅办理户名变更业务。因其他客户将雨伞所带雨水洒落至大厅地面，造成地面有积水，梁某慢跑至柜台时滑倒骨折。梁某诉至法院要求供电公司赔偿损失。监控影像显示：被告营业厅未设置雨天防滑安全警示标识，亦未及时清理地面积留的雨水。

法院认为：被告未尽到一定的安全保障义务，应承担相应的侵权责任。同时，原告作为一名成年人，对周边环境的潜在危险本应具有预判能力，应对人身安全负有高度注意义务，其在地面湿滑的情况下慢跑至柜台，对潜在的危险采取放任态度，自身存在过错。综合双方过错，认定被告承担 70%的责任 7.98 万元，原告自身承担 30%的责任。

二、关键法条

1.《中华人民共和国民法典》(自 2021 年 1 月 1 日起施行)

第一千一百九十八条 宾馆、商场、银行、车站、机场、体育场馆、娱乐场所等经营场所、公共场所的经营者、管理者或者群众性活动的组织者，未尽到安全保障义务，造成他人损害的，应当承担侵权责任。

因第三人的行为造成他人损害的，由第三人承担侵权责任；经营者、管理者或者组织者未尽到安全保障义务的，承担相应的补充责任。经营者、管理者或者组织者承担补充责任后，可以向第三人追偿。

三、要点简析

1. 公共场所安保责任

公共场所管理人对其场所管理范围内事物具有安全保障义务，义务范围主要包括警告和危险防范义务，认定场所经营者、管理者违反安全保障义务的一般构成要件为：一是安全保障义务主体未采取能够预防或消除危险的必要措施，未尽到安全保障义务；二是因为安全保障义务主体未履行义务而使被侵权人受到了损害；三是不存在第三人行为的介入，即被侵权人受到的损害是由未尽安全保障义务的行为直接造成的。本节案例中，供电公司营业厅没有阻止客户将雨具所带雨水洒落大厅地面，对积留地面的雨水也没有及时清理，亦未设置雨天防滑安全警示标识，造成原告梁某滑倒骨折，故供电公司未尽到一定的安全保障义务，应承担相应的侵权责任。

2. 向第三人追偿困难

针对导致结果的原因行为，如果是由未尽安全保障义务直接导致的，则承担侵权责任，如果因第三人侵权造成他人损害，第三人承担侵权责任，未尽安全保障义务的公共场所管理人承担相应的补充责任，并享有追偿权利。

但本文案例中，无法构成第三人侵权，虽然供电公司营业厅地面积水是由于其他客户将雨具带入所致，但是一方面雨具具体是谁带入较难确定，另一方面带入雨具的行为不足以构成法律上的因果关系。

3. 安全保障义务不能通过"外包"转移给第三方

安全保障义务属于法律创设的特殊义务，安全保障义务人虽可以委托他人代为履行，但并不能使其免除该项义务，其仍需确保该项义务被正确履行。具体到本节案例，供电公司作为法律规定履行安全保障义务的主体，虽然可以将供电公司营业厅服务内容外包出去，但该做法并不能转嫁供电公司应承担的未尽安全保障义务的责任，最终责任仍应由供电公司承担。

四、管理建议

1. 完善安全设施建设

供电公司要认真排查供电公司营业厅存在的安全隐患，建筑主体要符合消防法律法规要求，台阶、通道、门廊、地板、玻璃等特殊区域要做到防滑、防跌、防撞、防刺等基本要求，合理的位置必须安装相应监控设施。同时，供电公司要建立常态化维护机制，保证安全设施定时维修保养，保持有效状态。

2. 提高安全保障服务

供电公司营业厅应配备合格且数量足够的安保人员，提供足以预防外来风险或侵害的安全保障，同时配备适当数量的服务管理人员，做好营业厅一定区域的卫生安全，不能发生滑跌等伤害危险。特殊季节和时段或区域做好警示提醒义务，如雨雪天气要及时清理积水积雪，设置警示标牌。供电营业场所无法通过自身力量消除危险时，应及时通知社会组织或来访客户。对于已经或者正在发生的损害，应及时采取积极措施以避免或减轻损害结果发生或扩大，不能相互推诿，更不能撒手不管。

第二节 供电服务应当依法避免反垄断调查风险

一、案例简介

案例1：某燃气公司滥用市场支配地位案

案号：苏工商案字〔2016〕第00048号

2015年2月，省工商行政管理局接某市部分房地产企业举报，反映某燃气公司在新建居民小区开发过程中利用其独家供气的垄断地位，限定房开楼盘的天然气管道安装工程必须由其承接安装。

2015年6月8日，经国家工商总局授权，省工商局对当事人立案调查。

处罚决定：责令当事人停止违法行为，并处上一年度经营额百分之五的罚款，即罚款2505万元。

案例2：某燃气公司与某铁路经济技术开发有限公司达成并实施垄断协议案

案号：湘市监反垄断处字〔2020〕1号、湘市监反垄断处字〔2020〕2号

2010年6月开始，在市政府有关部门组织下，由市城区燃气经营企业对瓶装燃气配送网点进行整合。整合过程中，在市住建局的主导下，市城区瓶装燃气配送网点由某燃气公司统一经营管理，某燃气公司与某铁路经济技术开发有限公司达成并实施划分瓶装燃气充装市场垄断协议行为。

市纪委作出纪律检查建议，市住建局党组对相关责任人员进行追责问责，给予燃气办前主任钟某党内警告处分，燃气办现主任张某被免职。为2008年8月1日《中华人民共和国反垄断法》生效至今全国首例地方官员因涉滥用行政权力限制竞争而被公开问责。

二、关键法条

1.《中华人民共和国反垄断法》（自 2008 年 8 月 1 日起施行，2022 年 6 月 24 日修正）

第八条 国有经济占控制地位的关系国民经济命脉和国家安全的行业以及依法实行专营专卖的行业，国家对其经营者的合法经营活动予以保护，并对经营者的经营行为及其商品和服务的价格依法实施监管和调控，维护消费者利益，促进技术进步。

第二十二条 禁止具有市场支配地位的经营者从事下列滥用市场支配地位的行为：

（一）以不公平的高价销售商品或者以不公平的低价购买商品；

（二）没有正当理由，以低于成本的价格销售商品；

（三）没有正当理由，拒绝与交易相对人进行交易；

（四）没有正当理由，限定交易相对人只能与其进行交易或者只能与其指定的经营者进行交易；

（五）没有正当理由搭售商品，或者在交易时附加其他不合理的交易条件；

（六）没有正当理由，对条件相同的交易相对人在交易价格等交易条件上实行差别待遇；

（七）国务院反垄断执法机构认定的其他滥用市场支配地位的行为。

第二十四条 有下列情形之一的，可以推定经营者具有市场支配地位：

（一）一个经营者在相关市场的市场份额达到二分之一的；

（二）两个经营者在相关市场的市场份额合计达到三分之二的；

（三）三个经营者在相关市场的市场份额合计达到四分之三的。

有前款第二项、第三项规定的情形，其中有的经营者市场份额不足十分之一的，不应当推定该经营者具有市场支配地位。

被推定具有市场支配地位的经营者，有证据证明不具有市场支配地位的，不应当认定其具有市场支配地位。

第四十条 行政机关和法律、法规授权的具有管理公共事务职能的组织不得滥用行政权力，通过与经营者签订合作协议、备忘录等方式，妨碍其他经营者进入相关市场或者对其他经营者实行不平等待遇，排除、限制竞争。

第四十七条 反垄断执法机构调查涉嫌垄断行为，可以采取下列措施：

（一）进入被调查的经营者的营业场所或者其他有关场所进行检查；

（二）询问被调查的经营者、利害关系人或者其他有关单位或者个人，要求其说明有关情况；

（三）查阅、复制被调查的经营者、利害关系人或者其他有关单位或者个人的有关单证、协议、会计账簿、业务函电、电子数据等文件、资料；

（四）查封、扣押相关证据；

（五）查询经营者的银行账户。

采取前款规定的措施，应当向反垄断执法机构主要负责人书面报告，并经批准。

第五十三条 对反垄断执法机构调查的涉嫌垄断行为，被调查的经营者承诺在反垄断执法机构认可的期限内采取具体措施消除该行为后果的，反垄断执法机构可以决定中止调查。中止调查的决定应当载明被调查的经营者承诺的具体内容。

第五十七条 经营者违反本法规定，滥用市场支配地位的，由反垄断执法机构责令停止违法行为，没收违法所得，并处上一年度销售额百分之一以上百分之十以下的罚款。

2.《中华人民共和国电力法》（自 1996 年 4 月 1 日起施行，2018 年 12 月 29 日第三次修正）

第二十五条 供电企业在批准的供电营业区内向用户供电。

供电营业区的划分，应当考虑电网的结构和供电合理性等因素。一个供电营业区内只设立一个供电营业机构。

供电营业区的设立、变更，由供电企业提出申请，电力管理部门依据职责和管理权限，会同同级有关部门审查批准后，发给《电力业务许可证》。供电营业区设立、变更的具体办法，由国务院电力管理部门制定。

3.《禁止滥用市场支配地位行为暂行规定》(自 2019 年 9 月 1 日起施行)

第二十四条 举报采用书面形式并提供相关事实和证据的，反垄断执法机构应当进行必要的调查。

第三十七条 经营者滥用市场支配地位的，由反垄断执法机构责令停止违法行为，没收违法所得，并处上一年度销售额百分之一以上百分之十以下的罚款。

反垄断执法机构确定具体罚款数额时，应当考虑违法行为的性质、情节、程度、持续时间等因素。

经营者因行政机关和法律、法规授权的具有管理公共事务职能的组织滥用行政权力而滥用市场支配地位的，按照前款规定处理。经营者能够证明其从事的滥用市场支配地位行为是被动遵守行政命令所导致的，可以依法从轻或者减轻处罚。

4.《制止滥用行政权力排除、限制竞争行为暂行规定》(自 2019 年 9 月 1 日起施行)

第九条 行政机关不得滥用行政权力，以规定、办法、决定、公告、通知、意见、会议纪要等形式，制定、发布含有排除、限制竞争内容的市场准入、产业发展、招商引资、招标投标、政府采购、经营行为规范、资质标准等涉及市场主体经济活动的规章、规范性文件和其他政策措施。

5.《供电监管办法》(自 2010 年 1 月 1 日起施行，2024 年 1 月 4 日修订)

第十八条 电力监管机构对供电企业公平、无歧视开放供电市场的情况实施监管。供电企业不得从事下列行为：

（四）对用户受电工程指定设计单位、施工单位和设备材料供应单位；

第三十五条 供电企业违反本办法第十八条规定，由电力监管机构责令改正，拒不改正的，处 10 万元以上 100 万元以下罚款；对直接负责的主管人员和其他直接责任人员，依法给予处分；情节严重的，可以吊销电力业务许可证。

三、要点简析

1. 反垄断调查机构

2008 年《中华人民共和国反垄断法》生效，有商务部、国家发展改革委、国家工商行政管理总局三家反垄断执法机构。2018 年 3 月三个反垄断执法机构"三合一"，由国家市场监督管理总局统一承担反垄断执法职能。2021 年，国家市场监督管理总局加挂"国家反垄断局"牌子，为副部级单位，负责具体执法工作。

2.《中华人民共和国反垄断法》并不反对垄断地位，而是反对垄断行为

《中华人民共和国反垄断法》第八条明确规定，国有经济占控制地位的关系国民经济命脉和国家安全的行业以及依法实行专营专卖的行业，国家对其经营者的合法经营活动予以保护，但是禁止具有市场支配地位的经营者从事滥用市场支配地位的行为，不可将垄断地位传导到本应公平竞争的领域。供电企业在供电领域具有天然垄断地位，这点受国家承认和保护，但是供电企业不能将垄断影响力延伸至其他领域，例如在受理用户用电申请时，为用户受电工程指定设计、施工、供货单位。

3. 具有市场支配地位不违法，滥用市场支配地位才违法

市场支配地位指的是一种状态，经营者在相关商品和地域市场内，拥有控制商品价格、数量或者其他交易条件的力量。该市场力量使得经营者在较大程度上，可以不必顾及竞争对手和交易相对人的反应从事经营行为。但是具有市场支配地位的经营者若凭借该地位，在相关市场内不正当地排除、限制竞争，损害消费者利益和社会公共利益，此类行为受国家监管。

4. 供电公司涉嫌滥用市场支配地位行为的主要表现形式

根据《中华人民共和国反垄断法》第二十二条规定，滥用市场支配地位的行为包括：①以不公平的高价销售商品或者以不公平的低价购买商品；②没有正当理由，以低于成本的价格销售商品；③没有正当理由，拒绝与交易相对人进行交易；④没有正当理由，限定交易相对人只能与其进行交易或者只能与其指定的经营者进行交易；对应到供电企业主要为"三指定"问题，即供电企业未按照统一标准规范提供办电服务，以各种形式为用户受电工程指定设计、施工和设备材料供应单位。⑤没有正当理由搭售商品，或者在交易时附加其他不合理的交易条件；对应到供电企业，要注意严禁在用户申请办电过程中设置门槛，要求用户同步签约综合能源代运维或开通预付费，或者集团公司招标时额外要求提供安全资质证书。⑥没有正当理由，对条件相同的交易相对人在交易价格等交易条件上实行差别待遇；对应到供电企业，未严格按照技术标准开展用户供电方案设计，在电源满足的情况下，同类用户接入条件差别待遇，设置不同投资界面。⑦国务院反垄断执法机构认定的其他滥用市场支配地位的行为。

5. 反垄断调查权限

根据《中华人民共和国反垄断法》第四十七条规定，反垄断执法机构调查涉嫌垄断行为，可以采取下列措施：①进入被调查的经营者的营业场所或者其他有关场所进行检查；②询问被调查的经营者、利害关系人或者其他有关单位或者个人，要求其说明有关情况；③查阅、复制被调查的经营者、利害关系人或者其他有关单位或者个人的有关单证、协议、会计账簿、业务函

电、电子数据等文件、资料；④查封、扣押相关证据；⑤查询经营者的银行账户。

这里需要注意的是，供电企业员工的工作微信、短信、邮件等也属于调查范围。

四、管理建议

1. 抓普法宣传教育提升，使思想认识更到位

供电企业要将客户受电工程领域合规管理提升纳入常态化重点工作，从严从实抓好合规管理。针对受电工程领域各环节业务合规、监督检查、责任追究等规章制度，开展专项梳理排查，进一步完善制度、流程、机制。最后，要注意警示教育和风险防范，编制合规管理行为规范手册、岗位风险防范手册等，通过集中学习、考试等多种形式，实现各环节岗位人员"人人过关"。

2. 抓办电服务合规提升，使供电服务更高效

供电企业要对照国家政策规定，排查涉及客户受电工程合规性的收费项目及标准、12398能源监管热线、95598电力服务热线等关键信息公开情况，严肃整治"三指定"行为及其他业务违规违法情况，杜绝"压单不办"、自设办电环节或报装前置条件等行为，严格规范收费项目和标准，落实信访维稳责任。

3. 抓涉企收费合规提升，使客户接入更经济

供电企业要规范建筑区划红线外电力接入工程出资，全面清理不合理收费，严禁无故提高审验标准，增加客户接电成本。杜绝将产权分界设备、公用环网柜等应由供电公司出资的设备，以及用户接入引起的变电站间隔扩建、管沟改造等公用电网改造工程费用，转嫁用户投资。

4. 抓工程承揽合规提升，使产业发展更规范

供电企业要全面落实产业单位承揽客户受电工程行为规范，加强工程承揽、工程造价及质量、工程时长管控，防范产业单位经营风险；杜绝产业单

位以主业名义承揽业务，从主业业务人员获取客户受电工程信息，或介入业扩各环节影响客户对受电工程设计、施工和物资供应单位的选择，防范经营混淆行为风险。

5. 抓合规管理过程监督，使制度执行更到位

供电企业要落实专业管理主体责任，加强内部稽查和关键岗位的监督管控，强化绩效考核和问题追责，将客户受电工程合规管理问题纳入巡视巡察工作重点，严肃处理相关违规违纪问题；开展专项督导检查，建立专项督导机制，逐级开展全覆盖现场督导检查，确保各部门各环节落实管理责任。

第三节　供电企业员工私车公用的事故责任承担

一、案例简介

案例1：农电工抢修路上的交通事故由单位担责

案号：（2014）武民一初字第 791 号、（2015）衡民一终字第 214 号

2014 年 10 月 4 日，被告某供电公司供电所所长李某给被告农电工付某出具了派工单，要求其前往某村维修电表箱。该供电所只有一辆维修车，事发当日已被派出。付某遂驾私家车前往维修，回来路上行至原告孙某的家门口处，与坐在老年椅上的孙某发生交通事故，造成孙某受伤。该事故经交通运输部门认定：付某承担此事故全部责任，孙某不承担此事故责任。付某车辆在被告某财险公司投保有机动车交通事故责任强制保险一份。原告孙某受伤后超出机动车交通事故责任强制保险的损失医疗费计 211753.26 元，且需后续治疗。治疗期间被告付某自愿赔偿原告孙某医疗费 30000 元并已给付。

一审法院认为，执行工作任务应包括去工作地点的路上和完成任务回来的路上，被告付某发生事故是在执行工作任务期间，供电公司作为合法的用人单位，对此应当承担赔偿责任。判决被告供电公司赔偿原告孙某医疗费 181753.26 元。原告孙某尚需继续治疗，可待后续治疗完毕后再依法主张其他相关损失。

二审法院认为，员工执行工作任务的地点距离工作单位有一定距离，必然要有一定的交通工具。付某无论是驾驶本人车辆还是公司车辆，或是任何人车辆发生交通事故，并不影响单位对员工发生交通事故应承担事故责任而承担相应责任的义务。判决驳回供电公司的上诉，维持原判。

案例 2：交警到执勤点属职务行为，但先赔偿不能向单位追偿

案号：（2016）鄂 0303 民初 1255 号、（2017）鄂 03 民终 934 号

王某系市交管局某大队民警。依该队规定，早晚交通高峰时段要与其他同事轮流到某立交桥执勤。2014 年 11 月 4 日 18 时许，王某驾驶自有小轿车从大队前往执勤点执晚勤，途中与对向小型轿车发生碰撞，致使被撞车上三人受伤，两车受损。该事故经市交管局事故处理大队认定，王某承担此次交通事故的全部责任。王某所有的小轿车仅投保了机动车交通事故责任强制保险。就赔偿问题，三名伤者以王某为被告向一审法院提起诉讼，要求赔偿损失共计 138785.38 元。王某自身受伤发生医疗费 651.7 元、车辆修理费 26000 元。王某承担以上赔偿责任后向市交管局追偿未果，故诉至一审法院。

一审另查明，市交管局对执勤民警未安排专用公务用车，对如何到达执勤地点无规定。一审法院认为，王某自主选择驾驶私家车前往执勤地点，尚未到达执勤地点时发生交通事故，故王某驾车去往执勤地点不属执行职务。判决驳回王某的诉讼请求。

二审法院认为，根据交警队的日常工作安排，王某作为内勤人员在正常下班后，轮流上路执晚勤仍属于其工作任务的延续，应视为履行职务行为。但是王某先行承担侵权责任后，法律并未赋予其向用人单位追偿的权利。综上，一审判决对王某驾车行为的性质认定错误，但判决结果正确，依法驳回上诉，维持原判。

案例 3：参加活动自愿接送同事不属职务行为，单位仅承担选任和安保责任

案号：（2016）鄂 0303 民初 16 号、（2016）鄂 03 民终 2461 号、（2017）鄂民申 966 号

2015 年 11 月 21 日，某中学高三年级组一行 34 人开始实施登山活动。此次参加人员中，一人为领队，运输工具定为五辆私家车，采取自愿带车原则，由包括何某在内的五人自愿报名带车。当天 9 时 20 分许，何某驾驶小轿车往某风景区方向行驶，途中车辆失控侧翻至路边河沟里，导致车辆严重受损、车上部分人员受伤的交通事故。2015 年 12 月 4 日，市公安交通管理局事故处理大队认定何某承担此次事故的全部责任。何某诉至法院，请求某中学承担赔偿责任。

一审法院认为，某中学作为本次登山活动的实际组织者，在活动实施前未召集活动参加者进行安全提示和风险防控，对此次事故具有一定的过错，应承担相应的民事责任即 40%，何某对损害后果的产生存在重大过失，对其损失应自担 60% 的责任。何某不服上诉。

二审法院认为，某中学组织活动时并未采取强制、胁迫的手段，何某无异议表示同意，应当视为其自愿带车。何某为某中学的教师，其工作职责为教师而非司机，其工作地点应为学校而非公共道路。何某驾驶个人车辆运送教职工参加登山活动的行为与其岗位职责没有直接联系，故不宜认定为履行职务行为。何某作为此次登山活动的参加者，与某中学成立活动参加者与活动组织者的关系。某中学明知何某驾驶其私家车辆，并不具备道路运输经营许可证，但仍由何某自愿驾驶私家车运送教职工，其存在选任上的过失，应当承担侵权责任。一审判决认定何某对损害后果的产生存在重大过错，对其损失应承担主要责任，某中学承担次要责任，并无不当。何某申请再审，被驳回再审申请。

二、关键法条

1.《中华人民共和国民法典》（自 2021 年 1 月 1 日起施行）

第一千一百七十三条　被侵权人对同一损害的发生或者扩大有过错的，可以减轻侵权人的责任。

第一千一百九十一条　用人单位的工作人员因执行工作任务造成他

人损害的，由用人单位承担侵权责任。用人单位承担侵权责任后，可以向有故意或者重大过失的工作人员追偿。

劳务派遣期间，被派遣的工作人员因执行工作任务造成他人损害的，由接受劳务派遣的用工单位承担侵权责任；劳务派遣单位有过错的，承担相应的责任。

第一千一百九十八条 宾馆、商场、银行、车站、机场、体育场馆、娱乐场所等经营场所、公共场所的经营者、管理者或者群众性活动的组织者，未尽到安全保障义务，造成他人损害的，应当承担侵权责任。

因第三人的行为造成他人损害的，由第三人承担侵权责任；经营者、管理者或者组织者未尽到安全保障义务的，承担相应的补充责任。经营者、管理者或者组织者承担补充责任后，可以向第三人追偿。

2.《最高人民法院关于适用〈中华人民共和国民事诉讼法〉的解释》（自 2015 年 1 月 30 日起施行，2022 年 4 月 1 日第二次修正）

第五十六条 法人或者其他组织的工作人员执行工作任务造成他人损害的，该法人或者其他组织为当事人。

🗒 三、要点简析

1. 驾私车前往工作地点应属于职务行为

执行职务是指完成国家机关（用人单位）授权或者指示范围内的、与行为人职务有关的活动。执行职务的范围，不仅限于直接与用人单位目的有关的行为，此外还应包括间接与实现目的有关的行为，以及在一般客观上地视为用人单位目的范围内的行为。本节案例 1 中，农电工付某到某村的行为是其接受所长指派，前往目的地进行维修操作。供电公司也认可付某维修完毕后在出村道路上发生事故，付某前往工作地点及返回的时间和地点均是以接受指派进行工作为目的。因此法院认定付某往返维修地的路途应视为其在执行工作任务，付某的对孙某的侵权行为应由其单位供电公司承担赔偿责任。

本节案例2中，对于王某从办公室前往执勤地点的途中，是否属于职务行为，一审、二审法院的意见有所不同。一审法院认为，执行职务应始于到达工作地点后，去往执行职务的路途不属工作范畴。工作人员对如何到达工作地点有自主选择权，该权利如何行使系工作人员的个人行为，若无法律法规的特别规定，该行为所产生的法律后果应由行为人自行承担。虽然执勤民警到达执勤地点执晚勤必然需要采用某种交通方式，但市交管局对执勤民警如何到达执勤地点没有明确、强制性的规定，完全由民警自主选择，所以王某驾车致人损害不属执行职务。二审法院则认为，王某是在正常下班后直接从单位赶赴值晚勤地点值晚勤的途中发生的交通事故。内勤人员在正常下班后，轮流上路值晚勤仍属于其工作任务的延续，所以认定王某驾车前往执勤地点属于执行职务行为。

如某单位的用车管理制度规定：私车在因公外出情况下，如出现任何违规、事故及肇事行为，由车主本人承担由此产生的全部责任及损失。该规定在私车公用从事职务行为的情况下，与《中华人民共和国民法典》第一千一百九十一条明显不符，如有纠纷，可以申请法院认定为无效条款。

2. 单位组织旅游活动的自愿接送同事不属于职务行为

是否属于职务行为、是否属于执行工作任务的行为，是判定单位是否代替个人承担侵权责任的关键。对于职务行为或执行工作任务的认定，一般以行为与职务之间是否存在必要的内在联系为考量标准，如行为的内容是否是用人单位的工作需要，是否符合用人单位的目的，行为是否以用人单位的名义实施，是否在其职责和权限范围内，是否发生在工作时间和工作场所内等等。如本节案例3，法院认为在单位组织旅游活动中自愿接送同事不属于职务行为，因为行为人作为教师，其工作职责为教师而非司机，其工作地点应为学校而非公共道路。

3. 执行职务致人损害工作人员与单位的追偿权不同

民事追偿权是法律赋予付出相应义务人的一种经济上请求补偿的权利，是一种法定权利，法律没有规定的，任何人都不享有此项权利。本节案例2

中，二审法院虽然认为王某的行为系职务行为，但同时也认为，王某没有向市交管局行使追偿的权利。根据《中华人民共和国民法典》第一千一百九十一条、《最高人民法院关于审理人身损害赔偿案件适用法律若干问题的解释》第九条，用人单位或雇主应当承担工作人员或雇员致人损害的责任，且在雇员有故意或重大过失的情况下，雇主有追偿的权利，确实没有规定工作人员、雇员先行承担侵权责任后，有向用人单位、雇主追偿的权利。本案二审判决理由，从条文机械地理解看，没有问题，但是否可以解决实际问题，值得商榷。

4. 活动组织者应承担安保和选任责任

如本节案例 3，何某带车参加学校组织的活动发生交通事故，法院并未认定其为职务行为，而是与学校之间成立活动参加者与活动组织者的关系。因此，何某自愿带车运送同事参加单位组织的活动，途中发生交通事故，不能由单位承担赔偿责任。法院判定单位作为活动组织者，没有履行安全告知和提醒义务，而且放任没有营运资质的私家车运送人员参加活动，根据《中华人民共和国民法典》第一千一百九十八条，存在选任和安保过失，应承担 40%的责任。

四、管理建议

1. 尽量满足一线生产用车需求

本节案例 1 中，农电工付某所在的供电所仅有的一辆维修车辆，事发时已被派出从事抢修任务，付某因没有公务车辆才驾驶自己的汽车前往维修，回程途中发生交通事故。如二审法院释明，付某执行工作任务的地点距离其工作单位某供电所的位置有一定距离，付某去某村必然要有一定的交通工具，付某无论是驾驶本人车辆还是公司车辆，或是任何人车辆发生交通事故，并不影响供电公司对付某发生交通事故应承担的事故责任而承担相应责任的义务。这就为供电公司的车辆管理敲响了警钟。员工抢修途中无论驾驶本人车辆还是公司车辆，或是任何人的车辆发生交通事故，单位都要承担侵权责任。因此，供电公司要对公司专职司机和其他因公出行驾驶人员强化安全驾驶警示教育，尽量合理安排抢修等生产类用车。针对迎峰度夏、春节等抢修集中、用车需求密集时期，供电公司要根据本单位的实际情况，制订相应的规章制度，以降低风险，减少诉讼。

2. 注意私车公用案件的处理策略

本节案例2中，二审法院认为王某作为工作人员，自行达成调解协议后没有向单位追偿的权利，但他可以在未自行承担责任前，要求追加单位为机动车交通事故责任纠纷案件的被告，从而救济自己的权利。这就为供电企业法务人员处理类似案例提供了启示。在具体的诉讼过程中，要及时与当事各方加强沟通，取得共识，争取在合法的范畴内，取得合理的结果，维护稳定、和谐的局面。

3. 规范企业内部的私车公用现象

本节所列的3个案例，与供电企业日常管理中普遍存在的私车公用现象，有极大的相似度。供电企业的供电设施及客户遍布城乡各地，大量的电网施工、现场查勘、用电检查、装表接电、抢修作业现场需要由工作人员从一地赶往另一地，无法杜绝私车公用现象。建议供电企业借鉴其他企业好的做法，从制度上、日常管理上进一步规范私车公用现象。如要求用于往返于工作地点之间的私家车必须购有交强险及一定额度的商业险、为私家车提供一定的油费补助、在各常用工作地点配置共享电动自行车或电动汽车等，尽量减少私车公用现象和风险。